T0365084

ORIGEN
DESARROLLO Y
NATURALEZA DE LOS
INTERESES

ORIGEN
DESARROLLO Y
NATURALEZA DE LOS
INTERESES

GABRIEL CIRINO GERENA

Número de Control de la Biblioteca del Congreso de EE. UU.:		2013902673
ISBN:	Tapa Dura	978-1-4633-5159-5
	Tapa Blanda	978-1-4633-5161-8
	Libro Electrónico	978-1-4633-5160-1

Artistas Gráficos
HENRY D'AZA

Diseño de portada:
HENRY D'AZA

Este libro fue impreso en los Estados Unidos de América.

Fecha de revisión: 28/02/2013

NOTA ACLARATORIA
Para propósitos de carácter legal en relación con la Ley de Derechos Civiles de 1964, el uso de los términos maestro, director, supervisor, estudiante y cualquier otro que pueda hacer referencia a ambos géneros, incluye tanto al masculino como al femenino.

Para realizar pedidos de este libro, contacte con:
Palibrio
1663 Liberty Drive
Suite 200
Bloomington, IN 47403
Gratis desde EE. UU. al 877.407.5847
Gratis desde México al 01.800.288.2243
Gratis desde España al 900.866.949
Desde otro país al +1.812.671.9757
Fax: 01.812.355.1576
ventas@palibrio.com
446000

ÍNDICE

PRÓLOGO

Los intereses son un tema central en la vida de la mayoría de las personas. Algunos consideran que los intereses son necesidades que hay que satisfacer tanto en el trabajo como en nuestro tiempo libre, por lo que los intereses influencian gran parte de lo que hacemos. Muchos de nuestras decisiones más importantes como la selección de una carrera se basan, en parte, en nuestros intereses. Por tal razón conocer cómo surgen, cambian y se desarrollan, cuál es su naturaleza y cómo se miden, es de importancia para todos; en particular para consejeros, psicólogos y educadores. Este libro intenta responder a las preguntas fundamentales sobre intereses en forma clara y sencilla, que pueda ser entendido por cualquier persona interesada. Hemos mantenido los conceptos técnicos a un mínimo necesario y los hemos explicados, hasta donde se ha podido, en palabras sencillas.

Se acostumbra clasificar los intereses en educativos, de tiempo libre, y vocacionales partiendo de los inventarios que se han publicado. Las diferencias principales son los tipos de reactivos que utilizan. Los inventarios de intereses educativos generalmente se limitan a incluir asignaturas y actividades educativas; los inventarios de intereses de tiempo libre incluyen reactivos sobre recreaciones, actividades de tiempo libre; y los vocacionales tradicionalmente incluyen ocupaciones, actividades educativas, actividades recreativas o escalas para ocupaciones específicas. Preferimos utilizar el término intereses, sin apellido, porque es más abarcador y porque no hay evidencia suficiente de que haya diferencias reales entre estos tipos de inventarios.

En el libro presentamos un breve resumen de los principales esfuerzos teóricos dirigidos a conocer qué son los intereses vocacionales, cómo surgen, cómo cambian y se desarrollan con el tiempo, y cómo se miden. Discutimos también algunas investigaciones que se han realizado a base de dichas teorías. Luego de cerca de 75 años de investigación científica, continúan sin respuestas las principales interrogantes sobre los intereses. Evidentemente se necesitan esfuerzos más abarcadores que los realizados hasta ahora, para lograr contestarlas. Empezamos por reconocer que hay tres aspectos importantes de los intereses vocacionales: el estructural, el afectivo y el conductual. El primero responde a la pregunta: ¿Cuáles son las categorías en que se pueden clasificar los intereses?; el aspecto afectivo responde a la pregunta: ¿Por qué nos agradan unas actividades, desagradan otras y nos son indiferentes unas terceras? Finalmente el aspecto conductual responde a la pregunta: ¿Por qué nos sentimos inclinados a realizar las actividades que nos gustan, evitar las que nos disgustan, y realizar las que nos son indiferentes solamente cuando nos sentimos obligados? Estas son las preguntas que intentamos explicar mediante la presentación de una teoría abarcadora y la de varios estudios científicos realizados que tienden a apoyar su validez.

Los esfuerzos teóricos realizados para entender los intereses han partido principalmente de las perspectivas rasgo o rasgo factor (ahora conocida como perspectiva de disposiciones personales) y la social cognitiva. Los teóricos que han adoptado una u otra de estas perspectivas teóricas se han circunscrito a los conceptos aceptados en su perspectiva de preferencia y han dejado fuera los conceptos propios de la perspectiva competidora. Con frecuencia caricaturizan la perspectiva contraria para justificar el ignorarla completamente. A nuestro juicio, esta situación ha resultado en que no se ha logrado alcanzar respuestas razonables a las preguntas fundamentales sobre los intereses partiendo de ninguna de estas perspectivas exclusivamente.

En la perspectiva de rasgo se centra la atención en los componentes más estables de la estructura psicológica del individuo, como son los atributos que la componen. Se concibe al ser humano como un ente que posee un conjunto de atributos físicos y psicológicos que son universales. Los atributos psicológicos son producto de la herencia y el ambiente y logran un alto grado de estabilidad en la adultez. La relativa estabilidad de los atributos personales es lo que permite hacer predicciones sobre la conducta de las personas a mediano y largo plazo. Los atributos se conciben como elementos causales que en interacción con el medio ambiente, determinan la conducta de las personas.

Esta conducta no es causada por un solo atributo o rasgo, sino que en cada situación intervienen varios atributos y varios aspectos externos al individuo, como son los aspectos sociales, culturales y situacionales. Por ejemplo, al seleccionar una carrera la persona considera atributos como sus intereses, habilidades, rasgos de personalidad y valores. También considera aspectos de la situación como son sus recursos económicos, las oportunidades de empleo, las presiones familiares, etc. Toda vez que la conducta está influenciada por muchas variables internas y externas y que la importancia relativa de éstas depende de la situación, no se predice la conducta con exactitud, sino en términos de probabilidades.

Por otro lado, en la perspectiva social cognitiva se centra la atención en los aspectos más dinámicos del individuo y se minimizan o niegan los aspectos relativamente estables. Se asume que la conducta humana es determinada esencialmente por variables que el propio individuo puede cambiar y modificar. Se visualiza a al ser humano como equipado con una serie de creencias y capacidades para tomar decisiones, establecer metas y motivarse a sí mismo y se descarta, casi por completo, la existencia de atributos personales que determinen la conducta. En esta perspectiva se postula un sistema dinámico con tres componentes esenciales: las cogniciones, la conducta y el ambiente. Estos componentes se determinan (se influencian) en forma recíproca de tal manera que cada componente es a su vez, causa y efecto de los otros dos componentes (Bandura, 1978). Entre las cogniciones se incluyen las creencias en la capacidad para realizar una actividad (auto eficacia), las expectativas de obtener resultados deseados, las intenciones y objetivos de realizar una actividad. Por tal razón, se conciben los intereses vocacionales esencialmente como reacciones afectivas de las personas que pueden ser modificadas o cambiadas con la ayuda de un profesional. En esta perspectiva se tiende a utilizar variables muy específicas (como las creencias de auto eficacia) para predecir también intereses específicos (interés en la matemática).

A nuestro juicio, estas perspectivas teóricas no son necesariamente contradictorias ni se excluyen entre sí, sino que por el contrario, pueden ser complementarias la una de la otra. Proponemos que la visión de un ser humano que es influenciado en parte, por atributos relativamente estables (algunos de los cuales son inconscientes), no está reñida con la visión de un ser humano que está influenciado por componentes volitivos y dinámicos. El individuo puede estar motivado por necesidades psicológicas, distinguirse por ciertos rasgos de personalidad, tener capacidades intelectuales con cierto nivel de desarrollo y a la misma vez, tomar decisiones, establecer metas, motivarse a sí mismo e influenciar al medioambiente social y físico que le rodea.

Esta visión integradora del ser humano permite desarrollar esfuerzos teóricos como el que proponemos para entender mejor y explicar los intereses. Proponemos una teoría que incluye un modelo teórico de cómo se desarrolla el aspecto afectivo de los intereses. En el mismo incluimos atributos (tres necesidades psicológicas) y cogniciones (tres expectativas) y un conjunto de creencias que tiene el individuo sobre sí mismo (el sentido de adecuación). Incluimos variables amplias como son las necesidades psicológicas y el sentido de adecuación y variables más específicas como son las expectativas, para predecir los intereses vocacionales.

Como se observa, hemos integrado componentes de las perspectivas teóricas de disposiciones personales (rasgos) y la social cognitiva. Esto permite, a nuestro juicio, responder adecuadamente a muchas de las preguntas formuladas anteriormente. También permite explicar situaciones narradas en la literatura sobre intereses como por ejemplo, la conducta de un profesional exitoso que decide cambiar de profesión. En el libro presentamos un breve resumen de los esfuerzos teóricos e investigaciones realizadas sobre los intereses a base de estas dos perspectivas e identificamos interrogantes que aún no han sido contestadas por dichos estudios.

Discutimos también el aspecto de la medición de intereses, toda vez que los inventarios de intereses tienen una enorme influencia sobre las decisiones que toman las persones sobre sus carreras. De hecho, se considera que los mayores logros alcanzados en este campo han sido en el desarrollo de varios tipos de inventarios de intereses, los cuales son administrados a millones de personas anualmente. Cada tipo de inventario representa una concepción diferente de los intereses, lo que lleva a utilizar métodos y estrategias diferentes en su desarrollo. Es esencial conocer de estos métodos y estrategias para entender lo que mide un inventario y utilizarlo adecuadamente.

En el libro presentamos los resultados de estudios previos que proveen apoyo a nuestros planteamientos. También presentamos cinco estudios que hemos realizado con el propósito de evaluar varios aspectos de la teoría. Éstos, por lo general, tienden a apoyar las hipótesis planteadas. Por último, hacemos una evaluación general de la teoría a base de criterios conocidos.

Reconocimientos

Queremos reconocer la colaboración de los miles de estudiantes que han participado en las investigaciones que se informan en este libro. También, el apoyo y colaboración de muchos profesionales, particularmente miembros actuales o pasados de Test Innovations, Inc, una empresa dedicada al desarrollo de pruebas e investigación en el campo de la medición. El conjunto de psicólogas y consejeros de la empresa ayudó grandemente al autor a clarificar ideas y sirvió como un equipo de revisión de pares a los trabajos. Sin el entusiasmo, esfuerzo y participación de estos compañeros y compañeras, no hubiera sido posible realizar las investigaciones. Entre éstos merecen particular mención los siguientes:

Psicólogas

Ligia Chávez, Ph.D. Yolanda Modesti, M. A.; Lymari Benítez, Ph. D.; Alicia González de la Cruz, Ph. D.; Cintya I. Rey Berríos, M. S.; Celeste Iturrino Carrillo, M. A.; Lydia López, Ph. D.; María Ramos, M. S.; Raquel Pizarro, M. A.; Rosa I. Rivera García, M. A.

Consejeros Profesionales

José I. Aguilar Navarro, M. A., J. D.; Milagros Rivera, M.A.

Analistas, programadores

Héctor Rodríguez Rodríguez; Melissa Reinosa; Oshualdo Muñoz

Personal Administrativo

Luis G. Cirino González; Fernando Burgos; Maribel Vargas; Socorro Meléndez

PARTE 1

TRASFONDO HISTÓRICO Y MEDICIÓN

CAPÍTULO 1

BREVE TRASFONDO HISTÓRICO

El tema de los intereses ha captado la atención de filósofos, psicólogos y educadores durante muchos años. Los intereses, y en particular los inventarios de intereses, tienen un rol protagónico en la selección de los programas de estudio y de carreras ocupacionales. Los intereses se les asocian con la satisfacción que se obtiene al realizar tareas que nos interesan, con la persistencia en ellas y con el esfuerzo que estamos dispuestos a realizar para completar una actividad que nos gusta. Esto ha llevado a asociar los intereses con la satisfacción en el trabajo, con los estudios y con el éxito que se puede lograr en estos campos de acción.

En este capítulo haremos una breve revisión histórica de las propuestas teóricas sobre la naturaleza de los intereses y las definiciones sugeridas. También sobre la variedad de métodos utilizados para medir los intereses. Presentaremos además, algunos planteamientos que se han sugerido sobre cuál es la estructura de los intereses. Finalmente resumiremos lo que se sabe de los intereses y lo que falta por conocer de los mismos. Este resumen necesariamente contiene muchas omisiones. El lector interesado en tener un cuadro más completo deberá consultar trabajos como los de Fryer (1931), Strong, (1943), Super, y Crites, (1962), Savickas y Spokane (1999), entre otros.

Antes de que los intereses fueran objeto de estudios científicos los filósofos y los educadores discutieron el lugar de los intereses, el esfuerzo, la disciplina personal y la voluntad, entre otras capacidades humanas, en la educación. Algunos filósofos como John Dewey (1913) señalaron hace más de un siglo, que la educación debe ser pertinente a las necesidades e intereses del estudiante. Los estudiantes necesitan identificarse con la materia que aprenden para que resulte en una experiencia de crecimiento. Con el pasar de los años las formulaciones filosóficas, que no siempre son comprobables empíricamente, han sido complementadas con la investigación científica, lo que ha permitido avances significativos en el conocimiento que se tiene sobre los intereses.

Dos Perspectivas de Investigación

Las primeras teorías psicológicas sobre los intereses surgieron en las décadas antes de los años treinta. Éstas, y las surgidas hasta los años 70 se basan mayormente en una concepción del ser humano y perspectiva investigativa conocida por rasgo/ factor, actualmente denominada como la perspectiva de disposiciones personales. Algunas sin embargo se basan en la perspectiva psicoanalítica y los postulados de la teoría Freudiana. Las teorías surgidas en los años 70 están basadas, en su mayoría, en la concepción del ser humano y perspectiva de investigación denominada social-cognitiva propuesta por Albert Bandura (1978). Estas últimas han generado una actividad investigativa vigorosa y amplia, tal vez sin precedentes en el campo de los intereses. Esta perspectiva toma mucho de una particular visión en la psicología cognitiva en la que se utiliza la computadora como modelo y se examinan los procesos internos del pensamiento.

Las teorías basadas en la perspectiva social cognitiva han generado mucha investigación y se ha explorado sistemáticamente la relación entre variables cognitivas internas, como son *las creencias de auto-eficacia* y las *expectativas* y el desarrollo de los intereses. La mayoría de estas teorías no han sido esfuerzos dirigidos exclusivamente a entender los intereses vocacionales, sino que forman parte de teorías de desarrollo de carreras. El ejemplo más notorio es la teoría formulada por Lent, Brown, & Hackett (1994) conocida por la Teoría Social Cognitiva de Carreras (Social Cognitive Career Theory). El que el propósito principal de estas teorías sea explicar el desarrollo de carreras ha resultado, a nuestro mejor entender, en que se ha concentrado la atención en las ocupaciones como unidad de estudio y se le ha conferido menos importancia a las actividades.

Estas teorías han recibido mucha atención de los investigadores, por lo que existe un cuerpo de investigación extenso que ha hecho contribuciones importantes al conocimiento de los intereses. Sin embargo, varios teóricos han señalado que aún existe mucho rezago teórico e investigativo sobre los intereses, toda vez que estas teorías tratan de explicar el desarrollo de los intereses, particularmente en la adolescencia, por lo que conocemos muy poco sobre cómo surgen en la infancia, cómo se desarrollan hasta la adultez y sobre cuál es su naturaleza psicológica (Gottfredson, 1996; Krapp, Hidi & Renninger, 1992; Savickas, 1999b; Swanson & Gore, 2000).

Nociones Sobre la Naturaleza de los Intereses

Filósofos y psicólogos han especulado sobre la naturaleza de los intereses desde tiempos inmemoriales. Se estima que el estudio científico de los intereses comenzó cerca del 1920 (Fryer, 1931). Luego de que se publicó la Escala Binet para medir la inteligencia, se desarrollaron pruebas grupales de inteligencia utilizando preguntas con múltiples alternativas. Los resultados de estas pruebas se examinaron con el método de análisis factorial lo que permitió identificar un factor general de inteligencia, el cual comparten en alguna medida todas las pruebas de inteligencia, factores grupales y factores específicos a cada prueba. Se asumió que estos factores grupales corresponden a componentes de la inteligencia a los que se llamó aptitudes mentales. Estas aptitudes mentales son variables latentes o conceptos teóricos ("constructs"). Las variables latentes son características personales que se infieren del patrón de correlaciones de los datos observados (VandenBos, 2007). Se desarrollaron conjuntos de pruebas llamados baterías, para medir las aptitudes mentales más importantes. La primera de estas fue la Batería de Pruebas de Habilidades Mentales Primarias de Thurstone.

Debido al éxito alcanzado en el estudio y desarrollo de pruebas de inteligencia se aplicaron los mismos supuestos, métodos y estrategias al estudio y medición de los intereses. En este caso, los estudiosos de los intereses establecieron un paralelo entre las pruebas de inteligencia y las medidas de intereses. Se presumió que las pruebas de inteligencia miden la eficiencia de la conducta dirigida a ciertos objetos y actividades, mientras que los intereses miden sentimientos hacia esos mismos estímulos (Fryer, 1931). Un sinnúmero de investigaciones a través de los años evidenció que los resultados de las pruebas de inteligencia y aptitudes son relativamente estables a través de los años. Esto es, que las puntuaciones que obtiene una persona a través de los años en una prueba de inteligencia, tienden a ser muy similares. Por tal razón, se consideran que la inteligencia y las aptitudes son rasgos (disposiciones personales según la nomenclatura moderna). Esto es, son tendencias conductuales o afectivas recurrentes que distinguen a un individuo de otro (VandenBos, 2007). También los intereses medidos con inventarios, resultan altamente consistentes a través de los años. Particularmente los que contienen escalas lógicas u homogéneas que se presumen miden una variable latente, se consideran rasgos similares a la inteligencia. Sin embargo, distinto a la inteligencia y las aptitudes, que solamente se miden mediante pruebas escritas, los intereses se miden mediante entrevistas e inventarios o se infieren de la conducta de las personas.

Definiciones Operacionales

En ausencia de teorías aceptadas fue necesario adoptar definiciones operacionales que permitieran la medición de los intereses. Las *definiciones operacionales* son aquellas que describen cómo se mide o evalúa una variable que se quiere estudiar. Las definiciones operacionales parten de una hipótesis o una noción general de lo que se quiere medir, pero se refieren esencialmente a definiciones basadas en cómo se observa o cómo se mide un concepto en particular. Hay varias definiciones operacionales generales que se continúan usando en el desarrollo de inventarios de intereses. Sin embargo, toda vez que cada inventario produce resultados un poco distintos a los demás, cada inventario constituye una definición operacional. Esto es particularmente cierto respecto a las escalas por ocupaciones y las escalas homogéneas que incluyen muchos inventarios.

En su definición de intereses Fryer distinguió entre intereses objetivos y subjetivos. Los intereses objetivos consisten de pruebas de conocimientos y de libre asociación de palabras, mientras que los subjetivos consisten en entrevistas e inventarios de intereses. Fryer (1931) señaló que la definición de intereses subjetivos que prevaleció ente entre los investigadores de la época fue la siguiente:

"El individuo está en contacto diario con objetos y actividades en su alrededor que forman su medioambiente. Sus intereses son los objetos y actividades que le producen sentimientos de agrado y sus aversiones son aquellos que le producen sentimientos de desagrado. Estos son las herramientas con que trabaja, las materias académicas que estudia, las personas con quienes se relaciona diariamente, los juegos con los que se divierte, las ideas en sus pensamientos y los sentimientos que componen su filosofía de vida. Los intereses subjetivos y las aversiones son los objetos y actividades en el ambiente de una persona sobre las que puede reportar que le producen un sentimiento agradable o desagradable." Página 60 (Traducción nuestra).

Para Fryer (1931), los inventarios de intereses recogen los estimados que hace una persona de sus sentimientos de agrado, desagrado e indiferencia hacia objetos que planifica manipular, sobre los que ha leído o los manipulados en el pasado. Fryer (1931) opina que estos estimados son subjetivos, por lo que los inventarios son medidas subjetivas. También opinó que muchos de los inventarios desarrollados en su época son subjetivos, porque el contenido de los mismos se organiza por áreas de interés a base de la opinión o teoría del investigador y que se agrupan reactivos a base de la opinión de expertos (escalas son lógicas). Paradójicamente, consideró que algunos inventarios de intereses son objetivos. Esto son los que tienen claves de corrección desarrolladas empíricamente mediante el contraste estadístico de las respuestas de grupos. Su razonamiento parece ser que si en la preparación de estas claves no se depende de la opinión de expertos, sino que se desarrollan estadísticamente, entonces las claves son objetivas, por lo que los inventarios son también objetivos.

Fryer (1931) señaló que los inventarios de intereses pueden inducir a dos tipos de error. El "error de información" ocurre cuando la persona responde a actividades que desconoce. En este sentido, en la medida en que un inventario incluya ocupaciones y actividades que son desconocidas para las personas, los induce a cometer este error. Sin embargo, no está claro cuánto conocimiento sobre una actividad u ocupación se debe tener. En el caso de los intereses objetivos medidos por pruebas escritas Fryer (1931) señala que el conocimiento que miden es superficial por lo que se pensaría que para conocer los intereses de una persona bastaría conocer cosas con las que se ha familiarizado. Por otro lado, hay investigadores modernos que consideran que para que una persona ofrezca repuestas de gusta o disgusta que verdaderamente reflejen sus intereses, debe conocer bien la ocupación o haber realizado la actividad (Tracey, 1998 y 2002).

El otro tipo de error es el de "generalización" consistente en generalizar, los sentimientos que le producen ciertas actividades en una ocupación, a toda la ocupación. Las ocupaciones pueden concebirse como conjuntos de actividades integradas funcionalmente que tienden a ser heterogéneas en cuanto a su naturaleza. Alternativamente, se pueden concebir como constituidas por dos o más grupos de actividades homogéneas. Por ejemplo, se espera que una persona que practica la medicina realice actividades tan diversas como estudiar un récord médico, examinar los resultados de laboratorio, observar placas de Rayos X, completar un diagnóstico, entrevistar al paciente, obtener su confianza, calmar sus ansiedades y temores y comunicar su diagnóstico en forma entendible. Todas estas actividades o tareas llevan una misma finalidad, por lo que las realiza una misma persona. Sin embargo, las primeras cuatro actividades se podrían clasificar por su naturaleza científica y el resto por su naturaleza social o de servicio social. Similarmente se puede hablar de las recreaciones (jugar béisbol, por ejemplo) y de los programas de estudio (estudiar ingeniería).

Distinto a Fryer (1931) quien identificó dos tipos de intereses, objetivos y subjetivos, Super (1943, 1957) reconoció cuatro tipos de intereses: intereses expresados, manifiestos, examinados e inventariados. Llamó *intereses expresados* a la manifestación verbal de preferencias por actividades y ocupaciones. Estos se evalúan mayormente mediante entrevistas. Los *intereses manifiestos* se infieren de la participación en ciertas actividades o grupos. Esto es, si una persona asiste con regularidad a la iglesia se infiere que tiene intereses religiosos. Los *intereses examinados* son los que se miden mediante exámenes de conocimientos generales. Por ejemplo, en un examen de vocabulario sobre distintas áreas de interés como deportes, artes, política, etc., se asume que el número de palabras que una persona conoce de cada área refleja su interés por la misma. Esto es, se presume que el interés en una materia lleva al individuo a informarse sobre ella. Finalmente, los *intereses inventariados* son los medidos mediante inventarios como el de Strong (1927) y el de Kuder (1939).

Definiciones Teóricas

Contrario a las definiciones operacionales que se refieren a cómo se mide una variable, las definiciones teóricas se refieren a qué es lo que se mide. Con frecuencia se presume que lo que se mide es una variable latente, una variable que no se puede observar, pero que se infiere de las conductas de la gente. Por ejemplo, cuando se conciben los intereses musicales como una variable latente se presume que toda conducta relacionada con la música comparte, en alguna medida, los intereses musicales. Generalmente hay unas conductas que "tienen más" de la variable latente que otras. Por ejemplo, es razonable pensar que tocar un instrumento musical requiere más interés que escuchar una canción grabada.

Las definiciones teóricas son importantes porque ayudan a predecir conductas. Por ejemplo, si se definen los intereses como necesidades, entonces se puede predecir que una persona que tenga mucho interés en la música, puede caracterizarse, en parte, por un conjunto de conductas dirigidas a satisfacer dicha necesidad. Ejemplo de estas conductas pudieran ser las siguientes: estudiar una carrera o recreación musical, comprar música o instrumentos musicales, comprar grabaciones musicales, frecuentar lugares donde acuden los músicos, tener músicos como amistades, sentir satisfacción al escuchar música, cantar o tocar un instrumento musical, opinar que la música es importante en la vida de una persona, etc. Además, si la música es una necesidad, se debe esperar que la persona se siente satisfecha cuando realiza estas actividades y se sienta frustrada cuando no las puede realizar.

La definición teórica de Fryer (1931) incluye dos componentes de los intereses. El primero es la dirección de la reacción (acercamiento o alejamiento) respecto al estímulo (objeto o actividad). El segundo es un componente de motivación que energiza la conducta de acercamiento o alejamiento. Fryer (1931) asume que en el caso de los intereses objetivos existe una urgencia que es producida por el estímulo que provee la motivación necesaria. Esta urgencia determina la cantidad de información que la persona obtiene sobre el objeto o actividad. En el caso de los intereses subjetivos el componente de motivación, es producido por la atención. Sin embargo, Fryer (1931) es el primero en señalar la falta de evidencia empírica para comprobar estos supuestos.

Se han sugerido otras definiciones teóricas de los intereses a través de los años, pero ninguna como parte de una teoría estructurada que haya sido comprobada mediante investigaciones empíricas, por lo que no han logrado aceptación general. Para Carter (1940), los intereses son un patrón de conductas y sentimientos generado por motivo de una identificación con un grupo ocupacional.

Bordin (1943) sugirió que el patrón de respuestas de gusta y de disgusta de una persona al inventario de intereses de Strong representa la aceptación de una particular visión de sí misma en términos de estereotipos ocupacionales. Por su parte, Strong (1943) propuso que los intereses son motivaciones que dan dirección, persistencia y energía a las acciones. Berdie (1944) también propuso que los intereses son motivaciones y que estos forman parte de la estructura básica de la personalidad. Super (1957) coincide en parte con Bordin y considera que las respuestas al inventario de Strong revelan las similitudes entre el auto concepto de la persona y el auto concepto característico de las personas en cada ocupación. También que al expresar una preferencia vocacional, la persona pone en terminología ocupacional su idea del tipo de persona que es (Super, 1963). Guilford (1954) define los intereses como tendencias conductuales generalizadas que llevan a una persona a sentirse atraída hacia ciertas clases de incentivos o actividades. En esta definición se identifica el objeto del interés como una clase o categoría y se conceptúan los intereses como parte del conjunto de motivaciones.

Entre los teóricos actuales Rounds (1995) propuso que los reactivos y escalas de intereses conllevan preferencias por conductas (respuestas y familias de actividades), situaciones (el contexto en el que ocurre la conducta preferida, usualmente ocupaciones y lugares físicos) y sistemas de refuerzos (resultados o refuerzos asociados con la conducta y la situación). Propuso también que en el lado de las respuestas ("response side"), los intereses vocacionales se caracterizan con frecuencia por lo que comparten (vender, redactar trabajos técnicos, enseñar) y que lo que comparten está con frecuencia implícito en los objetos de interés (matemáticas, ciencias físicas, religión) o se infiere como una entidad latente (empresarismo, investigar, liderar-influenciar). En el lado del estímulo ("stimulus side") se invoca una propiedad compartida del contexto (trabajo al aire libre, trabajo de oficina, industrial) para explicar la covarianza (el grado de relación entre reactivos) en intereses. Los intereses vocacionales rara vez se caracterizan a base de los refuerzos y cuando ocurre, usualmente es en el contexto de los intereses expresados o de las formulaciones de Holland (1992) sobre ambientes de trabajo.

Por su parte Savickas (1999b), luego de realizar una revisión de la literatura sobre intereses, ofreció una extensa definición teórica. Entre varias cosas propone que:

> "Los intereses señalan un complejo esfuerzo de adaptación para utilizar el ambiente que uno tiene para satisfacer necesidades y lograr valores. El interés se puede describir como un estado de conciencia caracterizado por (a) una disposición a responder a un particular estímulo del ambiente (incluyendo objetos, actividades, personas y experiencias) y a pensamientos sobre estos estímulos". (Páginas 50-51) (Traducción nuestra).

Con esta aseveración Savickas (1999b) asume la perspectiva de disposición personal (rasgo factor). Más adelante en esas páginas indica lo siguiente:

> "Si el individuo se identifica con la actividad, entonces el individuo la pudiera incorporar como un nuevo interés en el sistema de auto concepto".

Llama la atención que en la definición incluye el concepto de identificación como parte del proceso de desarrollo de intereses. Sin embargo, contrario a otros teóricos como Carter (1940) y Super y Crites (1962), Savickas (1999b) propone que la identificación de la persona es con la actividad y no con grupos ocupacionales. También sugiere que las reacciones de los individuos a cada reactivo son intereses específicos y que las puntuaciones en una escala es un grupo de intereses. Propone además, que las reacciones de las personas a los intereses específicos son estados y que por el contrario, las reacciones a los grupos de intereses son rasgos. Esta distinción entre el aspecto estado y el aspecto rasgo de un atributo personal es similar a la propuesta por Spielberger (1983) para la ansiedad. Una persona puede sentirse ansiosa ante una situación particular, lo que es un ejemplo de ansiedad estado o puede ser característicamente ansiosa ante la mayoría de las situaciones, lo que es un ejemplo de ansiedad rasgo.

Estabilidad de los intereses a través de los años

Los intereses tienen que tener suficiente estabilidad a través de los años, para que se puedan utilizar en la orientación vocacional y las personas puedan tomar decisiones que afectan su futuro a base de ellos. De otra manera, los inventarios, así como otros métodos de medir los intereses, resultan inútiles. Por otro lado, no podemos esperar que los intereses sean inmunes a las experiencias de vida, por lo que se espera que los intereses de algunas personas resulten más estables que las de otras. También, se ha observado que para unas pocas personas los intereses nunca se cristalizan, esto es, son relativamente inestables.

Varios investigadores han encontrado que las respuestas a preguntas sobre intereses se convierten en patrones estables en la adultez temprana (alrededor de los 25 años de edad) (Campbell, 1971; Hansen, 1984; Tracey, Robbins, and Hofsess, 2005; Swanson, 1999; Rottinghaus, Coon, Gaffey & Zytowski, 2007). Sin embargo, estudios más recientes parecen indicar que, para ambos sexos, el patrón de intereses característico de cada persona ya alcanza una estabilidad razonable en los grados 8-12 (Tracey, Robbins, & Hofsess, 2005). La estabilidad de los intereses se ha comprobado correlacionando las puntuaciones de cada escala y también correlacionando el perfil que obtienen · las personas en todas las escalas en distintos tiempos, usualmente luego de muchos años. Hay escalas que resultan más estables para los hombres y otras que son más estables para las mujeres, particularmente las escalas que son cónsonas con los estereotipos de género (Swanson, 1999). Este grado de estabilidad, sumado a la posibilidad de que existe una disposición genética hacia los intereses (Betsworth, Bouchard, Cooper, Grotevant, Hansen, Scarr, & Weinberg, 1994; Moloney, Bouchard y Segal, 1991), ha llevado a un consenso entre los teóricos de que, en efecto, los intereses vocacionales son disposiciones personales.

Estudios iniciales del desarrollo de intereses en la niñez

Se presume que los intereses surgen en la niñez por lo que lógicamente se debe evaluar el desarrollo de los mismos comenzando con niños y niñas preescolares. Hasta los años 30 hubo varias investigaciones con estudiantes de escuela elemental e intermedia. Muchos de estos estudios utilizaron una lista de ocupaciones, porque para esa época no existían inventarios de intereses desarrollados científicamente, mientras que otros se realizaron mediante entrevistas. Luego de examinar los mismos, Fryer (1931) concluyó que los intereses tienen bastante estabilidad y que los intereses en una ocupación específica tienden a cambiar con el tiempo, pero no así el área de interés. Sin embargo, los intereses de estudiantes de escuela elemental e intermedia no predicen satisfactoriamente los intereses que tendrán posteriormente. Finalmente opina que el desarrollo de los intereses no es tan claro como el de las habilidades.

Luego de estos estudios ha habido muy pocos esfuerzos para conocer los intereses de los niños y niñas de escuela elemental. Barak (2001) por ejemplo, presume que éstos no tienen suficiente experiencia para saber lo que les gusta, basan las preferencias en ideas irrelevantes, erróneas y viciadas. Además, que no han desarrollado su inteligencia lo suficiente como para tomar decisiones informadas sobre ocupaciones.

El consenso general es que los intereses en esta edad son cambiantes, no se pueden medir en niños y niñas menores de 13 años y que el patrón de intereses viene a ser consistente en la adolescencia (Tracey, Robbins, y Hofsess, 2005) o la adultez temprana (Donnay, Morris, Schaubhut, & Thomson, 2005, Swanson, 2005). Por lo tanto, la conclusión es que las respuestas de niños y niñas menores de 13 años no son válidas (Barak, 2001) por lo que no vale la pena realizar estudios de consistencia de intereses con niños y niñas menores de 13 años. Muchas de estas conclusiones surgen de la experiencia obtenida al administrar inventarios preparados para adultos, como el Strong y el Kuder, a estudiantes de escuela intermedia y elemental. En estos casos se ha encontrado que los perfiles de intereses no tienen consistencia a través del tiempo. Donnay et al. (2005, p. 164) señala que el Strong usualmente no se le administra a estudiantes que no han entrado al octavo grado (13 o 14 años de edad), toda vez que los patrones de intereses de la mayoría de las personas no se han desarrollado lo suficiente para ser identificados antes de esa edad.

Sin embargo, en los pocos estudios realizados con inventarios de intereses preparados específicamente para niños y niñas, con actividades que les son familiares a éstos, se ha encontrado que hay áreas de intereses que se desarrollan antes de la adolescencia. Los más conocidos son los realizados por Tyler (1955), Zbaracki (1983) y Tracey (1998 y 2002) quienes utilizaron el método de análisis factorial para conocer la estructura de los intereses en los años primarios. Por ejemplo, Tyler (1955) administró un inventario de intereses a estudiantes de 10 años y encontró 4 factores en las respuestas de los niños y 3 factores en las respuestas de las niñas. Los factores son elementos comunes a grupos de reactivos y usualmente se les asigna un nombre a base del contenido de los reactivos.

Los factores surgidos con los niños fueron los siguientes: *rechazo de conducta inapropiada, conducta no afeminada, conducta contraria al trabajo* y un *factor artificioso* donde todas las respuestas fueron de gusta o de disgusta. Los factores encontrados con las niñas fueron los siguientes: *anti-actividad, anti-agresión* y un *factor general* relacionado con el rechazo de todo tipo de conducta inapropiada. Observamos que los factores de intereses que surgieron no parecen estar directamente relacionados con el mundo ocupacional. Tyler (1955) también sugirió que los patrones de intereses surgen con la adquisición de aversiones por individuos que inicialmente tenían actitudes favorables hacia todo. También sugirió que ya a los 10 años las diferencias entre los géneros están bien establecidas.

Por otro lado Zbaracki (1983) estudió niños y niñas en los grados 4, 5 y 6. En esa muestra identificó 9 factores en las respuestas de los niños y 9 factores en las respuestas de las niñas. Los factores encontrados en los varones fueron los siguientes: *ciencia, comunicación verbal, conciencia social, creativo-actividad, deportes, gente-hogar, juegos de roles (pretend play), lectura y religión.* Los factores con las féminas fueron los siguientes: *creativo-actividad, deportes, gente-hogar, intelectual, juego de roles, lectura, mecánico* y *religión.* Observamos que distinto al estudio de Tyler (1955), algunos de los factores tienen una relación directa con el mundo ocupacional. Interesantemente el factor de *intereses mecánicos (manuales,* para nosotros) aparece en el análisis de las niñas, pero no en el de los niños. El número de reactivos en cada factor fluctuó entre 3 y 15. Si elimináramos los factores con menos de 5 reactivos, ambos grupo tendrían 6 factores. Cinco de ellos son los mismos en ambos grupos, pero el sexto es *conciencia social* en los hombres e *intereses mecánicos* en las mujeres.

Tracey y Ward (1998) desarrollaron un *Inventario de Actividades de Niños y Niñas* que incluye reactivos para medir las seis escalas del Modelo Hexagonal de la Teoría de Holland. Las escalas de Holland (1958) son las siguientes: *realista, investigativa, artística, social, empresarial* y *convencional.* Estos investigadores realizaron una serie de estudios con el propósito de examinar si el Modelo Hexagonal aplica a los intereses y competencias de los estudiantes de escuela elemental, intermedia, superior y a universitarios. Encontraron que la estructura hexagonal del modelo de Holland no se ajusta a los datos sobre intereses de estudiantes de escuela elemental, tiene un ajuste moderado a los de intermedia y superior y se ajusta muy bien a estudiantes universitarios. Realizaron entonces un análisis factorial exploratorio con el método de componentes principales y una rotación *procustean* y encontraron tres factores de intereses.

En este segundo análisis descartaron de toda consideración el primer factor (llamado componente en el método particular que utilizaron), por considerarlo un factor general cuyo significado no es claro. El segundo factor parece diferenciar entre dos grupos de reactivos. El primer grupo incluye reactivos contenidos en las escalas: *realista e investigativa* El segundo grupo incluye reactivos de las escalas *social y empresarial*. Tracey y Ward (1998) sugieren que este segundo factor se parece a la dimensión de *personas/cosas* propuesta por Prediger (1982). El tercer factor resultó difícil de explicar en las muestras de escuela elemental e intermedia. Para las muestras de escuela elemental parece ser un factor de *actividades escolares versus actividades no escolares*; para la de intermedia, parece ser *trabajo escolar versus juego o actividades no escolares*. Posteriormente, Tracey (2002) encontró que luego de revisar el inventario, las seis escalas de intereses preparadas para medir el modelo son confiables internamente. Dos semanas después administró nuevamente el inventario y encontró que los resultados son estables a través del tiempo.

En resumen, las investigaciones de Tyler (1955) revelan que, contrario a lo que se cree, los niños y niñas de escuela elemental desarrollan intereses, y que éstos se manifiestan en los análisis factoriales de un inventario. El estudio de Zbaracki (1983) evidencia que algunos de los factores que surgen (por ejemplo, ciencia, deportes, lectura, mecánicos), se pueden interpretar en términos ocupacionales. Tracey y Ward (1998) demostraron que se pueden desarrollar inventarios con escalas ocupacionales para niños y niñas de escuela elemental como son las escalas tipo Holland. También, que estas escalas pueden ser confiables internamente y estables a través del tiempo, por lo menos en un lapso de dos semanas.

Tyler (1955) encontró que ya para los 10 años de edad las diferencias en los intereses que se consideran apropiados para niños y las niñas están claramente establecidas entre ellos. Esto parece influenciar los factores que surgen en los estudios reseñados. Por ejemplo, en los estudios de Tyler (1955) surgieron factores que ella llamó *de conducta inapropiada, conducta no afeminada,* que presumimos se relacionan con los roles de género. Zbaracki (1983) encontró que los varones desarrollaron interés en aspectos sociales (que tradicionalmente relaciona con el rol femenino) y las niñas un factor mecánico (que tradicionalmente relaciona con el rol masculino). En el análisis factorial realizado por Tracey y Ward (1998), se identificó un factor con dos grupos de reactivos que según estos investigadores, parecen responder a la dimensión de *personas/cosas* propuesta por Prediger (1982). Nuevamente, el aspecto de personas se asocia con el género femenino y el de cosas con el masculino (Su, Rounds, & Armstrong, 2009).

Una idea generalizada es que para que las respuestas de niños y niñas resulten válidas, los inventarios deben incluir solamente actividades con las que tengan experiencia (Tracey & Ward, 1998, Tracey, 2002). Sin embargo, la mayoría de la gente que toma inventarios de intereses no tienen experiencia con muchas de las actividades a las que tienen que responder (Krumboltz & Worthington, 1999), por lo que responden entonces a base de la percepción general que tienen de dichas actividades. Holland (1992) sugirió que al responder a ocupaciones, la gente tiene estereotipos razonablemente estables de las actividades que se realizan, el nivel de prestigio que conllevan y los atributos personales del empleado típico. Por lo tanto, si las personas responden a muchos de los reactivos de un inventario a base de sus percepciones y los inventarios son válidos, entonces dichos reactivos deben ser válidos, aunque la persona no tenga conocimiento cabal o experiencia con las actividades que se presentan.

Resumen

El estudio científico de los intereses se realizó desde sus comienzos partiendo, mayormente, de la perspectiva de rasgo que fue la perspectiva dominante hasta los años 70. Posteriormente surge la perspectiva social cognitiva que ha resultado en una cantidad de investigaciones sobre el tema como no se había visto antes. Según Fryer (1931), se aplicaron a los intereses los mismos métodos de investigación que resultaron exitosos al estudiar la inteligencia. Mientras que la inteligencia se concibió como la eficiencia de la conducta, los intereses se concibieron como sentimientos. Para evaluar los intereses se necesita primeramente definirlos aunque sea a base de una noción general de los mismos.

Esto propició la adopción de definiciones operacionales. Se definieron los intereses como sentimientos de agrado, desagrado, o indiferencia hacia objetos que planifica manipular, sobre los que ha leído o manipulado en el pasado. Entre los "objetos" evaluados en los inventarios iniciales se incluyeron personas, herramientas e ideas. Más recientemente Rounds (1995) define los intereses como preferencias por conductas, situaciones y sistemas de refuerzos. Los inventarios recogen los estimados que hace una persona de sus sentimientos, por lo que, son subjetivos. Por otro lado, se pueden medir los intereses objetivamente con pruebas de conocimientos y de libre asociación de ideas. Más adelante Fryer (1931) sugiere que los inventarios con claves de corrección empíricas son también medidas objetivas de intereses.

Las definiciones teóricas parten de una noción más amplia de los intereses como sentimientos. Berdie (1944), Fryer (1931), Guilford (1954) y Strong (1943) propusieron que los intereses son urgencias o motivaciones que dirigen la conducta. Bording (1943) y Super (1957) sugirieron que las respuestas al inventario de Strong (que incluye escalas por ocupaciones) revelan las similitudes del auto concepto del individuo y el característico de una ocupación en particular. Finalmente Savickas (1999) define los intereses como un estado de conciencia caracterizado por una disposición a responder a ciertos estímulos y a pensamientos sobre estos estímulos.

Fryer (1931) señala que en los estudios realizados antes de los años 30 se encontró que los intereses son estables a través del tiempo. Estudios más recientes (por ejemplo, Swanson (1999) confirman estos hallazgos. Por otro lado, se han realizado muy pocos estudios de los intereses en niños y niñas de escuela elemental para conocer sobre el desarrollo de los intereses en esas edades. Se ha encontrado que la consistencia a través del tiempo es moderada con niños y niñas de escuela intermedia y superior y relativamente alta con jóvenes adultos. Esto ha llevado a concluir que las respuestas de los niños y niñas de escuela elemental son poco confiables, y que sus preferencias son caprichosas, y que están basadas en fantasías. Estas nociones se basan mayormente en los resultados obtenidos con inventarios desarrollados para los adultos. Sin embargo, en los pocos estudios realizados con inventarios redactados para niños y niñas (Baracki, 1983; Tyler, 1955; Tracey & Ward, 1998; Tracey, 2002), se han encontrado que los niños y niñas de estas edades han desarrollado intereses en algunas áreas vocacionales y que los inventarios preparados son confiables internamente y a través del tiempo.

CAPÍTULO 2

TEORÍAS SOBRE INTERESES

D esde que se comenzó a estudiar científicamente los intereses surgieron esfuerzos teóricos para explicar su origen, desarrollo y naturaleza. Algunos de estos esfuerzos no pasaron de ser meras especulaciones, otros hipótesis bien pensadas, y los menos teorías formales. Muchas de ellas se continúan repitiendo hasta el presente, por lo que parecen estar basadas en observaciones acertadas sobre las expresiones de los intereses. En este capítulo no podemos hacer justicia a la riqueza de teorías presentadas porque no es nuestro propósito, pero mencionaremos aquellas que más se conocen y que pueden ayudarnos a teorizar sobre los intereses. Presentaremos primero las discutidas por Fryer (1931) en su trascendental libro sobre los intereses y luego teorías hasta los años 70, y finalmente las teorías modernas basadas en la perspectiva social cognitiva.

Fryer (1931), quien resumió la investigación realizada antes del 1930, propuso la Teoría de Aceptación y Rechazo de la Medición de los Intereses. Según la misma, en la medición subjetiva y objetiva de los intereses se incluye tanto el aspecto de aceptación como el de rechazo. Los intereses, al igual que las aptitudes, incluyen un aspecto de motivación, pero este no es determinante de las respuestas de las personas. Lo que se intenta medir es la aceptación o rechazo de objetos y actividades. Sugiere que las reacciones de aceptación y rechazo pudieran estar relacionadas con experiencias placenteras o desagradables que se ha tenido con dichos objetos y actividades.

Para Fryer (1931), los intereses tienen su origen en la niñez. Las primeras reacciones de agrado, desagrado e indiferencia que experimenta el o la infante, son producto de estímulos relacionados a las urgencias biológicas. Luego, mediante aprendizaje asociativo, aprende a reaccionar afectivamente a estímulos sociales. En el adulto, sin embargo, la mayor parte de las reacciones de interés son a estímulos sociales. Es interesante que aunque Fryer (1931) parte de la perspectiva de rasgo, no postula la existencia de necesidades psicológicas para explicar el origen de los intereses, tal como hicieron luego otros teóricos de su época. Sin embargo, postula necesidades biológicas y urgencias.

Carter (1940) presentó una hipótesis sobre el origen de los intereses. Partió de la premisa de que los intereses surgen como parte de los esfuerzos que realiza el individuo para ajustarse a su medio ambiente. Este ajuste se ve limitado por dos conjuntos de realidades: las externas, tales como el ambiente y variables culturales, y las internas, tales como sus habilidades y características físicas. En este proceso de ajuste el individuo obtiene satisfacción de su identificación con grupos ocupacionales respetados y de esa manera logra cierto grado de status. Tal identificación lleva al desarrollo de intereses en ciertas actividades y a obtener experiencias relacionadas con dichas ocupaciones.

Cuando el patrón de conductas y sentimientos generado por motivo de una identificación con un grupo ocupacional particular conduce a un mejor ajuste, porque no hay grandes discrepancias entre las habilidades que se creen tener y las requeridas por la ocupación, se persiste en este patrón y se retiene. Cuando el ajuste no es adecuado o realista, porque no se tienen las habilidades requeridas o por otras razones, el patrón de conductas y sentimientos se descarta y se prueba con otra identificación. Este proceso es cada vez más realista con el tiempo, esto es, hay menos discrepancia entre las realidades internas, las externas y los requerimientos de la ocupación, hasta que la persona se identifica finalmente con un grupo ocupacional que le es satisfactorio.

Carter (1940) sugirió que es necesario estudiar el desarrollo de los intereses como parte del crecimiento y desarrollo humano, en interacción con otros atributos personales como habilidades, rasgos de personalidad y valores. Cabe notar que para él, los procesos psicológicos fundamentales en el aprendizaje de los intereses son la identificación y la práctica.

Bordin (1943) por su parte, sugirió que el patrón de respuestas de gusta y de disgusta que presenta una persona al inventario de intereses de Strong, representa la aceptación de una particular visión de sí mismo en términos de estereotipos ocupacionales. (El inventario de Strong identifica las respuestas de agrado y desagrado que diferencian a las personas en una ocupación, de personas en otras ocupaciones). Esta visión es, a su vez, parte del auto concepto emergente del individuo. Para probar su hipótesis de que el inventario de Strong mide el auto concepto, Bordin (1943) predijo que el patrón de respuestas que la persona ofrece en el inventario cambia a través del tiempo en correspondencia a los cambios que ocurren en el auto concepto de la persona. Algunos de los estudios realizados por Bordin tienden a apoyar esta predicción de cambio en el inventario de Strong.

Posteriormente Bording (1963) adoptó la perspectiva psicoanalítica y propuso que todo trabajo es una forma de sublimar las necesidades psicológicas que no pueden satisfacerse directamente. Entre otras, identificó las siguientes necesidades: *de cuidar a otros* (nurturant), *manipular, sensualidad, anal y genital*. Como se puede apreciar, son necesidades cónsonas con la teoría psicoanalítica de la personalidad. Sugirió que para satisfacer estas necesidades es que se desarrollan los intereses. Por ejemplo, los trabajadores sociales tienen como principal interés la *alimentación* y *promoción*, y como segundo interés la *manipulación de las personas* y la *curiosidad*. Los contadores tienen interés primario en el *orden* y *secuencia* (timing) *de las actividades*.

Strong (1943) sugirió que los intereses son motivaciones y que probablemente surgen de las habilidades. Propuso que una persona que tiene habilidad para las matemáticas probablemente desarrolle interés en ellas, mientras que una persona que no tiene habilidad para las matemáticas, no desarrollará interés en ellas. Presentó la metáfora de un bote de motor para ilustrar la relación entre habilidades, intereses y logro. En esta metáfora las habilidades son el motor que determina cuán rápido navega el bote; los intereses son el timón que determina la dirección en que se viaja; y la distancia alcanzada constituye el logro.

Mucho de lo que se conoce sobre intereses se lo debemos a Strong (1943), quien desarrolló un extenso programa de investigaciones sobre los intereses vocacionales. Entre otras cosas, encontró que los intereses vocacionales, una vez desarrollados, evidencian una gran estabilidad a través del tiempo. Esto tiende a confirmar la concepción de los intereses como disposiciones personales. Utilizando el método de contraste de grupos (personas en una ocupación comparadas con un grupo de personas en varias ocupaciones) logró desarrollar alrededor de 40 escalas para ocupaciones específicas. Evidentemente, el uso de 40 escalas presenta serias dificultades para la interpretación de los resultados. Intentó entonces desarrollar escalas para ocupaciones amplias, que agrupan varias ocupaciones específicas similares, como son gerentes y maestros. En este caso, el método de contraste de grupos no resultó efectivo. Strong optó entonces, por agrupar aquellas escalas que correlacionan alto entre sí (Campbell, 1971). Esta clasificación o clasificaciones similares se mantuvieron en el inventario de Strong hasta que, luego de su muerte, se adoptaron las seis escalas del modelo sugerido por Holland (1973) para agrupar las escalas ocupacionales. Cabe señalar que la versión más reciente, el Inventario de Intereses de Strong (1994) revisado por Donnay, et al. (2005) incluye 291 reactivos y 122 escalas ocupacionales.

Algunos teóricos no distinguieron entre actitudes e intereses. Esto se puede detectar por ejemplo, en el artículo clásico de Carter (1940) donde presentó su teoría sobre los intereses. Este artículo lleva el título *El Desarrollo de Actitudes Vocacionales*. Por su parte, Strong (1943) señaló que intereses y actitudes son conceptos distintos porque, aunque hay reactivos que se pueden expresar como reactivos de intereses o actitudes, hay otros que no. Por ejemplo, se puede medir interés con el reactivo *Desarmar un reloj despertador,* que se contesta con *Gusta,*

Indiferente o Disgusta. Este reactivo se puede re-frasear para medir actitudes de la siguiente manera: *Desarmar un reloj despertador es divertido*, con respuestas que van desde Totalmente de Acuerdo hasta Totalmente en Desacuerdo. Por otro lado, se puede medir actitud con el reactivo *Los beneficios de una guerra sobrepasan sus males*. Sin embargo, no hay forma de re- frasear este reactivo para medir intereses.

Berdie (1944) propuso que los intereses son una expresión de la estructura básica de la personalidad. Basa esta hipótesis en los múltiples estudios donde se han encontrado correlaciones moderadas entre los intereses vocacionales y rasgos de personalidad. Además afirmó que los estudios sobre intereses son también estudios sobre motivación. Al hablar de los patrones de respuestas a los inventarios, propuso que éstos forman constelaciones que tienen ciertas características en común y que estas características nos permiten agrupar a los intereses en clases distintas. Según él, el lineamiento general de estas constelaciones se mantiene constante a través del tiempo (aunque el interés por actividades específicas cambia) por lo que este lineamiento puede ser considerado un aspecto importante de la personalidad.

En otras palabras, Berdie (1944) sugirió que existen factores de intereses, que estos son estables a través del tiempo y que son aspectos de la personalidad. Sin embargo, no sugirió cómo ni porqué surgen estas constelaciones. Además, formuló la hipótesis de que los intereses tienen un componente genético y otro de aprendizaje. Según Berdie (1944), el componente genético provee la dirección hacia las cosas que satisfacen al individuo y el aprendizaje explica las ocupaciones específicas que surgen para expresar su personalidad.

Super (1949; Super y Crites, 1962) elaboraron sobre las hipótesis de Bordin de que al responder al inventario de Strong, una persona acepta una particular visión o concepto de sí mismo. Bordin presumió que al responder al inventario de Strong, la persona se imagina cómo responderían las personas en distintas ocupaciones. Super rechaza esta suposición y propone que las respuestas al inventario de Strong revelan las similitudes entre el auto concepto de la persona y el auto concepto característico de las personas en cada ocupación. Por su parte, Super y Crites (1962) propusieron una teoría del desarrollo de los intereses que incorporó elementos de teorías previas. Sin embargo, una parte de la teoría incluyó también elementos que, a nuestro juicio, trascendieron la perspectiva de rasgo y se adelantaron a su época al sugerir aspectos cognoscitivos. Su propuesta fue que:

"Los intereses son el producto de la interacción entre factores endocrinos y neurológicos heredados, por un lado y oportunidad y valoración social, por otro lado. Algunas de las cosas que una persona hace bien como resultado de sus aptitudes le traen la satisfacción de ser competente ("satisfaction of mastery") o la aprobación de sus compañeros y resultan en interés. Algunas de las cosas que realizan sus asociados le atraen y mediante el proceso de identificación, adopta sus patrones de acciones e intereses; si se ajusta razonablemente bien a este patrón, permanece en él, si no, debe buscar otra identificación y otro auto-concepto y patrón de intereses. Sus necesidades y su modo de ajustarse le puede causar que busque ciertas satisfacciones, pero el medio de lograr estas satisfacciones varía tanto de una persona con un conjunto de aptitudes y un conjunto de circunstancias, a otra persona con otras habilidades y en otra situación, que la predicción del patrón de intereses partiendo de las necesidades y de modos de ajuste es difícilmente posible". P. 410-411 (Traducción nuestra).

En estos planteamientos, al igual que otros teóricos que adoptaron la perspectiva de disposiciones personales, Super y Crites (1962) propusieron que las habilidades llevan al desarrollo de intereses. Llama la atención que incluyeron además, otras dos variables que ahora reconocemos como cogniciones: la satisfacción de ser competente y la de tener el apoyo de sus compañeros. Según esta propuesta, cuando la persona llena una necesidad, invariablemente se siente satisfecha. Debemos entonces pensar que cuando el individuo siente satisfacción, es porque ha llenado algunas de sus necesidades. Está implícito en la proposición de Super y Crites (1962) que dos de las necesidades que se llenan con el buen desempeño de una actividad son la necesidad de competencia (satisfacción de dominar una actividad) y la necesidad de aprobación (obtiene la aprobación de sus pares). Sin embargo, a pesar de reconocer que los intereses surgen como consecuencia de la búsqueda para satisfacer necesidades, entienden que la forma de lograr dichas satisfacciones varía tanto de una persona a otra que son impredecibles.

Podemos reescribir la aseveración de Super y Crites (1962) de la siguiente manera. La habilidad que tiene una persona la lleva a realizar un buen desempeño de la actividad seleccionada. Este buen desempeño le permite sentirse satisfecha, porque pudo llenar dos necesidades: 1) la de competencia, la cual produce la satisfacción de sentirse competente y 2) la necesidad de aprobación, la cual le produce la satisfacción de sentirse aprobado por sus pares. Observamos que en sus planteamientos ellos incluyen, con modificaciones, el concepto de identificación propuesto por Carter (1940) y el de auto concepto propuesto por Bordin (1943).

Roe (1957) y Roe y Siegelman (1964) presentaron tal vez, la teoría más completa hasta ahora, sobre el origen y desarrollo de los intereses vocacionales. Según esta teoría los intereses surgen en la niñez y dependen del ambiente emocional creado por los padres y las motivaciones. Estos teóricos asumieron que la motivación necesaria para el aprendizaje de los intereses proviene del conjunto de necesidades propuesto por Maslow (1954). El patrón de satisfacción y frustración de las necesidades, y la tardanza en satisfacerlas, determinan cuáles de éstas se convierten en motivaciones inconscientes. Las necesidades cuya satisfacción se pospone por algún tiempo, pero que eventualmente se satisfacen, se convierten en motivadores inconscientes.

Las actitudes y el nivel de afecto dirigido a los infantes, crean el ambiente emocional del hogar. Roe (1957) clasificó de manera jerárquica este ambiente emocional. La clasificación más amplia incluye las categorías de *ambiente cálido o frío*. Estas dos categorías se dividen luego en las siguientes tres categorías: *concentración emocional en el o la infante, aceptación o evitación*. La concentración emocional puede surgir tanto del ambiente cálido como del frío. Sin embargo, el ambiente de aceptación surge del ambiente cálido y el ambiente de evitación surge del ambiente frío. El ambiente de concentración emocional, se divide a su vez en *ambiente de sobreprotección o de sobre-exigencias*; el ambiente de aceptación se divide en aceptación amorosa o casual; el ambiente de evitación se divide en rechazo o negligencia. Dependiendo del ambiente emocional en el que se cría el niño o la niña, desarrollan interés en uno de ocho campos: *servicio, comercio, organización, tecnología, aire libre, ciencia, cultura general* y *arte* y *entretenimiento*. Estos campos de interés están organizados en forma circular, los más cercanos entre sí son más parecidos psicológicamente que los más apartados.

Los factores genéticos (particularmente los relacionados a las capacidades cognitivas) y la estructura de la motivación, llevan a alcanzar uno de seis niveles ocupacionales. Estos niveles ocupacionales se diferencian en el grado de complejidad de las tareas que realizan. Los seis niveles son: profesional y gerencial 1, profesional y gerencial 2, semiprofesional, pequeños negocios, diestros, parcialmente diestros y no diestros. Debemos observar que al incluir la complejidad de las tareas en su modelo, se está en efecto combinando intereses con habilidad mental o inteligencia, toda vez que hay una correlación positiva entre los niveles ocupacionales y la inteligencia.

La teoría incluyó una serie de hipótesis, algunas de las cuales no tuvieron base en investigaciones anteriores dada la naturaleza abarcadora e innovadora de la misma. La teoría generó mucho interés por su amplitud, plausibilidad y por las hipótesis presentadas. Sin embargo, los datos obtenidos en las investigaciones realizadas, no ofrecieron apoyo a la teoría.

Holland (1973, 1992) propuso una teoría de personalidad basada en intereses. Según él, la biología particular que se hereda y la experiencia que se tiene, particularmente del ambiente familiar y del efecto de la propia persona sobre el ambiente, lleva al desarrollo de preferencias por ciertos tipos de actividades y aversiones hacia otras. Luego estas preferencias se convierten en intereses definidos de los cuales se obtienen satisfacciones y refuerzos de otras personas. Aún más tarde, la utilización de estos intereses en la selección de actividades lleva al desarrollo de ciertas competencias y al abandono de otras. Simultáneamente con la diferenciación de los intereses con la edad se cristalizan los valores relacionados. Todo esto desemboca en un tipo de personalidad que predispone a exhibir una conducta característica y a desarrollar rasgos de personalidad específicos. Holland atribuye el aprendizaje de los intereses a factores hereditarios en interacción con el ambiente, pero aparte de las leyes generales de aprendizaje, no parece sugerir otros procesos psicológicos como hicieron Carter (1940) y Super y Crites (1962). La teoría de Holland ha tenido un impacto enorme en la psicología vocacional, particularmente en los aspectos prácticos (Nauta, 2010). El Sistema de Búsqueda Autodirigida o SDS por sus siglas en inglés, ha sido tomado por millones de personas en más de 25 países (Nauta, 2010).

Teorías modernas sobre el aspecto afectivo de los intereses

La mayoría de las proposiciones teóricas sobre los intereses vocacionales actuales (Barak 1981; Barak, Librowsky, & Shilo, 1989; Krumboltz, Mitchell, & Jones, (1976); Lent, Brown & Hackett, 1994, 2002; Lent, Brown, Sheu, J. Schmidt, Brenner, Gloster, Wilkins, L. Schmidt, Lyons & Treistman, 2005) están basadas en la perspectiva social cognitiva de Bandura (1978). Bandura es uno de los teóricos que mayor influencia tuvo sobre la psicología en el siglo 20. Sus trabajos han generado teorías e investigación en todas las áreas de la psicología y también ha realizado importantes contribuciones en las áreas aplicadas. Bandura reaccionó a la perspectiva de determinismo unidireccional, generalmente basada en el concepto de rasgo, y a la perspectiva de interacciones, basada en la interacción de los rasgos y el medio ambiente. Propuso en su lugar, un auto sistema de determinación recíproca (self-system in reciprocal determinism).

Este auto sistema incluye tres elementos: cogniciones, conductas y ambiente, los cuales se determinan (influencian) mutuamente en forma recíproca y dinámica. Debemos observar que este sistema no incluye atributos personales que pudieran ser producto de la herencia. De hecho, en la perspectiva social cognitiva se tiende a minimizar o a negar la importancia de las disposiciones personales para predecir conducta. Bandura (1978, página 348) considera las disposiciones personales como factores dinámicos que afectan y pueden ser afectados por los otros componentes del sistema y no como rasgos estables del individuo. La perspectiva social cognitiva asume que los humanos somos seres racionales y que la conducta humana es determinada casi exclusivamente por variables que el propio individuo puede cambiar y modificar. Descarta por completo la posibilidad de que los seres humanos sean influenciados por tendencias o disposiciones innatas conscientes o inconscientes.

Se le atribuye a Hackett y Betz (1981) la aplicación de la perspectiva social-cognitiva de Bandura al campo vocacional, lo que ha llevado a incluir cogniciones tales como las creencias de auto eficacia, expectativas de desempeño e intenciones y objetivos de realizar actividades. Sin embargo, es importante señalar que las creencias de auto-eficacia (las habilidades que se cree tener), la capacidad de establecer expectativas de desempeño y las intenciones, dependen de la capacidad de razonamiento de la persona y que ésta establece objetivos considerando los valores que le son importantes. En los modelos de Barak (1981) y Lent, et al. (1994), algunas disposiciones personales se mencionan solamente como variables de trasfondo del auto-sistema. Por ejemplo, las habilidades son una variable de trasfondo a la cual no se le asigna un rol en el desarrollo de los intereses, toda vez que son mediadas (sustituidas) completamente por las creencias de auto eficacia (las creencias de que se tienen las habilidades necesarias para realizar la actividad).

Algunos de los investigadores que adoptan la perspectiva social-cognitiva también reconocen la existencia de las necesidades psicológicas, pero no las conciben como disposiciones personales. Éstas son concebidas dentro del modelo recíproco de Bandura como variables de trasfondo y se niega que tengan algún efecto importante que no se pueda explicar con variables mediadoras (Krapp, 2005, Ryan y Deci (2000). Aunque Ryan y Deci (2000) consideran que las necesidades psicológicas (que ellos llaman necesidades intrínsecas) de competencia, autonomía y de afiliación ("relatedness") son esenciales para entender la conducta humana y las incluyen en sus teorías sobre motivación intrínseca, pero no las conciben como disposiciones personales que diferencian una persona de otra. Parten de la premisa de que todos los seres humanos nacemos con dichas necesidades y que las diferencias individuales que pueda haber, son producto del ambiente. Lo importante para ellos es estudiar cómo el ambiente social promueve u obstaculiza la potenciación de dichas necesidades (Ryan y Deci, 2000).

Los teóricos que adoptan la perspectiva social cognitiva niegan igualmente que los intereses vocacionales sean rasgos o disposiciones personales. Por ejemplo Barak (2001) señaló que:

> "Sin embargo, el empuje de la actual concepción es que los *intereses vocacionales deben ser considerados como emociones que uno tiene* (i.e., sentimientos o afectos subjetivos) que surgen y son causados por varios mecanismos y procesos cognitivos (i.e., patrones de pensamiento y contenidos). Estas emociones, cuando son disfuncionales, contraproducentes, destructivas o incompatibles (con información pertinente, *objetiva*) deben ser *objeto de cambio* y no una fuente o insumo para la toma de decisiones sobre careras." (Página 101) (Traducción nuestra, énfasis en el original)

Por su parte Krumblotz (1996) señaló lo siguiente:

> "La meta de la consejería de carrera es facilitar el aprendizaje de destrezas, intereses, creencias, valores, hábitos de trabajo, y cualidades personales que capaciten a cada cliente a crear una vida satisfactoria dentro de una ambiente constante de cambio". (Página 61)

De acuerdo a estos teóricos, los intereses son altamente modificables y un objetivo de la consejería es alterarlos de acuerdo a las necesidades del cliente. Sin embargo, como señaláramos anteriormente, hay evidencia abundante de que los intereses son altamente estables desde la escuela superior en adelante (Campbell, 1971; Hansen, 1988; Low & Rounds, 2007; Tracey, Robbins, & Hofsess, 2005;

Swanson, 1999; Rottinghaus, Coon, Gaffey & Zytowski, 2007); y que tienen elementos hereditarios (Betsworth, Bouchard, Cooper, Grotevant, Hansen, Scarr, & Weinberg, 1994; Moloney, Bouchard y Segal, 1991) por lo que se consideran disposiciones personales. Por otro lado, no parece haber mucha evidencia de que los intereses vocacionales se puedan modificar en personas adultas. La presunción de que las disposiciones personales no influencian significativamente la conducta parece descansar más en el deseo que en la realidad. De hecho, en otros campos del conocimiento humano como el de la medicina, ya resulta incuestionable que los seres humanos nacemos con predisposiciones genéticas a desarrollar ciertas enfermedades; el que se desarrollen o no depende de los estilos de vida, el ambiente, y de otras variables.

Las dos teorías basadas en la perspectiva social-cognitiva que han recibido la mayor atención dentro de la psicología ocupacional son la de Barak (1981; Barak, Librowsky, y Shilo, 1989) y la de Lent (Lent, Brown, y Hackett (1994, 2002). Barak propuso que los intereses están determinados por tres cogniciones: las habilidades que la persona cree tener, la expectativa de realizar exitosamente una actividad específica y la expectativa de obtener satisfacción al realizarla. Para Barak (1981, Barak, et al., 1989), lo importante en el desarrollo de los intereses no son las habilidades que se tienen, sino las que se cree tener. Esto es, cuando una persona: 1) *cree tener las habilidades* para realizar una actividad, 2) *anticipa* que dada unas circunstancias particulares la podrá *realizar* bien, y 3) *anticipa* además, que derivará *satisfacción* de su desempeño, entonces, desarrollará *interés en dicha actividad* y estará *inclinada a realizarla*. Cada vez que realiza la actividad exitosamente y siente satisfacción, se confirman sus creencias y expectativas, lo que resulta en un aumento en el interés por dicha actividad.

Por su parte, Lent y sus asociados (Lent, et al., 1994; Lent, et al., 2002) presentaron un modelo de desarrollo de los intereses como parte de su *teoría social-cognitiva de desarrollo de carreras*. En relación a los intereses propusieron que éstos están determinados por la auto eficacia, o sea, la confianza en que se poseen las habilidades necesarias para realizar una actividad en particular y la expectativa de consecuencias favorables al realizar dicha actividad. Esto es, cuando una persona: 1) está confiada en que posee las habilidades para realizar una actividad, 2) que ésta resultará en una consecuencia deseada (como lograr un ascenso, u obtener buena nota), entonces, tendrá interés en la misma y estará inclinada a realizarla. Si la realiza exitosamente y obtiene la consecuencia deseada, se confirman sus creencias y expectativas y aumentará su interés en la misma, lo que incrementa la probabilidad de que la vuelva a realizar. La única fuente de motivación en este caso es la intención de realizar la actividad, la cual surge de las expectativas de desempeño y de consecuencias deseadas.

La auto eficacia es considerada por Lent (Lent, et al. 1994) como la variable central de su modelo del desarrollo de los intereses vocacionales Es una variable más específica que otras variables como el auto concepto, la cual es una variable amplia y compleja. Además, se señala que la auto eficacia es una variable que se relaciona con un área de desempeño particular ("specific to a particular performance domain"). Sin embargo, el grado de especificidad varía bastante de un estudio a otro. Por ejemplo, Fouad, Smith, & Zao (2002), en un estudio realizado desde esta perspectiva, utilizaron reactivos como los siguientes:

"Con el adiestramiento apropiado yo podría hacer una crítica de una sinfonía, redactar un discurso para un político, diseñar un experimento u obtener una A en una clase de antropología".

Por otro lado, Lent, Brown, Nota & Soresi (2002) midieron auto eficacia utilizando reactivos como el siguiente:

"Indique cuánta confianza tiene en su habilidad de convertirse en un trabajador exitoso en cada una de las siguientes ocupaciones".

Podemos apreciar que Fouad, et al. (2002) definieron operacionalmente auto eficacia como una variable muy específica. Sin embargo, Lent, et al. (2002) la definieron operacionalmente como una variable mucho más amplia porque, indudablemente, para realizar exitosamente una ocupación se requiere un conjunto de habilidades y no una sola habilidad específica. Por otro lado, como la creencia de auto eficacia se mide usualmente con uno o dos reactivos, es necesario incluir muchos niveles de respuesta (5 a 11) para lograr una medida confiable. Por ejemplo, Fouad, et al. (2002) utilizaron 6 niveles mientras que Lent, Brown, Nota & Soresi (2002) midieron auto eficacia utilizando 10 niveles

A pesar de los esfuerzos teóricos y de la abundante investigación que se ha realizado partiendo de esta perspectiva, particularmente los trabajos de Lent y sus colaboradores, muchos académicos consideran que se conoce muy poco sobre cómo surgen y se desarrollan a través del tiempo los intereses y sobre su naturaleza

(Gottfredson, 1996; Krapp, Hidi & Renninger, 1992; Savickas, 1999b; Swanson & Gore, 2000).

Estructura de los intereses

Como mencionamos, existen dos cuerpos de literatura científica sobre los intereses que se han mantenido relativamente desvinculados uno del otro (Hansen, 1984). El primero trata sobre la estructura o composición factorial de los mismos y el segundo sobre el desarrollo de la parte afectiva de los intereses. Las teorías vigentes no establecen una vinculación clara entre estos aspectos de los intereses. Aún teorías formales sobre la estructura de los intereses como la de Holland (1958), donde se propone la existencia de seis tipos de personalidad y establece una relación hexagonal entre ellos, se basa en análisis factoriales realizadas por Guilford, et al., (1954). Holland sugiere que los tipos de personalidad son el producto de la interacción y el ambiente. Según él, la biología particular que se hereda y la experiencia que se tiene, particularmente del ambiente familiar y del efecto de la propia persona sobre el ambiente, lleva al desarrollo de preferencias por ciertos tipos de actividades y aversiones hacia otras. Sin embargo, Holland no identifica los mecanismos específicos de aprendizaje que expliquen cómo se crea ese producto.

Mc Donald (1999) señala que el análisis factorial se ha utilizado para "descubrir" los componentes fundamentales de la cognición, la personalidad y otros atributos psicológicos. La idea parece ser que en los datos de las correlaciones que se obtienen en un estudio de esta naturaleza, hay unas dimensiones subyacentes que no pueden ser identificadas de ninguna otra manera. El análisis factorial revela, estas dimensiones. Sin embargo, otros investigadores (Kline, 1994, por ejemplo) señalan que las dimensiones descubiertas en un análisis factorial dependen de las pruebas que los psicólogos deciden incluir en dichos análisis. Evidentemente, al realizar un análisis factorial los investigadores no incluyen cualquier tipo de prueba, sino que tienen una idea de lo que van a encontrar y usan el análisis para confirmar o desconfirmar sus hipótesis. Sin embargo, no se tiene un fundamento teórico para predecir cuántas dimensiones existen o se necesitan para describir adecuadamente el campo o dominio de los intereses, ni cómo éstas se relacionan entre sí.

Es importante plantearse si el campo o dominio de los intereses está compuesto por muchas o pocas dimensiones y cuál es la relación entre éstas. Según Rounds y Day (1999), el estudio de la estructura de los intereses es un aspecto de la psicología vocacional que conlleva la identificación de categorías de intereses y la investigación de si estas se relacionan entre sí, en cuyo caso se examina cómo se relacionan. Desde el punto de vista teórico es importante conocer cuántas categorías de intereses existen, si hay alguna relación estructural entre éstas y, de haber una relación, cuál es la forma de dicha relación. A través de los años se han sugerido varios modelos: circular (Roe, 1957); hexagonal (Holland, 1973,1992); jerárquica (Gati, 1979, 1991), de cono (Roe & Siegelman, 1964) y esférica (Tracey & Rounds, 1996).

Un uso importante de las categorías es el desarrollo de escalas para los inventarios de intereses. Estas escalas basadas en análisis de factores suelen llamarse escalas homogéneas, factoriales o áreas de intereses. El uso de un conjunto de escalas permite representar en forma sucinta los intereses de una persona. Desde el punto de vista práctico, es esencial describir adecuadamente el perfil de intereses de una persona para fines de orientación y consejería. El incluir muy pocas categorías podría considerarse un déficit en la descripción de la persona que puede llevar a tomar decisiones erróneas. Por otro lado, la inclusión de muchas categorías dificulta la comprensión del perfil de intereses y la planificación o toma de decisiones a base de los resultados del inventario. Los inventarios de intereses más renombrados difieren sustancialmente en el número de escalas que incluyen (Holland incluye 6 escalas, Kuder 10 y el Strong incluye 30 escalas), lo que es evidencia de que queda mucho por investigar al respecto.

Roe y Siegelman (1964), además de sugerir cómo surgen los intereses, propusieron un modelo de la estructura de los mismos. Propusieron que el campo de los intereses se puede describir con ocho áreas de intereses que se organizan en forma de círculo. En este círculo las áreas adyacentes son más similares psicológicamente que las no adyacentes. Sugirieron además, que las ocupaciones incluidas en dichas áreas se diferencian en términos de complejidad y demandas cognitivas que se requieren en su desempeño. Organizaron entonces las ocupaciones en seis niveles de complejidad. En el nivel más simple se incluyen las ocupaciones no diestras y en el nivel más complejo las profesiones. Posteriormente Roe y Kloe (1969) combinaron el círculo de las ocho áreas de interés con los seis niveles ocupacionales y crearon un modelo de cono invertido, donde la parte ancha corresponde a los niveles de mayor complejidad. Plantearon que hay una mayor diferenciación de los intereses en las ocupaciones de mayor complejidad, que en las ocupaciones menos complejas. Debemos observar que este modelo de cono invertido en efecto combina intereses y habilidades, toda vez que para realizar trabajos de mayor complejidad cognitiva se requiere más habilidad general o inteligencia.

Por su parte, Strong realizó varios análisis de correlaciones con las escalas de su primer inventario (las correlaciones indican el grado de relación entre las escalas), que en aquél entonces incluyó una versión para hombres separada de la versión para mujeres. Agrupó las escalas de la versión para hombres en las siguientes clasificaciones: *ciencias biológicas, ciencias físicas, supervisión técnica, oficios técnicos y diestros, servicio social, estético-cultural.* Por otro lado, agrupó las escalas de la versión para mujeres en las siguientes clasificaciones: *musicales-de actuación, arte, verbal-lingüísticos, servicio social, verbal-científicos, militares-gerenciales, comerciales, economía doméstica, salud y servicios relacionados.*

De acuerdo a Hansen (1984), cuando se utilizan *métodos de análisis factorial* con las escalas de los inventarios, usualmente surgen de 4 a 11 factores. Cuando se utilizan con los reactivos, en vez de las escalas, usualmente surgen de 14 a 18 factores. El uso de los análisis factoriales a nivel de reactivos provee un segundo método objetivo para desarrollar escalas de intereses. Las escalas así desarrolladas son homogéneas en su contenido porque tienden a medir esencialmente un factor específico que pudiera ser común a muchas ocupaciones. Se presume que estos métodos permiten descubrir factores que son variables teóricas que están subyacentes en los datos y que "explican" las correlaciones o covarianzas entre los reactivos. Estos factores se interpretan a base de la naturaleza aparente de los reactivos que contribuyen a cada factor. Se presume que estos factores son similares a los rasgos de personalidad, de ahí que se hable de la perspectiva rasgo-factor.

Un resultado frecuente de los análisis factoriales es que todos los reactivos son complejos, esto es, su varianza (las diferencias que resultan de las respuestas) no es "explicada" por un solo factor (no correlacionan con un solo factor). Por el contrario, todos los reactivos correlacionan en alguna medida con todos los factores, aunque usualmente las correlaciones son significativas con dos o más factores. Por ejemplo, en un análisis factorial realizado por nosotros con estudiantes de grados 10 al 12, el reactivo *Criar caballos*", tuvo una carga de .54 en el factor de aire libre y de .34 en el factor de intereses manuales. Este no es un buen reactivo para incluirse en una escala de intereses porque tiende a medir dos factores simultáneamente, lo que lo hace ambiguo. Esto es, la respuesta de una persona a este reactivo podría deberse a que le gusta el aire libre o a que prefiere los intereses manuales. Al momento de seleccionar reactivos para componer una escala de un inventario de intereses se prefieren aquellos reactivos que correlacionan mayormente con un solo factor. Los reactivos que correlacionan con varios factores generalmente se descartan. La naturaleza de cada factor se infiere de los reactivos cuya carga proviene mayormente de dicho factor.

Otro método que se utiliza para desarrollar escalas homogéneas para inventarios de intereses es el de análisis de conjuntos (Cluster Analysis). En este caso, no se divide cada reactivo en sus componentes teóricos, sino que se agrupan los reactivos a base de las correlaciones entre ellos de manera que cada categoría de reactivos correlacione lo menos posible con otras categorías. Estos métodos (factorial y de conjuntos), al igual que el método de contraste de grupos son esencialmente empíricos, son replicables y en ese sentido son objetivos.

A pesar de la aparente objetividad de estos métodos, los resultados en términos del número y naturaleza de los factores que surgen en un análisis particular, dependen en buena medida de aspectos ajenos al campo de los intereses. Por ejemplo, los factores que pueden surgir en un estudio dependen de la naturaleza y la cantidad de reactivos de cada tipo que se incluyen en el mismo. No puede surgir un factor de intereses en las matemáticas si no se incluyen suficientes reactivos de este tipo en el inventario experimental que se aplica a los participantes. Por otro lado, cada investigador redacta el universo de preguntas que analizará sin que haya consenso entre los investigadores sobre las características que deben tener esos reactivos. Rara vez se intenta obtener una muestra representativa de los reactivos existentes en el universo de intereses. Por lo general, se redacta un banco de reactivos que sea amplio y diverso, aunque no sea necesariamente representativo. Parte del problema de lograr representatividad es que no se cuenta con una teoría que permita describir cómo son los reactivos en el universo de los intereses. Hay una gran variedad de reactivos que se incluyen en los inventarios: ocupaciones, actividades, asignaturas escolares, actividades recreativas, tipos de personas, fantasías, nombres de revistas, nombre de asociaciones, etc.

Por otro lado, el análisis inicial que se realiza suele ser difícil de interpretar toda vez que casi todos los reactivos cargan (tienen correlaciones significativas con factores) en muchos factores. Se acostumbra entonces hacer dos cosas: 1) retener un número menor del total de factores surgidos y descartar los factores donde pocos reactivos tienen correlaciones significativas; y 2) "rotar los ejes" de los factores que se han retenido para obtener así un resultado que es matemáticamente equivalente a los resultados iniciales, pero donde la carga de los reactivos es esencialmente en uno o dos factores, lo que permite interpretar mejor los resultados. Los resultados finales, o sea el número y naturaleza de los factores que se obtienen, depende de los criterios y métodos que utilice el investigador para retener factores y del método de rotación.

Por tal razón, es difícil concluir que los factores que se identifiquen en un estudio particular representan todos los factores de intereses que existen. Ninguno de los estudios parte de una teoría que permita predecir cuántos y cuáles factores se esperan. Con frecuencia lo que se hace en un estudio factorial es predecir qué factores se esperan a base de los factores encontrados en estudios previos. Para esto, usualmente se incluyen *marcadores*, que son reactivos que en estudios anteriores han resultado con cargas altas en un factor determinado. Estos marcadores ayudan a identificar los distintos factores.

Por otro lado, los factores que surgen en un estudio dependen, no sólo de los reactivos que se incluyen en el inventario experimental, sino también de los procesos que utilizan estos programas. En los métodos para identificar factores, generalmente se intenta incluir en el primer factor, la mayor varianza común de la matriz de correlaciones de reactivos. Una vez logrado esto, se elimina el efecto de este primer factor en la matriz de correlaciones y queda una *matriz residual*. El segundo factor surge de la extracción de la mayor cantidad posible de la varianza común que queda en la matriz residual. Se repite este procedimiento una y otra vez para identificar factores adicionales hasta que no quede varianza común.

Este primer factor suele ser muy amplio y por lo general, muchos reactivos cargan en el mismo. Algunos investigadores identifican este factor como un factor general, otros como un factor de aceptación social y aún otros, consideran que este es un factor artificial sin significado alguno, producto del método (Kline, 1994, página 39). Nuestra experiencia es que el primer factor suele ser un factor complejo (que agrupa artificialmente dos o más factores) los cuales surgen como factores independientes en análisis subsiguientes. Por último, debido a la poca variabilidad que tienen las puntuaciones de los reactivos, la varianza total que explican los análisis factoriales suele ser relativamente pequeña. Por tal razón, algunos investigadores prefieren utilizar el análisis estadístico de reactivos (item analysis) para desarrollar escalas (Kline, 1994).

Las escalas homogéneas o por áreas que surgen de la aplicación de estos métodos matemáticos se parecen, superficialmente, a las escalas teóricas que desarrollaron mediante la opinión de expertos, los investigadores hasta los años 30. Se recordará que este método se consideró muy subjetivo por lo que se inició la búsqueda de métodos que fueran más objetivos. Para muchos, la diferencia entre las escalas homogéneas desarrolladas mediante el análisis factorial y métodos relacionados y las desarrolladas a base de una teoría o la opinión de expertos estriba, en que en el primer caso la asignación de reactivos a escalas homogéneas se basa en criterios estadísticos verificables y en el segundo caso en criterios subjetivos. Estos métodos permiten definir los intereses en términos de variables psicológicas, la cual es una definición más congruente con la noción de que los intereses son rasgos o disposiciones personales, similares a la inteligencia y a otros rasgos de personalidad. En el caso de los rasgos se presume que éstos *causan* las conductas ejemplificadas en los reactivos. Por ejemplo, el interés musical es la causa de que a una persona se interese en aprender a tocar una guitarra e ir a un concierto.

En este respecto de conocer la estructura del campo de los intereses vocacionales, el trabajo más notable es la investigación realizada por Guilford et al. (1954), quienes buscaron identificar la estructura de los intereses en términos de sus dimensiones básicas. Guilford y sus colaboradores consideraron que los intereses son aspectos de la motivación. Propusieron también que los rasgos de personalidad, necesidades, urgencias, actitudes y temperamentos, son aspectos de la motivación al igual que los intereses vocacionales. Esto los llevó a desarrollar conjuntos de 15 reactivos para cada una de las 33 variables relacionadas con la motivación y a establecer como hipótesis, que se encontrarían factores relacionados con cada conjunto de variables. Se redactaron inventarios preliminares que luego del análisis estadístico de reactivos llevaron a administrar 100 inventarios finales de 10 reactivos cada uno a muestras de 600 enlistados en la Fuerza Aérea y a cerca de 700 oficiales de dicha fuerza armada.

Los análisis factoriales realizados permitieron identificar 28 factores, seis de ellos relacionados con actividades vocacionales y ocupaciones, 20 relacionados con motivaciones y satisfacción y dos con temperamento. Los seis factores de intereses (que también habían surgido en estudios anteriores) son: intereses manuales (mecánicos), científicos, expresión estética, bienestar social, de oficina y comercial. También surgió un factor de ocupaciones al aire libre, que Guilford consideró que podría ser vocacional, pero no lo incluyó en la lista. Podemos especular que no fue incluido porque es el único factor que se refiere al lugar donde se realizan las actividades y no a las actividades mismas y porque no había surgido en investigaciones anteriores. Llamó la atención de que el factor verbal fuera el único de los factores previamente conocidos que no emergió en el análisis.

Hay variedad en la amplitud de los factores que surgieron. Por ejemplo, Guilford, et al. (1954) señala cuatro factores amplios: el *factor manual* que incluye variables de construcción, diseño, manipulación y reparación; el *factor científico* que incluye variables de investigación, laboratorio y teoría; el *factor de servicio social* que incluye elementos de controlar, ayudar a otros y expresión verbal; y finalmente el factor de *apreciación artística* incluye los campos de literatura, música y arte gráficas. Sin embargo, el factor comercial estuvo restringido a administración, venta y contactos; mientras que el factor de oficina estuvo restringido a manipulación de números y trabajo de oficina.

Por otro lado, algunos que inicialmente no se consideraron factores de intereses (aventura, culturales, acondicionamiento físico, pensar y precisión), posteriormente otros investigadores los incluyeron en la lista de intereses (Rounds, 1995). Para validar los factores de intereses encontrados en el estudio Guilford los comparó con las escalas incluidas en algunos inventarios. Justificó esta acción señalando que:

"Si los factores son dimensiones válidas de los intereses, las categorías derivadas de otras fuentes deben eventualmente coincidir con los encontrados mediante análisis factoriales". (Página 34)

Esto es, para Guilford, los análisis factoriales resultan en categorías de intereses que deben ser similares a las escalas de los inventarios. Debemos recordar que con frecuencia estas son escalas lógicas o teóricas. El hecho de que los factores que se identifican mediante el análisis factorial se les asignan nombres que corresponden a conceptos populares (artístico, manual, científico), sugiere que estos factores corresponden, de alguna manera, a las categorías de intereses que se utilizan en la vida cotidiana.

Un uso importante de estas categorías es el desarrollo de escalas para representar en forma sucinta los intereses de una persona. Rounds y Day (1999) identificaron tres modelos de estructuras: dimensionales, clasificatorias y espaciales. Los dimensionales se refieren a listas de factores encontrados entre reactivos u ocupaciones. Los clasificatorios le añaden un poco de complejidad al incluir algún tipo de relación entre las categorías, como es el caso de los modelos jerárquicos. Los modelos espaciales, tienden a ser multidimensionales y especifican una relación entre todos los elementos, como es el caso del modelo circular de Holland. Nos interesan particularmente los modelos dimensionales porque son los más relacionados a cómo desarrollan las escalas de intereses.

El reto de una explicación teórica

Como ocurre con frecuencia en la psicología, se ha logrado más progreso en la medición de los intereses y en la utilización de estas medidas en la práctica profesional, que en desarrollar teorías que nos permitan entender qué es lo que estamos midiendo. Es una situación similar a lo que ocurre con la inteligencia donde abundan las pruebas de inteligencia, pero todavía se cuestiona lo que miden realmente. Algunos teóricos han optado por decir que la inteligencia es lo que miden las pruebas de inteligencia. Sin embargo, esta definición no es aceptable porque no nos ayuda a entender qué es lo que miden. Por otro lado, necesitamos saber qué es la inteligencia para poder utilizar las pruebas responsablemente. En el caso de los intereses vocacionales se han logrado igualmente avances significativos en el desarrollo de inventarios de intereses. En particular se ha logrado identificar muchas de las dimensiones que se considera constituyen el campo de los intereses y también los intereses que son específicos a ciertas ocupaciones.

Con el desarrollo tecnológico moderno muchos de estos inventarios se ofrecen también a través de la Internet, muchas veces como parte integral de sistemas de planificación de carreras. Su inclusión en la Internet ha permitido que público general tenga acceso a los mismos, lo que ha aumentado su impacto en la sociedad. Los inventarios tienen un gran impacto en el campo educativo y vocacional. Evidencia de esto es que, solamente en los Estados Unidos, se administra anualmente más de un millón de inventarios de intereses. Esto significa que los inventarios de intereses son, probablemente, el tipo de instrumento psicológico más utilizado en el mundo, aún más que las pruebas de inteligencia.

Sin embargo, como mencionamos al principio, hay un rezago teórico que se evidencia en la escasez de teorías formales sobre el origen y naturaleza de los intereses y en la abundancia de conjeturas teóricas. Aún en las teorías formales contemporáneas, se recurre al uso de definiciones operacionales y están ausentes las definiciones teóricas de los intereses (Savickas, 1999b). Por otro lado, se observa una desvinculación entre la investigación realizada sobre la estructura de los intereses (las dimensiones que componen el campo) y la realizada sobre cómo se desarrollan éstos a través del tiempo (Hansen, 1984). Evidentemente hay necesidad de nuevos esfuerzos teóricos que incluyan explicaciones sobre el origen, naturaleza psicológica y desarrollo de los intereses y que además, que integre el aspecto estructural de los mismos.

Evidentemente se han formulado muchas conjeturas y se han realizado muchos esfuerzos teóricos sobre los intereses. Prácticamente ya se ha dicho todo lo que es posible especular sobre los mismos. Los retos de hilvanar una nueva teoría consisten en lo siguiente: 1) ver cuáles, de las múltiples definiciones operacionales y teóricas formuladas hasta ahora son potencialmente útiles para formular una definición que ayude a entender la naturaleza de los intereses; 2) identificar aspectos de las teorías propuestas que puedan ayudar a integrar los aspectos estructurales y afectivo de los intereses y 3) integrar elementos de la perspectiva de rasgo factor con la social cognitiva.

Antes de intentar ese proyecto, es necesario examinar con algún detalle cómo se miden los intereses a través de inventarios toda vez que éstos representan el avance más significativo en este campo. Otra razón importante es que los inventarios existentes reflejan dos concepciones distintas de los intereses: en la primera concepción, se considera que cada reactivo representa un interés específico. Consecuentemente, se considera que existen cientos, sino miles, de intereses específicos. También, que la puntuación total en una escala representa el conjunto de intereses que distingue a los miembros de una ocupación específica de las demás personas. Consecuentemente, se considera que se puede desarrollar una escala para cada ocupación. En la segunda concepción, se considera que cada reactivo incluido en una escala, es un indicador de un rasgo o disposición personal. Consecuentemente, todos los reactivos pudieran agruparse en un conjunto de escalas numéricamente más pequeño que el número de ocupaciones.

Resumen

En este capítulo revisamos las teorías iniciales sobre intereses formuladas desde la perspectiva de rasgos y las teorías más recientes formuladas desde la perspectiva social/cognitiva. El propósito es identificar aspectos de estas teorías que podamos utilizar en la formulación de una teoría más amplia e integradora. Entre las teorías basadas en rasgos se destaca la importancia que le adjudica Carter (1940) a los esfuerzos de ajuste de la persona a su medio ambiente mediante procesos de identificación con los miembros de una ocupación y práctica de actividades para confirmar habilidades requeridas. Por su parte Bordin (1943) propone el auto concepto como variable interventora en el desarrollo de los intereses. Se destaca la prominencia que Strong (1943) y Super & Crites (1962) a las habilidades como precursora de los intereses. Por otro lado, la insistencia de Holland (1992) de que los intereses miden tipos de personalidad, surge en parte de la propuesta de Berdie (1944) de que los intereses son aspectos de la motivación y por lo tanto, parte de la estructura de la personalidad. También observamos que la elegancia y especificidad de una teoría formal como la de Roe & Siegelman (1964) no garantizan su éxito.

La discusión de las teorías de Barak, et al. (1981) y Lent, et al. (1994) sugieren que aspectos cognitivos como las creencias en las capacidades y las expectativas son importantes para entender los procesos internos en el desarrollo de los intereses. Sin embargo, dado la concepción altamente cognitiva y volitiva del modelo, se hace difícil su aplicación para entender el desarrollo de los intereses durante los primeros años de vida de las personas. Ninguna de estas teorías intenta explicar cómo surgen los intereses sino que se concentran en su desarrollo, una vez surgen.

La discusión de las investigaciones y planteamientos sobre la estructura de los intereses se ha mantenido virtualmente desvinculada del desarrollo de los intereses. Sin embargo, vimos que en sus inicios, teóricos como Guilford, et al., (1954) trató de validar los factores de intereses que identificó en su estudio clásico, el cual ha dado base a proposiciones teóricas como la de Holland y otros, comparando los factores con las escalas lógicas de inventarios de intereses conocidos. Nos parece muy atinada su expresión de que las dimensiones obtenidas mediante análisis factoriales deben coincidir con las categorías de intereses de uso común.

CAPÍTULO 3

MEDICIÓN DE LOS INTERESES: DESARROLLO Y CARACTERÍSTICAS DE LOS INVENTARIOS

Para evaluar los intereses de las personas se acostumbra utilizar varios métodos, entre ellos entrevistas, cuestionarios informales, datos sobre actividades, preferencias sobre materias, ordenamiento de actividades (card sorts) y otros. Sin embargo, los inventarios de intereses han resultado el método predilecto para la investigación y la práctica de psicología ocupacional y la consejería vocacional. La medición mediante inventarios está inexorablemente ligada a la teoría de los intereses, aunque no haya teorías formales con aceptación general. Como se mencionó anteriormente, la concepción de qué son los intereses parece haber sido influenciada más por la existencia y uso de inventarios que por cualquier otra cosa. Según señalamos, el surgimiento del inventario de Strong ha influenciado grandemente la concepción que algunos investigadores tienen de los intereses y propició el que surgiera una teoría basada en dicho inventario. Entre ellas, la idea de que la puntuación obtenida en el inventario representa el grado en que se acepta una descripción del auto concepto de la persona en términos vocacionales. Por tales razones, nuestra discusión de los intereses se centra, casi exclusivamente en los inventarios de intereses.

En este capítulo discutiremos aspectos esenciales de los inventarios tales como las instrucciones, la definición de intereses que incorporan, los tipos de escala, los tipos de respuestas, el contenido de los reactivos, la confiabilidad y validez, las normas y las diferencias entre los sexos. Discutimos diferencias importantes entre los tres inventarios más conocidos y con mayor trayectoria histórica: los inventarios de Strong, Kuder y Holland. Estos inventarios representan concepciones distintas de los intereses y se consideran que ejemplifican distintos tipos de escalas y de normas, entre otras cosas. Los resultados en uno de estos inventarios pueden ser muy diferentes de los resultados en los demás, por lo que es esencial conocer sus características. Discutimos también algunos inventarios desarrollados en español. Por último, examinamos algunas controversias sobre las diferencias entre los sexos en puntuaciones promedio en algunas escalas. Estas diferencias parecen ser consistentes entre inventarios y persistentes a través de los años.

Ante la dificultad de llegar a un consenso de cómo definir teóricamente los intereses y la diversidad de formas para medirlos, algunos investigadores han desistido de continuar con ese esfuerzo y han utilizado definiciones empíricas solamente (Savickas, 1999b). Según Spokane y Decker (1999), luego del éxito obtenido al medir intereses con las escalas empíricas del Strong, se definieron los intereses a base de las puntuaciones que se obtienen en los inventarios vocacionales. En otras palabras, para estos investigadores, los intereses son lo que los inventarios de intereses miden. Una posición similar se había tomado anteriormente con las pruebas de inteligencia, ante la dificultad de entender lo que es la inteligencia. Sin embargo, esta posición no adelanta el conocimiento de lo que son los intereses. Por otro lado, cuando una persona toma más de un inventario de intereses (por ejemplo, el Strong y el Kuder), suelen haber diferencias importantes en los resultados de uno y otro inventario. Esto ocurre porque lo que mide un inventario de intereses depende de cómo fue construido, lo que determina qué mide, cómo lo mide y cómo se interpretan los resultados.

Lo *que mide* el inventario depende del contenido de sus reactivos, por lo que pueden resultar en inventarios de intereses académicos, ocupacionales o recreativos. También pueden resultar en inventarios que miden otros aspectos de personalidad conjuntamente con los intereses. Desde el principio ha habido esfuerzos para separar la medición de los intereses de otros atributos o aspectos de la personalidad como son las actitudes y los valores. *Cómo se miden* los intereses depende de varios aspectos metodológicos como son: las instrucciones que incluye, el tipo de alternativas de respuesta y la forma en que se desarrollaron las escalas. *Cómo se interpretan los resultados* depende de todo lo anterior y de las normas desarrolladas. Es importante entonces que examinemos brevemente estos aspectos de los inventarios y cual es su efecto en los resultados del inventario.

En este capítulo examinaremos brevemente la historia del desarrollo de los inventarios de intereses y examinaremos cómo los distintos aspectos de su construcción afectan la naturaleza de lo que se mide. Comenzaremos con los inventarios iniciales: por qué muchos los consideraron inadecuados y qué esfuerzos se realizaron para superar las limitaciones encontradas. En estos primeros esfuerzos se reconoció que es importante asegurarse de que se miden intereses y no otros aspectos de personalidad. Por eso, desde el principio se plantea la necesidad de que la persona que responda a un inventario, responda exclusivamente a base de sus preferencias. También se reconoció la importancia de que la persona que toma un inventario de intereses no responda tomando en cuenta consideraciones de naturaleza económica, social de condiciones físicas y otros aspectos ajenos a los intereses. Esto se intentó lograr a través de las instrucciones incluidas en los inventarios. Describiremos las características de los tres inventarios más importantes desde el punto de vista histórico y de su uso actual.

Inventarios iniciales: Escalas lógicas o teóricas

Antes de los años 40, los inventarios de intereses se utilizaban para guiar la entrevista de orientación. Con este propósito se discutían las respuestas a cada reactivo; se analizaba el conjunto de reactivos preferidos por el cliente o se obtenían puntuaciones en varias áreas de interés, a base de agrupación de reactivos (Strong, 1943, página 42). Los reactivos agrupados por áreas de contenido dan base a lo que ahora conocemos como escalas lógicas o teóricas. Para esta agrupación de reactivos se utiliza el criterio de los propios investigadores o el de sus colaboradores. Luego se adopta una fórmula para asignar puntuaciones a las personas a base de sus respuestas, lo que completa el desarrollo de la escala.

Utilizando este tipo de escalas lógicas se desarrollaron inventarios para identificar los intereses de las personas en tres campos distintos: vocacional, programas educativos y actividades recreativas. La diferencia mayor entre estos inventarios vocacionales, educativos y recreativos es en el contenido de los reactivos. En el primer caso son ocupaciones y actividades relacionadas, en el segundo caso son materias académicas y en el tercer caso son actividades recreativas o de ocio. A pesar de estas diferencias en contenido, se utiliza la misma definición operacional y el mismo método de desarrollar escalas en todos los casos. Actualmente existe una controversia sobre si los inventarios vocacionales, educativos y de tiempo libre, miden dominios o campos esencialmente distintos o son expresiones de un mismo fenómeno (Hansen, Dik, & Zhou, 2008; Waller, Lykken, & Tellegen, 1995).

En particular, al analizar algunos inventarios recreativos se identifican factores de intereses (como un factor pasivo o sedentario) que no se encuentran en inventarios vocacionales (Waller, Lykken, & Tellegen, 1995). Hay evidencia de que el nivel de esfuerzo requerido es una dimensión importante en las actividades recreativas (Tinsley & Eldredge, 1995). Otra diferencia notable entre los inventarios vocacionales y recreativos es que usualmente, en los primeros los participantes responden a todos los reactivos, mientras que en los recreativos los participantes deben responder solamente a las actividades que conocen y con las que han tenido experiencia. Puede que las diferencias en los factores encontrados se deban, no solamente al contenido de los reactivos, sino al tipo de conducta que debe exhibir el participante. Los inventarios de intereses vocacionales generalmente incluyen reactivos con los que todo el mundo está familiarizado y el participante responde a todos a base de su percepción del contenido del reactivo. En los inventarios de intereses recreativos los participantes no pueden responder a todos los reactivos, deben expresar sus reacciones afectivas solamente hacia las actividades que conocen y que han practicado.

Para ilustrar el método utilizado en esa época, Fryer (1931) menciona un inventario educativo desarrollado por Brainard en el 1923 para identificar los intereses de los estudiantes que solicitaron ingreso a un programa de ingeniería. El inventario incluyó actividades que el estudiante de ingeniería realiza o con las que está familiarizado y actividades que se espera realice como ingeniero en el futuro. Para desarrollar su inventario Brainard realizó un análisis del adiestramiento que recibe el estudiante de ingeniería e identificó diez actividades generales. Ejemplos de estas son: matemáticas, inglés, ciencia, bellas artes y curiosidad mecánica. Entonces redactó diez actividades específicas, para cada actividad general. Ejemplos de estas son: resolver problemas aritméticos, escribir poesía, preparar equipo de laboratorio y leer el periódico.

Llama la atención que entre las actividades generales y las específicas de un estudiante de ingeniería hay algunas que, desde nuestra perspectiva moderna, probablemente no serían incluidas. Estas corresponden a materias académicas o actividades dirigidas a ampliar la formación cultural del estudiante, como son las bellas artes y el escribir poesías, pero que no son particulares a la ingeniería. No sabemos si tan variada mezcla de actividades responde a que Brainard (1923) tomó, como actividades generales, todas las materias requeridas al estudiante de ingeniería. Brainard desarrolló una clave de corrección consistente en asignar valores a las respuestas de gusta, indiferente y disgusta. Luego sumó por separado las respuestas a cada actividad general y obtuvo un perfil de intereses de los estudiantes de ingeniería, con el cual podría evaluar a los estudiantes que solicitaran ingreso a ese programa de estudios.

Escalas por ocupaciones

El método de agrupar los reactivos por áreas de contenido a base de la opinión de expertos para crear escalas lógicas se consideró muy subjetivo, por lo que se inició la búsqueda de métodos más objetivos. En 1919 se comenzó un programa de estudio de los intereses en el Carnegie Institute of Technology. En ese año, Clarence S. Yoakum dictó un seminario en el cual los estudiantes generaron un banco de alrededor de 1,000 reactivos de intereses. Este banco resultó un semillero del cual surgieron varios inventarios. Entre ellos, el que Fryer considera el primer inventario estandarizado, el Carnegie Interest Inventory (1921).

Para crear este inventario se utilizó un método empírico, que fue el primer método objetivo que logró aceptación general. El método consiste en contrastar las respuestas que ofrece un grupo de personas en una ocupación en particular, a cada reactivo, con las que ofrece otro grupo de personas en diversas ocupaciones. Por ejemplo, se contrastan las respuestas de los maestros de secundaria, con las respuestas de personas en una variedad de ocupaciones. Los reactivos donde hay diferencias significativas en las respuestas de ambos grupos se incluyen en la escala de la ocupación, en este caso, Maestros de Secundaria. Posteriormente, hubo otros programas de investigación donde se utilizó este método de contraste de grupos en la Universidad de Stanford, y en la Universidad de Minessota. El primero fue dirigido por Edward K. Strong y el segundo por Donal G. Paterson.

El inventario de Strong fue el heredero de la tradición de preparar inventarios a base del método empírico y escalas por ocupaciones que se generó en el Carnegie Institute of Technology. Strong logró desarrollar escalas para un buen número de ocupaciones. Uno de los problemas que surgieron fue cómo interpretar los resultados. Cada escala mide cuan similar es el patrón de respuestas de una persona con el patrón promedio de respuestas de personas en una ocupación particular. Inicialmente, Strong clasificó el grado de similitud a base de notas de escuela. La A representa un alto grado de similitud, la B alguna similitud y la C indica un grado significativo de diferencia. Grados de similitud intermedia se significan con las letras B+, B- y C+. Posteriormente se eliminaron las letras y se utilizan las categorías de intereses: similares, promedio y distintos (Donnay, Morris, Schaubhut, & Thompson (2005). A pesar del éxito obtenido, el método sigue siendo criticado duramente por muchos investigadores. Los críticos han señalado que:

a) el método empírico es un acercamiento metodológico muy crudo, se le compara con un disparo de escopeta (gun shot approach), en el cual se analiza una gran cantidad de reactivos, para identificar unos pocos que dan en el blanco.

c) al utilizar este método no se parte de una teoría que ayude a entender los resultados. Por ejemplo, el *jugar golf* puede ser un reactivo de la escala de médicos, sin embargo, no hay una teoría que relacione el jugar golf con la medicina.

d) algunas actividades relacionadas con la ocupación se excluyen de la escala correspondiente.
Por ejemplo, *leer artículos científicos*, pudiera
ser una actividad típica de los médicos y pudiera no incluirse en la escala. Esto ocurre porque
las escalas incluyen solamente los reactivos que
distinguen a las personas en una ocupación de
un grupo general de personas en otras profesiones. Una actividad científica que caracteriza
a muchas profesiones probablemente no distingue entre ellas.

e) Se requiere preparar una escala para cada
ocupación y hay literalmente cientos, sino
miles, de ocupaciones. Esto implica que muchas
escalas ocupacionales comparten prácticamente
los mismos reactivos. Por ejemplo, el Inventario
de Intereses de Strong más reciente incluye 291
reactivos y 122 escalas ocupacionales (Donnay,
et al., 2005).

f) Es difícil interpretar los resultados de este tipo
de escala. Solamente se puede decir que una
puntuación alta en la escala de ingeniero civil
indica que los intereses del examinado son
similares a los de los ingenieros civiles, o más
apropiadamente, que difieren de los intereses
de otras personas de la misma manera que los
intereses de los ingenieros civiles difieren de
otras personas.

g) Por último, aún Strong (Strong, 1943, página 22)
reconoce que las escalas empíricas no miden
intensidad de los intereses.

Por otro lado, muchos investigadores consideran que las escalas ocupacionales del Strong tienen muchas ventajas. Entre éstas:

a) las escalas por ocupaciones son una forma económica de combinar los intereses relevantes en una ocupación,

b) la inclusión de algunos reactivos sutiles como "Jugar golf", cuyo contenido no puede ser asociado racionalmente con la profesión de médico, son efectivos en reducir la posibilidad de respuestas fingidas,

c) los problemas de interpretación se subsanan al agrupar las escalas que son similares, porque entonces se puede hablar de áreas de mayor interés antes de hablar de intereses específicos en ocupaciones,

d) la fortaleza de estas escalas es que se ha demostrado que la similitud del patrón de respuestas del cliente con el de las personas en una ocupación está relacionado con la satisfacción y permanencia en la ocupación.

Los 291 reactivos que actualmente incluye el inventario de Strong cubren una variedad de "objetos", mayormente ocupaciones y actividades. Las opciones de respuestas se ampliaron a: gusta mucho, gusta un poco, indiferente, disgusta un poco y disgusta mucho. Se eliminó el ordenamiento a base de preferencias y seleccionar entre dos actividades. Como la mayoría de los reactivos se contestan con una escala tipo Likert, se considera que el Strong tipifica las respuestas de libre selección, en oposición a las respuestas de selección forzada. Los resultados se interpretan en términos de cuán similar es la puntuación de una persona con la puntuación promedio del grupo.

Como existen diferencias entre los intereses de hombres y mujeres, Strong desarrolló primeramente un inventario para hombres y otro para mujeres. Posteriormente ambas versiones fueron integradas y se evitó el lenguaje sexista en las instrucciones y los reactivos. Sin embargo, a pesar de estos cambios en los inventarios y de los cambios sociales ocurridos, estas diferencias se han reducido muy poco. El desarrollo del Strong permitió definir los intereses en términos de patrones de respuestas que diferencian una ocupación de otras, lo que facilitó que surgieran teorías como las de Bordin (1943) y Super (1953) que se basan en estos patrones de respuestas.

Es importante reconocer que una escala empírica sobre una ocupación, no se considera un rasgo, rasgo latente o disposición personal. Strong (1943, página 19), identificó intereses específicos, generales o de una ocupación:

1. "El interés puede verse como una sola expresión, tal como *Me gusta la aritmética* o *Estoy pensando ser ingeniero*.

2. "Segundo, el interés se puede considerar como una tendencia general hacia una constelación de reactivos, como cuando uno dice que un hombre tiene intereses mecánicos o científicos".

3. "Tercero, el interés se puede considerar como la puntuación total en un inventario de intereses, como cuando se dice que él tiene los intereses de un ingeniero o abogado o una puntuación alta en masculino-femenino (MF)".

Las escalas por ocupaciones del Strong no están basadas en teoría alguna, por lo que se definen como *la puntuación total* en la escala de una ocupación. Consecuentemente algunos investigadores definen operacionalmente los intereses como lo que es medido por una escala de intereses. Por contraste, las escalas homogéneas se consideran rasgos o disposiciones personales.

Como ocurre usualmente, el éxito logrado con el inventario de Strong dio margen al surgimiento de otros instrumentos. El número y variedad de inventarios de intereses desarrollados fue impresionante. Sin embargo, pocos de estos lograron aceptación general, aunque algunos se distinguieron por la abundante investigación que se ha generado sobre ellos y por las distintas versiones que han presentado sus autores o publicadores a través de los años. La mayoría de los inventarios contemporáneos guardan una estrecha semblanza con los tres principales inventarios desarrollados durante los años 20 a los 30, los que Borgen (1986) llamó *Los Tres Grandes* en el campo de la medición de intereses: el Blanco de Intereses Vocacionales de Strong (Strong Vocational Interest Blank) publicado en 1927, el Registro de Preferencias de Kuder - Vocacional (Kuder Preference Record – Vocational) publicado en 1960, que luego se convirtió en la Encuesta Ocupacional Kuder de Intereses (Kuder Occupational Interest Survey-KOIS) y el Inventario de Preferencias Vocacionales (Vocational Preference Inventory) desarrollado por Holland en 1985, que luego se convirtió en la Búsqueda Autodirigida de Holland (Self-Directed Search). Aunque el inventario de Holland es más reciente, sus escalas son teóricas como las de los inventarios utilizados en los años 30. Todos los inventarios desarrollados posteriormente incluyen combinaciones de las características de estos tres inventarios. Estos tres instrumentos plasman versiones distintas de los intereses, por lo que es imprescindible examinarlos brevemente.

El inventario de Strong fue por muchos años el prototipo de los inventarios de intereses cuyas escalas se desarrollaron siguiendo un método puramente empírico. Esto es, sus escalas se constituyeron con aquellos reactivos que diferencian las personas en una ocupación (por ejemplo, médico), de las personas en otras ocupaciones. Las opciones de respuestas a estos reactivos son "gusta, indiferente y disgusta". Estas escalas empíricas, llamadas también por ocupaciones porque cada una se refiere a una ocupación particular, tienden a ser heterogéneas en contenido por lo que se considera que el Strong es el prototipo de los inventarios con escalas heterogéneas.

Escalas homogéneas o por áreas

Por otro lado, el inventario de Kuder-Vocacional, ha sido el inventario prototipo de las escalas homogéneas de intereses, esto es, escalas que miden áreas de intereses al igual que las escalas lógicas o teóricas. La diferencia entre ambas es que los reactivos se incluyen en una escala a base de criterios estadísticos, usualmente mediante análisis factorial, análisis de conjuntos o ambas tipos de análisis. El Kuder-Vocacional (1960) incluye las siguientes 10 escalas: Aire Libre, Manual (Mechanical), Cómputos, Científica, Persuasiva, Artística, Literaria, Musical, Servicio Social y De Oficina. Kuder no utilizó el análisis factorial para desarrollar su inventario, pero asignó los reactivos a escalas utilizando criterios estadísticos. Específicamente, incluyó en una misma escala aquellos reactivos que correlacionan alto entre sí y bajo con otras escalas. Además, para interpretar los resultados en este inventario se comparan las respuestas de una persona con las ofrecidas por un grupo de personas de la misma edad y género.

Estas diferencias de tipo de escalas entre el Strong y el Kuder son de enorme importancia porque representan concepciones muy distintas de los intereses. El Strong mide los intereses en ocupaciones específicas y se utiliza el patrón de respuestas en una variedad de nombres de ocupaciones, actividades y tipos de personas, que diferencian las personas en una ocupación de las personas en otras ocupaciones. Cada reactivo se considera un interés específico. En el Kuder, los intereses son categorías de actividades o dimensiones psicológicas que trascienden una ocupación particular porque son comunes a las diferentes ocupaciones. Así, los intereses verbales son propios de varias ocupaciones y cada ocupación incluye dos o más dimensiones de intereses. En las escalas homogéneas, cada reactivo se considera una manifestación o indicador de una tendencia a preferir un tipo de actividades.

Estas diferencias en tipos de escalas plantean posibilidades distintas en la interpretación de los resultados. Por ejemplo, una puntuación alta en la escala Médicos de Strong, puede significar que la persona examinada tiene intereses similares al de los médicos, pero dice muy poco o nada sobre cuáles son esos intereses. Por otro lado, una puntuación alta de esa misma persona en la *escala social* de Kuder, significa que la persona tiende a preferir las actividades sociales sobre otros tipos de actividades, pero dice muy poco sobre cuán similares son los intereses de la persona con los intereses de los médicos. Para superar esta limitación de su inventario Kuder preparó perfiles típicos de muchas ocupaciones. De esta manera se podía comparar el perfil de una persona con el perfil típico de las personas en varias ocupaciones.

Diferencias en el formato de respuestas: libre selección y selección forzada

En el caso del Strong la persona está libre para responder como le plazca. Incluso, puede responder que le gustan, le son indiferentes o le disgustan todos los reactivos. Con este formato de *respuesta libre* resulta estadísticamente apropiado hacer comparaciones *interpersonales,* esto es, comparar las puntuaciones de una persona con las de un grupo de personas. A las puntuaciones de este grupo de referencia se le llama normotipos, normas o baremos (ver más adelante) y es la forma más utilizada de interpretación de resultados de una prueba. Cuando se hace esta comparación se dice que las puntuaciones se evalúan con referencia a una norma ("norm referenced") o simplemente, que son normalizadas o normativas.

Por otro lado, los reactivos en el Kuder se presentan en grupos de tres. Cada actividad u ocupación representa un área de interés distinta (por ejemplo, médico, abogado, ingeniero). Las personas deben responder indicando cuál actividad de esta triada le interesa más y cuál le interesa menos. En esta situación, la persona está forzada a escoger, de entre tres actividades, la que más le gusta y la que menos le gusta. Por esto se le llama *selección forzada*, en contraste con la *selección libre* que vimos en el Strong, a este formato de respuestas. Esto resulta en el ordenamiento de las respuestas en cada triada, por lo que una vez se responde a un elemento de la tríada, los otros dos están parcialmente determinados. Se dice entonces que las respuestas, y necesariamente las escalas, no son independientes una de las otras. Se ha encontrado que los reactivos y las escalas de este tipo tienden a correlacionar negativamente entre sí (Bartram, 2007; Guilford, 1954).

En este caso, para interpretar los resultados de una persona lo apropiado es comparar las puntuaciones en una escala con las puntuaciones que la misma persona obtuvo en otras escalas (por ejemplo, musical y científico). Esto es, lo apropiado es hacer comparaciones *intrapersonales* y no *interpersonales* (Bartram, 2007; Guilford, 1954). El término técnico que se le aplica a este tipo de medidas es que son ipsativas. A pesar de esto, la mayoría de los inventarios con propiedades ipsativas incluyen normas y los resultados de una persona suelen compararse con la puntuación promedio del grupo normativo. Otra vez, esta diferencia entre los dos inventarios tiene gran importancia teórica e interpretativa.

De regreso a las escalas lógicas o teóricas

Holland (1958) propuso que los inventarios de intereses son inventarios de personalidad y publicó el Inventario de Preferencias Vocacionales (IPV) para medir seis tipos de personalidad (Realista, Investigativo, Artístico, Social, Empresarial, Convencional) a base de intereses. Para definir cuántos tipos de personalidad debía incluir, se apoyó en el estudio clásico de Guilford, et al. (1954) donde se identificaron seis factores de intereses. Luego de definir los tipos de personalidad seleccionó ocupaciones para representar cada tipo, ya que Holland consideró que los nombres de las ocupaciones evocan estereotipos de personalidad que son consistentes y que además, tienen validez. Las escalas que miden los tipos de personalidad son entonces lógicas o teóricas porque sus reactivos se seleccionaron a base de su contenido, aunque luego se depuran a base de análisis estadísticos. Su inventario utiliza *gusta, indiferente* y *disgusta* como opciones de respuestas y a pesar que provee normas de grupo, los resultados se presentan en puntuaciones crudas, por lo que fue necesario incluir el mismo número de reactivos en cada escala.

El Inventario de Preferencias Vocacionales (IPV) de Holland combina una característica importante del Strong y otra del Kuder. Comparte con el Strong el que los resultados se pueden interpretar con referencia a una norma (norm-referenced) y con el Kuder el que incluye escalas por áreas, por dimensiones homogéneas. Durante toda su larga y fructífera carrera Holland (1999) consideró que los inventarios de intereses son inventarios de personalidad. Sin embargo, cuando desarrolló la Búsqueda Autodirigida (Self-Directed Search), encontró que para medir mejor la personalidad era necesario añadirle *actividades* a las ocupaciones incluidas en su Inventario de Preferencias Vocacionales, lo que en cierta medida es contrario a su afirmación de que los nombres de las ocupaciones son la mejor manera de medir intereses porque conllevan estereotipos de la personalidad de los miembros de las ocupaciones.

También consideró necesario añadir otras características psicológicas, como son las habilidades. Lo interesante de este instrumento es que, en vez de concebir los intereses y las habilidades como características separadas de la personalidad, *se suman las puntuaciones* de todas sus partes para obtener una puntuación total en cada escala. La Búsqueda Auto Dirigida incluye evaluaciones que realiza el cliente sobre sus habilidades, actividades y fantasías. Ciertamente las escalas de este instrumento miden conjuntamente intereses y habilidades lo que lo diferencia de los inventarios típicos que miden intereses, y cuando incluyen medidas de habilidades, las presentan separadamente. Este nuevo instrumento es una *simulación del proceso de orientación* y se diseño con el propósito de que la persona lo realice por cuenta propia sin intervención de un profesional. En sus inicios esta idea de auto ayuda en la selección de carreras fue controvertible, pero con el tiempo ha logrado un apoyo amplio, hasta el punto de que actualmente existen varios sistemas parecidos, incluyendo algunos que se ofrecen a través del Internet.

Las instrucciones a los examinados

De acuerdo a Fryer (1931), uno de los aciertos de los estudios realizados antes de los años 30, fue deslindar el concepto de intereses de otros conceptos y colocar el tema en un lugar prominente en la psicología y la educación. Algunos de estos inventarios dejaron fuera reactivos que se consideran apropiados para medir actitudes y rasgos de personalidad. Sin embargo, a nivel conceptual no se logró formular teorías que lograran aceptación general. Los inventarios modernos que surgieron después, se distinguen en que incluyen claves para corregir las distintas escalas que los componen y métodos para comparar una escala con otra. En la redacción de estos inventarios cada autor tuvo necesariamente que tomar posición en varias controversias teóricas, algunas de las cuales persisten en nuestros días. Por ejemplo, algunos de los inventarios incluyen instrucciones específicas, para tratar de que el cliente distinga entre los intereses y otras características humanas. El primer inventario estandarizado, el inventario Carnegie de intereses redactado en 1921 sirvió de modelo para el Inventario de Strong y otros inventarios modernos.

Este inventario incluye lo siguiente, como parte de sus instrucciones:

"Ignore cualquier diferencia social, de salario o posibles objeciones familiares. Considere solamente sus intereses y satisfacción al realizar cada tipo de trabajo en la lista. No se le pregunta si se emplearía en la ocupación permanentemente; simplemente se le pregunta si disfrutaría de ese tipo de trabajo. Asuma que tiene la habilidad necesaria para cada una de las ocupaciones". (Strong, 1943, Página 66).

Evidentemente los autores del inventario consideraron que es necesario obtener la colaboración de los clientes para que los inventarios midan mayormente intereses. Presumieron que las personas deben dejar a un lado un conjunto de variables sociales y personales al evaluar sus intereses, para que las respuestas sean válidas. Presumieron además, que las personas tienen la capacidad de hacerlo. Interesantemente algunos de los inventarios actuales no incluyen este tipo de instrucciones. También, algunos inventarios de intereses de tiempo libre solicitan a los participantes que respondan solamente a las actividades que han practicado o que conocen bien.

Interpretación de Resultados

Cuando se desarrolla un inventario, generalmente se incluyen varias escalas de intereses para construir un perfil de intereses del cliente que responde al instrumento. El perfil permite la comparación de los intereses de la persona en varias áreas para obtener un cuadro psicológico de sus intereses. Es necesario entonces, que se pueda comparar las puntuaciones en una escala con las puntuaciones en las otras. Algunos inventarios como el de Holland, utilizan *puntuaciones crudas* para estos propósitos. Las puntuaciones crudas son las que surgen al sumar las respuestas a los reactivos de cada escala. Como los reactivos pueden tener dos, tres, cinco o cualquier otro número de alternativas las puntuaciones crudas que se obtienen pueden variar marcadamente de un instrumento a otro. Se le llama *métrica* a las valoraciones que tienen los reactivos (Mc Donald, 1999). Para que sea posible la comparación en términos de las puntuaciones crudas se incluye el mismo número de reactivos en todas las escalas.

Las puntuaciones crudas tienen varias limitaciones: a) primero, la dispersión de las puntuaciones crudas en una escala de intereses pudiera ser distinta a la dispersión en otras. Por ejemplo, puede que en cierto inventario el rango de la escala *artística* sea de 20 a 50, mientras que el de la escala *convencional* sea de 25 a 45; b) por lo general hay diferencias marcadas en la puntuación promedio de las escalas; y c) hay también diferencias en la forma de la distribución de las puntuaciones. Por todo lo anterior, muchos teóricos cuestionan el uso de las puntuaciones crudas en los inventarios de intereses, ya que la métrica de las escalas pudiera ser distintas unas de otras. Por otro lado, las puntuaciones crudas tienen una relación clara y absoluta con la conducta. Esto se ha reconocido en las *pruebas de criterio* que se utilizan para evaluar si un estudiante alcanza un por ciento determinado de preguntas correctas y así determinar si domina una materia académica.

En la mayoría de los inventarios de intereses las puntuaciones crudas se convierten a otro tipo de puntuaciones más convenientes para utilizarlas como *normas o normotipos.* Estas puntuaciones convertidas permiten la comparación entre las escalas de intereses porque tienen el mismo promedio (media aritmética) y la misma variabilidad. Para obtenerlas se administra el inventario a un grupo de referencia que usualmente consiste de una muestra representativa de estudiantes de una misma edad y sexo. Además de las normas se incluyen criterios para la interpretación de los resultados a base de cuáles puntuaciones se consideran muy altas, altas promedio, etc. Hay varios tipos de normas. La de rangos percentiles, se basa en el ordenamiento de las puntuaciones del grupo de referencia. El otro tipo de normas, las *puntuaciones tipificadas* se obtienen a base del promedio (media aritmética) y la *desviación típica* del grupo de referencia. Veamos ambos tipos de normas.

Los *rangos percentiles* indican el por ciento de personas en el grupo de referencia que obtuvieron puntuaciones iguales o menores a una puntuación cruda específica. Por ejemplo, una puntuación cruda de 25 en la escala de intereses artísticos podría corresponder a un rango percentil de 75. Esto significa que la persona que obtenga 25 en esta escala, le interesan más las actividades artísticas que el 75 por ciento de sus compañeros de referencia. Las normas de rangos percentiles (también llamada escala percentil) se incluyen en casi todos los inventarios porque se considera que son fáciles de entender. Sin embargo, este tipo de escala no es la más conveniente desde el punto de vista de la medición psicológica, porque no guarda una relación proporcional con las puntuaciones crudas. Generalmente la diferencia real entre un rango de 90 y uno de 85 es mucho mayor que la diferencia entre un rango de 50 y uno de 45. Por tal razón se prefieren las normas a base de *puntuaciones tipificadas.*

En las puntuaciones tipificadas (o estandarizadas) se busca que los valores estén basados en unidades iguales, o sea, en distancias uniformes del promedio. Para lograrlo, cada puntuación cruda se resta del promedio y se divide por la desviación típica (llamada también desviación estándar). Esto resulta en una distribución con promedio de cero y desviación típica de 1.00 conocida como *puntuaciones zeta* (Z). Una característica de las puntuaciones zeta es que la mitad de los valores (los que están bajo el promedio) tienen signos negativos, lo cual no es muy conveniente al momento de informar resultados. Por tal razón, se acostumbra a realizar una transformación adicional de las puntuaciones de Z. Por ejemplo, una transformación muy popular es multiplicar los resultados obtenidos en el paso anterior, por la constante 10 y sumarle la constante 50. Al multiplicar por 10, la desviación típica de 1.00 se convierte en 10. Al sumar 50 se eliminan los valores negativos y el promedio cambia de cero a 50. Otras transformaciones consisten en multiplicar por 100 (en vez de multiplicar por 10) y sumar 500 (en vez de sumar 50). En las pruebas de inteligencia se acostumbra multiplicar por 15 (o 16) y sumar 100.

Sin embargo, las anteriores transformaciones no bastan para lograr una distribución con unidades iguales, llamada también *escala de intervalos iguales*. A pesar de las transformaciones de puntuaciones tipificadas, la distribución de puntuaciones retiene la forma de las puntuaciones crudas. Se acostumbra entonces *normalizar* la distribución de puntuaciones para obtener unas normas apropiadas. Para lograrlo, usualmente se parte de la presunción de que la variable que se mide (intereses, valores, personalidad, habilidad) tiene una distribución normal o de campana en la población. Por ejemplo, se acostumbra asumir que la inteligencia tiene una distribución normal en la población de un país. Cuando la distribución obtenida en una prueba no es normal, se presume que se debe a errores de muestreo y a otras razones y se procede a "normalizar" la distribución. Esto es, se transforman las puntuaciones matemáticamente o por métodos gráficos, para que la distribución de las mismas sea normal. Con la distribución normalizada se presume que se obtienen normas en una escala de intervalos iguales. El resultado de todas estas transformaciones es que se logra que las normas, o sea, las distribuciones de las puntuaciones de las escalas de intereses para el grupo de referencia, tengan el mismo promedio, la misma desviación estándar o típica, la misma forma de distribución (normal) y que la métrica se aproxime a una escala de intervalos iguales. En efecto, se normalizan las normas.

En el caso de los intereses pudiera ser que la normalización de las puntuaciones no sea la mejor solución. Esto se debe a que hay razones para pensar que para algunas escalas, la distribución de las puntuaciones crudas en la población no se ajusta a la curva normal. Por ejemplo, a la mayoría de la gente le gusta bastante la música por lo que el promedio en la escala de intereses musicales suele ser bastante alto y la distribución sesgada, no normal. En estos casos parece más prudente transformar las puntuaciones crudas a una escala de intervalos iguales utilizando uno de los tres modelos de la Teoría de Respuesta al Ítem. Esta teoría se desarrolló inicialmente para pruebas donde las respuestas tienen dos valores (correctas o incorrectas), pero se ha extendido para situaciones donde la respuesta tiene múltiples valores como son los inventarios. Por ejemplo, el Modelo Rasch permite obtener puntuaciones en una escala de intervalos iguales, sin los requerimientos de que la muestra de personas sea representativa ni, la distribución de las puntuaciones crudas sea normal. A las unidades métricas obtenidas con este modelo teórico se les llama *logits*, en referencia a la utilización de la distribución logística en el Modelo Rasch.

Un tipo diferente de normas son las que desarrolló Strong para las escalas por ocupaciones. En este caso el grupo de referencia que se utiliza para desarrollar la escala se utiliza también para obtener la distribución de puntuaciones para la norma (Donnay, et al., 2004). Recordemos que cuando se desarrolla una escala empírica, por ejemplo, de Médicos, se comparan las respuestas de un grupo de *médicos* con de las respuestas de un grupo *hombres en general*. Este grupo de médicos constituye el grupo de referencia o normativo. Las puntuaciones en la escala se basan en los reactivos que diferencian entre estos dos grupos. La distribución de puntuaciones de la norma es, como de costumbre, la del grupo normativo. Para evaluar los resultados de una persona se desarrollan criterios de interpretación basados en el grado de semejanza de las respuestas de esa persona con las respuestas del grupo ocupacional. Una puntuación convertida de 40 o más significa que hay mucha semejanza entre los intereses de la persona y los médicos. Una puntuación de 30 a 39 significa una semejanza promedio y menos de 30 significa intereses muy diferentes (Donnay, et al., 2004).

Confiabilidad (fiabilidad) y validez de los inventarios de intereses

Para que un instrumento de medición resulte útil, particularmente si queremos predecir conducta, es necesario que sea confiable. Confiabilidad se refiere al grado de estabilidad de las puntuaciones a través del tiempo y también al grado de precisión con que se mide. Si queremos utilizar una medida de los intereses de una persona para ayudarla a tomar decisiones sobre ingreso a un programa de estudios, tenemos que asegurarnos que los intereses así medidos son relativamente estables. Si los intereses de una persona cambiaran constantemente, no valdría la pena evaluarlos ya que no tendrían utilidad alguna. ¿Para qué recomendar un programa de estudios a base de los intereses de una persona si a mitad de los estudios sus intereses van a ser otros? Afortunadamente lo que se ha encontrado en repetidos estudios es que los intereses, según medidos por inventarios, son relativamente estables. Este dato se ha comprobado tanto para las escalas por ocupaciones como para las escalas homogéneas. Más adelante discutiremos las investigaciones pertinentes.

El otro aspecto de la confiabilidad es la precisión de las escalas de intereses la cual se mide mediante el error típico de medición. Toda medida que se obtiene incluye un componente de error. Se teoriza que si una persona toma un número infinito de versiones equivalentes de una misma prueba, sus puntuaciones tendrán una dispersión que se asemeja a una distribución normal o de campana. El promedio de esa distribución se toma como su *puntuación verdadera* y la desviación estándar o típica se toma como el *error de medición*. En la Teoría Clásica de Medición, se asume que el error de medición en un inventario es igual para todas las personas (Mc Donald, 1999). En la Teoría de Respuesta al Ítem, el error de medición varía de un nivel a otro de la escala de intereses (Embretson, 1995).

El error de medición es un concepto particularmente importante en el uso de inventarios de intereses que generan un perfil con los resultados de las escalas. Esto se debe a que uno de los propósitos del inventario es que la persona pueda identificar sus intereses sobresalientes comparando unos intereses con otros. Usualmente la orientación o consejería de carreras se basa en las dos o tres escalas donde el cliente obtiene las puntuaciones más altas. Por lo tanto, hay que tomar en consideración el tamaño del error de medición de cada escala. Hay una fórmula sencilla para determinar si la diferencia entre dos puntuaciones es confiable (es estadísticamente significativa) o es aparente. Desafortunadamente, la confiabilidad de la diferencia incluye la suma de los errores de medición de las escalas que se comparan, por lo que en muchos casos las diferencias observadas no son significativas.

El concepto de validez ha evolucionado bastante durante los últimos años y todavía hay mucha controversia sobre lo que debe incluir. La visión dominante, aunque hay varios opositores a dicha visión, parece ser la formulada por Messick (1995) quien propuso una teoría amplia de la *validez conceptual o de constructo*. Messick (1995) identifica seis aspectos de la validez. El *aspecto de contenido* se refiere a la representatividad de los reactivos; el *sustantivo* se refiere a evidencia de que las personas efectivamente realizan los procesos mentales esperados; el *estructural* al contenido factorial de las pruebas; el de *generalización* se refiere a que las interpretaciones de las pruebas sean aplicables a otros grupos, situaciones y tareas; el *externo* se refiere a las correlaciones con criterios externos y el aspecto de *consecuencias* se refiere a las consideraciones éticas en el uso de la prueba. De todas, aparentemente la más controvertible parece ser ésta última. Algunos teóricos consideran que aunque el aspecto ético es importante, no debe ser parte del concepto de validez.

Al evaluar la validez de los inventarios de intereses Fouad (1999), señaló que los inventarios tienden a cumplir con el aspecto de contenido, pero tiene dudas de que representen adecuadamente el mundo ocupacional. Sobre el aspecto sustantivo, Fouad (1999) señala que se ha hecho muy poco por conocer los procesos mentales de las personas que responden a un inventario de intereses. Como mencionamos anteriormente, algunos autores ni siquiera incluyen en las instrucciones, qué cosas debe considerar la persona mientras toma el inventario. Sobre el aspecto estructural considera que los inventarios tienen que ajustarse al modelo teórico de Holland. Aún en este caso, hay dudas de que el ajuste sea adecuado. En nuestra opinión, esta posición de Fouad (1999), aunque generalizada entre muchos teóricos, es muy limitante porque el modelo de Holland es muy general y no describe adecuadamente el campo de los intereses (Rounds, 1995). Algunos clasifican las escalas tipo Holland como "intereses generales" porque incluyen una variedad de reactivos de escalas básicas u homogéneas (Low, Yoon, Roberts, & Rounds, 2005). Por ejemplo, Low, et al., (2005) observan que la escala general de *Intereses empresariales* del Inventario de Intereses de Strong incluye reactivos de las siguientes escalas básicas: *Hablar en público, Leyes, política, comercial, ventas y gerencia organizacional.*

Sobre el aspecto de generalización Fouad (1999) opina que usualmente, los resultados de los inventarios de intereses se pueden generalizar a distintas culturas y grupos, pero tiene dudas de que se pueda generalizar entre los hombres y mujeres. Sobre el aspecto externo, que se refiere mayormente a lo que antes se llamaba validez relacionada a un criterio, encontró que es donde más evidencia se ha obtenido. Los distintos inventarios de intereses consistentemente logran predecir una serie de conductas importantes como ingreso a estudios, ingreso a ocupaciones, desempeño en el trabajo, satisfacción en el trabajo, ajuste y auto estima (Low, et al. 2005). En el aspecto de consecuencias, se consideran las consecuencias intencionales (ampliar el número de ocupaciones consideradas), así como las no intencionales (seleccionar una carrera no tradicional puede crear tensiones familiares). Fouad (1999) considera que se han estudiado mayormente algunas consecuencias del uso y resultados de los inventarios de intereses, pero que falta información sobre otras consecuencias importantes. Sin embargo, Fouad (1999) no explica a cuáles otras consecuencias se refiere.

Diferencias entre los géneros

Durante muchos años se han encontrado diferencias promedio entre hombres y mujeres en algunas escalas. Esto ocurre tanto en los inventarios con escalas empíricas (como las del Strong), como en inventarios con escalas homogéneas (como las de Kuder (1943) y Holland (1994). Estas diferencias se observan también en muchos reactivos. Como mencionamos anteriormente, cuando Strong desarrolló su inventario de intereses publicó inicialmente una versión para hombres y luego otra versión para mujeres.

Esto fue necesario, no solamente por las diferencias en respuestas, sino porque el número de mujeres en algunas ocupaciones era muy reducido. Posteriormente integró ambas en una misma versión.

Su, Rounds y Armstrong (2009) realizaron un meta análisis (un análisis donde se promedian los resultados de varios estudios) de las diferencias entre las puntuaciones de hombres y mujeres en 47 inventarios de intereses conocidos y concluyeron que los hombres prefieren trabajar con cosas (por ejemplo, intereses manuales), y las mujeres prefieren trabajar con personas (por ejemplo, intereses de servicio social). Estas diferencias persisten hasta nuestros días a pesar de que se han modificado los inventarios para reducir el vocabulario sexista, se han balanceado reactivos favorecidos por las mujeres y los hombres en una misma escala y en algunos casos, se han eliminado por completo los reactivos que diferencian entre los sexos como es el caso del Inventario de Intereses del American College Testing Program (1995). Estas diferencias entre sexos no han disminuido mucho desde los años 30 (Su, et al., 2009).

Entre las estrategias para reducir o eliminar estas diferencias están las de balancear los reactivos que favorecen a uno u otro sexo dentro de una misma escala, eliminar los reactivos donde haya diferencias y preparar normas por sexo. Uno de los intentos de balancear los reactivos fue el realizado por Grajales (1982) con la escala de intereses manuales del ICI. A pesar de que seleccionó reactivos basados en la experiencia femenina, encontró que las mujeres obtuvieron puntuaciones promedios más bajas que los hombres, También se ha cuestionado la estrategia de eliminar todos los reactivos que diferencien entre los sexos en una escala determinada por su posible efecto sobre la representatividad de los reactivos. Hay que preguntarse si una escala de intereses manuales o mecánicos que no incluya actividades con herramientas y maquinaria industrial mide realmente intereses manuales.

Por otro lado, hay controversia sobre el uso de normas separadas por sexo. Holland (1997) argumentó que se deben utilizar puntuaciones crudas con los inventarios de intereses porque las diferencias que se observan son válidas y reflejan la realidad de los patrones de crianza. El utilizar puntuaciones crudas aumentan la validez predictiva de las escalas por que la mayoría de las mujeres ingresan a ocupaciones de naturaleza social y la mayoría de los hombres ingresan a ocupaciones manuales o Realistas. Los que favorecen el uso de normas por sexo apuntan que el propósito principal de la mayoría de los inventarios es promover la exploración ocupacional. El uso de normas separadas promueve que las personas consideren ocupaciones no tradicionales durante el proceso de exploración. Cirino Gerena, Pérez Chiesa, Pizarro Medina y Pérez Morales (1991) aplicaron un inventario que utiliza puntuaciones crudas (Harrington y O'Shea) junto a otro con normas por sexo (SCPC) a un grupo de estudiantes femeninas. La mayoría de las ocupaciones sugeridas a base del primer inventario fueron en el campo social (maestras, trabajadoras sociales). Por otro lado, hubo un mayor balance de ocupaciones sociales y manuales (ingeniero, contadora) sugeridas a base del segundo inventario.

Inventarios en español

En Latinoamérica se utilizan traducciones de los Tres Grandes y de otros inventarios publicados en los Estados Unidos y otros países. La mayoría de los países cuentan también con inventarios desarrollados localmente, algunos de ellos de buena calidad. Según Pérez y Cupani (2006), el inventario en español más utilizado es el *Inventario de*

Intereses y Preferencias Profesionales (IPP) desarrollado por De la Cruz (1993), aunque en Argentina el más utilizado es el *Cuestionario de Intereses Profesionales (CIP)* desarrollado por Fogliatto (1991,1993) y revisado por Pérez y Cupani (2006) como el CIP-4. Según estos autores, una de las razones para que surjan tantos inventarios locales son las dificultades que se encuentran cuando inventarios elaborados en otros contextos sociales y lingüísticos se emplean de modo transcultural. Mencionan el ejemplo del reactivo *jugar béisbol*, que en países latinoamericanos no tiene la misma popularidad que en los Estados Unidos. Sin embargo, entendemos que esto no es una situación insalvable y que se puede corregir con el desarrollo de normas locales. De hecho, esta diferencia en popularidad y significado de reactivos particulares ocurre también dentro de un mismo país y entre clases sociales. Los reactivos que son populares entre los citadinos no lo son necesariamente entre personas de áreas rurales.

En Puerto Rico en 1970 se publicó el Inventario Puertorriqueño de Intereses Vocacionales (Cirino Gerena, 1970, 1978,1992, 2009). En el 1978 se le cambió el nombre a Inventario Cirino de Intereses (ICI) y al igual que los inventarios mencionados anteriormente, este inventario ha sido revisado frecuentemente, siendo la del 2009 (Cirino Gerena, 2009) la más reciente. Este inventario está basado en escalas factoriales y utiliza respuestas de gusta mucho, gusta un poco, indiferente, disgusta un poco y disgusta mucho. Este inventario comparte con el Strong la característica de ser referido a una norma y con el Kuder la de tener escalas por áreas. Más tarde se publica el Sistema Cirino para la Planificación Ocupacional (Cirino Gerena, 1983) que se revisa como el Sistema Cirino de Planificación de Carreras – SCPC (2004, 2009) el cual incluye al ICI y auto evaluaciones de habilidades, valores ocupacionales y rasgos de personalidad.

El Sistema Cirino de Planificación de Carreras (SCPC), además de incluir el Inventario Cirino de Intereses (ICI), incorpora cinco bases de datos y una guía de auto interpretación de resultados. Compara el perfil de intereses del cliente con el perfil típico de todas las ocupaciones en la base de datos del Occupational Information Network (O* Net) y los perfiles típicos de la base de datos de programas universitarios del Consejo de Educación Superior para producir listas de ocupaciones y estudios en orden de congruencias con el perfil del cliente. Desde el 2009 este instrumento está disponible por Internet.

Los inventarios como definiciones operacionales de intereses

Cada inventario representa una definición operacional distinta de los intereses. Esto se debe mayormente a las diferencias en la naturaleza de los tipos de respuestas permitidos (libre selección v selección forzada) y en los tipos de escalas (por ocupaciones o por áreas de interés). También a que unos utilizan normas y otros utilizan puntuaciones crudas, y a los tipos de reactivos que incluyen. Por lo tanto, los resultados que obtiene una persona con un inventario particular, podrían diferir de los que obtiene con otro inventario. Una consecuencia de esto es que es difícil comparar los resultados de las investigaciones realizadas utilizando inventarios que difieren en su estructura. Algunas inconsistencias en los resultados de distintas investigaciones se deben sencillamente al uso de instrumentos distintos. También es difícil interpretar los resultados obtenidos por una persona en distintos inventarios.

Con el devenir de los años estos *Tres Grandes* sufrieron cambios notables. El Blanco de Strong se convirtió en el *Inventario de Intereses de Strong* (Campbell, D. P., 1971; Donnay, et al., 2005) y se le añadieron escalas por áreas, llamadas escalas básicas de intereses (Basic Interest Scales-BIS), las cuáles fueron desarrolladas por el método de conglomerados (Cluster Analysis). También se le añadieron escalas similares a las de Holland seleccionando reactivos a base de las propuestas por éste, pero se les llamó Temas Ocupacionales Generales (General Occupational Themes-GOT) en vez de tipos de personalidad. Cada una de las escalas básicas se asignó a uno de estos temas ocupacionales como una forma de organizarlas y se eliminó la agrupación anterior de las escalas. Esto es, ahora la persona que toma el inventario de Strong obtiene un perfil de intereses donde se presentan los seis temas generales y bajo cada tema se incluyen las escalas básicas relacionadas con el tema y además, los resultados de las escalas por ocupaciones. Como resultado de estos cambios la versión actual del inventario de Strong (Donnay, et al. ,2004) incluye todos los tipos de escalas conocidos.

Hay evidencia de que los tres tipos de escalas son confiables y que pueden distinguir con mucha precisión entre personas en una ocupación de personas en un grupo general (Donnay & Borgen, (1996). Las escalas por áreas (escalas básicas), son tan efectivas como las escalas por ocupaciones, (escalas empíricas). Las escalas teóricas (Temas Generales de Intereses) son también efectivas para diferenciar grupos ocupacionales, al igual que lo son cuatro escalas de estilos de personalidad que se incluyen en el Strong (Donnay & Borgen, (1996). Al presente los manuales del Inventario de Intereses de Strong incluyen recomendaciones de cómo utilizar e interpretar los tres tipos de escalas de intereses y las de personalidad en forma integrada. Sin embargo, nos parece que cada tipo de escala podría utilizarse para distintos propósitos durante el proceso de orientación vocacional.

Las escalas teóricas basadas en el Modelo de Holland proveen información bastante general sobre los intereses y podría utilizase durante las primeras etapas de la exploración vocacional. Por ejemplo, un estudiante o una estudiante podrían necesitar saber si le conviene explorar programas de estudio y ocupaciones de naturaleza social o científica. Las escalas básicas, que son más específicas que los Temas Generales de Intereses, podrían utilizarse posteriormente para determinar si dentro de las ocupaciones de naturaleza social, le conviene explorar ocupaciones de ayuda o de relaciones públicas. Finalmente, las escalas por ocupaciones podrían utilizarse para seleccionar una o más ocupaciones de ayuda para explorar en detalle.

Por su parte, luego de varias revisiones, Kuder (1956) incluyó escalas empíricas similares a las del Strong, aunque utilizando una estadística distinta para seleccionar los reactivos. Utilizó el coeficiente Lamda para relacionar las respuestas de una persona con las respuestas típicas de las personas en las ocupaciones. Esto permite considerar todos los reactivos del inventario y no solamente los que diferencian de las personas en una ocupación. También redujo el número de reactivos de las escalas homogéneas de intereses lo que resultó en escalas menos confiables. Debido a que la confiabilidad interna era a veces muy baja, las llamó *estimados de intereses* en vez de escalas de intereses.

Esto es, la nueva *Encuesta de Intereses Ocupacionales de Kuder* (1946) ("Kuder Occupational Interest Survey-KOIS") viene a parecerse al inventario de Strong, con la diferencia de que no tiene los Temas Ocupacionales y retiene el formato de tríadas de actividades para sus reactivos. La Búsqueda Autodirigida de Holland ha sufrido cambios menores en sus reactivos y se han actualizado los datos que utiliza para ofrecer información al cliente. Por su parte, las versiones más recientes del Strong incluyen los tres tipos de escalas: escalas lógicas similares a las de Holland, las empíricas de siempre, y escalas homogéneas (intereses básicos).

Resumen

El logro mayor alcanzado en el campo de los intereses vocacionales ha sido el desarrollo de inventarios de intereses válidos y confiables. Éstos tienen un impacto enorme en la selección de programas de estudio y ocupaciones como se infiere de que en los Estados Unidos, donde se publica este tipo de estadísticas, se administra sobre un millón de inventarios de intereses anualmente. Los inventarios son importantes en la formulación de teorías por varias razones. El desarrollo de inventarios válidos y confiables permite medir intereses para predecir conductas importantes como la selección de programas de estudio y satisfacción en el trabajo. También, realizar estudios sobre la relación de los intereses con otras variables importantes como satisfacción. Estos datos, a su vez, permiten formular hipótesis y teorías sobre los intereses. Incluso, el Inventario de Strong se tomó como base para formular una teoría sobre los intereses.

Los diversos inventarios de intereses constituyen definiciones operacionales de los intereses, por lo que es importante conocer en qué se diferencian unos de otros. En este capítulo examinamos las posibles diferencias en términos instrucciones, cómo se construyen las escalas, los tipos de respuestas requeridos y las diferencias en los tipos de reactivos. También, los tipos de normas que utilizan para interpretar los resultados. Discutimos las características psicométricas de los Tres Grandes: Strong, Kuder y Holland, toda vez que todos los inventarios son variantes de éstos. Mencionamos también algunos inventarios desarrollados en español para medir intereses y algunas de las dificultades encontradas para su desarrollo. Con esta información estamos listos para establecer las bases para una nueva teoría sobre el origen, desarrollo y naturaleza de los intereses.

PARTE 2

ORIGEN, CAMBIO Y DESARROLLO Y NATURALEZA DE LOS INTERESES

CAPÍTULO 4

BASES PARA UNA NUEVA TEORÍA

Luego de casi tres cuartos de siglo de investigación se han logrado avances sustanciales en la medición de los intereses, pero nuestro conocimiento sobre su origen, desarrollo y naturaleza de los intereses sigue siendo limitado. La investigación científica sobre los intereses ha procedido en dos líneas paralelas que no parecen converger. La primera de ellas es el examen de las categorías o dimensiones básicas de los intereses y la relación entre éstas (Rounds, 1995). La segunda línea de investigación está relacionada con el examen de los factores que promueven el desarrollo del aspecto afectivo de los intereses, una vez éste surge. Esto es, se investigan los factores que aumentan los sentimientos de agrado, desagrado e indiferencia hacia actividades y ocupaciones. Que sepamos, no hay investigación actual sobre el origen de los intereses.

En este capítulo comenzaremos por hacer un resumen de cuáles son los conocimientos relevantes que tenemos sobre los intereses e identificar las interrogantes importantes que persisten. Para esta tarea ha sido útil consultar el resumen preparado por Walsh (1999) sobre lo que sabemos y desconocemos sobre los intereses. Luego presentaremos nuestra teoría de cómo surgen, cambian y se desarrollan los intereses. Para integrar las dos líneas de investigación plantearemos que hay tres aspectos de los intereses: cognitivo, afectivo y conductual. Planteamos que algunos tipos de intereses surgen en la niñez como conceptos simples, que como parte del desarrollo humano los tipos de intereses aumentan en número y complejidad con la edad y que obtienen su desarrollo final y su estabilización como rasgos en la adultez temprana. A continuación, resumimos lo que sabemos y lo que desconocemos sobre los intereses.

LO QUE SABEMOS SOBRE LOS INTERESES

Los intereses se pueden medir

Anterior a los años 30 se aseguraba que los intereses, por ser sentimientos, no se podían medir. Las investigaciones realizadas desde entonces han establecido, con toda claridad, que los intereses se pueden medir y que son distintos a otros atributos humanos. Tal vez uno de los problemas que se tienen con los intereses es que se miden o evalúan con distintos métodos cuyos resultados no siempre son consistentes unos con otros. Desde tiempos inmemoriales se utiliza la observación de la conducta de la persona y la entrevista para conocer los intereses de las personas. Luego, en los años treinta, se añadieron los cuestionarios para facilitar las entrevistas. En esos mismos años surgieron las pruebas escritas y los inventarios estandarizados, estos últimos se han convertido en el método preferido para evaluar intereses.

Como señalamos anteriormente, Super (1949, 1957) clasificó los intereses a base de la forma en que se evalúan. Los *intereses expresados* son la expresión oral o escrita de la preferencia por una actividad u ocupación. Cada una de las respuestas a un inventario de intereses constituye, según esta definición, un interés expresado. Cabe señalar que según Savickas (1999b) los reactivos de un inventario son intereses específicos que revelan un *interés estado,* esto es, el sentimiento de agrado, desagrado e indiferencia hacia una actividad en un momento dado. Por otro lado, los *intereses demostrados* se infieren de las actividades que realiza una persona. Los *intereses examinados* se evalúan mediante pruebas de información sobre distintos temas o mediante la técnica de libre asociación y finalmente, los intereses inventariados se evalúan mediante inventarios de intereses estandarizados.

El mayor adelanto en el campo de los intereses hasta el momento ha sido el desarrollo de inventarios para medir los intereses. Éstos se utilizan mayormente en la selección de programas educativos y carreras, y en la ubicación de estudiantes en programas académicos. También se utilizan, aunque en menor grado, en la selección de empleados y la asignación de éstos a distintas funciones (por ejemplo, la asignación de ingenieros a ventas, investigación y desarrollo de productos, o a producción). En la actualidad medir los intereses de una persona implica aplicarle uno o más de la gran variedad de inventarios de intereses y sistemas de planificación de carreras disponibles en papel y lápiz y a través del Internet. Por otro lado, el desarrollo de inventarios ha permitido la investigación de la estructura de los intereses mediante métodos de análisis factorial y otros similares. También los inventarios han permitido el estudio de la estabilidad de los intereses y su naturaleza.

Los intereses son estables a través del tiempo

A pesar de que algunos investigadores insisten en que los intereses son reacciones a estímulos del ambiente y que pueden ser modificados con relativa facilidad, hay evidencia abrumadora de que los intereses son disposiciones personales que una vez se estabilizan en la adultez temprana, cambian muy poco a través de los años. La mayoría de los investigadores consideran que los intereses vocacionales empiezan a desarrollarse en la infancia y que alcanzan un nivel de estabilidad considerable en la adultez temprana, alrededor de los 25 años de edad (Campbell, 1971; Hansen, 1984; Su, Rounds, & Strong, 2009; Tracey, Rottinghaus, Coon, Gaffey & Zytowski, 2007; Tracey & Sodano, 2008; Swanson, 1999;). La estabilidad de los intereses, sumado a que aparentemente éstos incluyen un componente o disposición genética (Betsworth, Bouchard, Cooper, Grotevant, Hansen, Scarr, & Weinberg, 1994), han llevado a varios teóricos a concluir que estos son disposiciones personales o rasgos; similares a las necesidades psicológicas, los rasgos de personalidad, las habilidades, las destrezas manuales y los valores. Esto es, que los intereses alcanzan su mayor desarrollo alrededor de los 25 años para convertirse en disposiciones personales estables e integrarse al conjunto de disposiciones de la personalidad. El que los intereses sean disposiciones personales es lo que permite desarrollar planes sobre una carrera que se estudiará durante varios años y que se podría desempeñar tal vez, durante buena parte de una vida.

Los intereses correlacionan moderadamente con las habilidades

Cuando se comenzó la investigación científica de los intereses, no se tenía claro cómo éstos diferían de las necesidades, actitudes, valores y rasgos de personalidad. A medida que se avanzó en la investigación, particularmente a medida que se depuró el contenido de los inventarios de intereses, se logró establecer algunas diferencias entre estos conceptos. Sin embargo, después de los años 30, algunos investigadores afirmaron que los intereses y las habilidades correlacionan mucho entre sí. Savickas (1999) menciona que Thorndike (1915) llegó a aseverar que los intereses son un síntoma exacto de las habilidades de una persona.

La idea de que los intereses y las habilidades están altamente correlacionados parece surgir de dos fuentes. Primeramente, las hipótesis propuestas por investigadores como Strong, Super, Guilford y otros, suponen que los intereses surgen de las habilidades. En segundo lugar, la mayoría de la gente no puede distinguir entre intereses y habilidades. Se esperaba entonces que hubiera una relación estrecha entre ambas variables, esto es, que las correlaciones entre ellas fueran sustanciales. Sin embargo, el hecho de que muchas personas no saben distinguir entre intereses y habilidades podría resultar en que se encuentre una relación artificial entre ambas. Para evitar que las personas que responden a un inventario de intereses confundan los intereses con habilidades, Strong y a otros publicadores de inventarios, incluyeron instrucciones de cómo responder a los inventarios sin considerar habilidades ni otros aspectos que usualmente se consideran al seleccionar una actividad. Desafortunadamente se sabe muy poco de la efectividad de dichas instrucciones. A través de los años se ha encontrado que la correlación entre intereses y habilidades varía, dependiendo de los intereses específicos y las habilidades específicas que se correlacionan. Strong (1943) informó que el 80% de las correlaciones de habilidades con las escalas ocupacionales de su inventario están entre -.30 y +.30 y que el 95% están entre -.40 y +.40. Esto es, que en algunos casos la correlación es sustancial y en otros no hay correlación o ésta es negativa. Una correlación negativa significa que a mayor interés en un tipo de actividad, menor la habilidad. La mayoría de los investigadores consideran que la correlación promedio entre intereses y habilidades es baja (.20) o moderada (.30), por lo que se considera que las variables son relativamente independientes una de la otra (Savickas, 1999).

Los inventarios de intereses tienen validez

Para evaluar la validez de los inventarios se han utilizado mayormente dos métodos: el de contraste de grupos y la correlación de las puntuaciones en la escala pertinente con conducta de los examinados. El primer método consiste en examinar personas en una ocupación particular y compararlas con personas en otras ocupaciones. Por ejemplo, para validar una escala de trabajador o trabajadora social, o una escala de servicio social, se aplica dicha escala a un grupo de trabajadores sociales y se comparan los resultados con los obtenidos con un grupo de personas en diversas ocupaciones. El propósito es determinar en qué medida cada escala distingue entre los miembros de la ocupación y los que no son miembros. Se compara el por ciento de aciertos (hits), con el por ciento de desaciertos (missses). Esto es, los aciertos son el por ciento de personas con puntuación alta en la escala, que son trabajadores sociales; más el por ciento con puntuación baja en la escala, que no son trabajadores sociales. Los desaciertos son el por ciento de personas con puntuación alta en la escala, que no son trabajadores sociales; más el por ciento de personas con puntuación baja en la escala, que son trabajadores sociales. Para esto se utiliza una estadística sugerida por Tilton (1937) que evalúa el por ciento de traslapo ("overlap") entre las puntuaciones de ambos grupos.

El segundo método consiste en correlacionar las puntuaciones en la escala pertinente con una o más conductas del examinado. Por ejemplo, examinar la relación entre obtener una puntuación alta en la escala de servicio social con la intención o decisión de ingresar a un programa de estudios relacionado a la escala (trabajo social, magisterio, etc.), con satisfacción en dicho programa, calificaciones escolares o satisfacción en el trabajo. La idea es evaluar si las decisiones tomadas por los participantes se hubieran podido predecir a base de sus puntuaciones en la escala del inventario.

Consistentemente se ha encontrado que con los inventarios de intereses se puede predecir conductas importantes. Por ejemplo, Strong (1943) entrevistó a un grupo de estudiantes 5 años después que tomaron su inventario en la universidad. Para evaluar los resultados examinó el por ciento de estudiantes que tenía una profesión congruente con las escalas del inventario donde obtuvieron las puntuaciones más altas y encontró que, por lo general, estaban en ocupaciones que son congruentes con sus intereses. Realizó el análisis por escala y encontró que en términos generales, las personas ingresan a ocupaciones para las que han obtenido una puntuación alta en alguna escala del inventario. Estudios posteriores revelan resultados similares. También, se han encontrado correlaciones moderadas de las puntuaciones en los inventarios de intereses con satisfacción, permanencia, (en el trabajo o el programa de estudios) y aprovechamiento escolar. Por ejemplo, Maldonado y Rivera (1993) estudiaron a los psicólogos y psicólogas puertorriqueños y encontraron que éstos obtuvieron puntuaciones altas en escalas pertinentes y que el perfil de los satisfechos con su profesión se diferenciaba del perfil de los insatisfechos. También, que el perfil encontrado era similar al encontrado en otros estudios con psicólogos y psicólogas norteamericanos.

También se ha encontrado que al desarrollar inventarios de intereses mediante análisis factorial y métodos análogos, surgen factores similares en uno y otro estudio. Esto, a pesar de que se utilizan preguntas distintas, se examinan poblaciones distintas y se utilizan métodos factoriales distintos. Esta tendencia hacia la convergencia de unos mismos factores puede interpretarse en términos de validez de los inventarios y como evidencia de la existencia de unas dimensiones que son relativamente independientes de los métodos utilizados para identificarlas.

Hay diferencias importantes en los intereses de hombres y mujeres

En 1943 Strong publicó el primer inventario de intereses de aceptación general. El mismo incluyó escalas por ocupaciones masculinas exclusivamente. Más tarde publicó otra versión con ocupaciones que tenían las mujeres. Esta diferenciación entre géneros, que en aquél entonces era aceptable, respondió a que había ocupaciones donde no trabajaban suficientes mujeres como para poder desarrollar una escala empíricamente y a que se observaba diferencias entre el patrón de respuestas de hombres y mujeres a unos mismos reactivos. Sin embargo, los datos que se han acumulado a través de los años, particularmente con nuevas versiones del inventario de Strong que presentan unos mismos reactivos para ambos géneros, indican que estas diferencias se han reducido muy poco. Esto, a pesar de los logros que se han obtenido dirigidos a obtener equidad entre los géneros y de los esfuerzos para reducir el sexismo en los inventarios de intereses. Estas diferencias aparecen independientemente del inventario particular de intereses que se utilice (Proyer & Häusler, (2007).

Los hombres tienden a obtener puntuaciones promedio más altas en escalas relacionadas con objetos, como la escala realista de Holland, o las de intereses manuales o mecánicos de otros inventarios. Por su parte, las mujeres obtienen puntuaciones promedio más altas en escalas relacionadas con personas, como la escala social de Holland, y las de servicio social de otros inventarios. Aún en las escalas por ocupaciones de Strong y de otros inventarios similares, hay diferencias entre la puntuación promedio de hombres y mujeres en unas mismas escalas. Ha habido cambios metodológicos importantes en desarrollo de los inventarios de intereses para promover la equidad y evitar el discrimen. Algunos de estos cambios son: el utilizar la misma versión del inventario para hombres y mujeres; modificar los reactivos para que no distingan por género; eliminar reactivos donde los hombres y las mujeres respondan de forma diferente; y tener escalas separadas para hombres y mujeres, para que ambos géneros obtengan la misma proporción de puntuaciones altas en todas las escalas. A pesar de estos cambios, persisten las diferencias señaladas anteriormente. Estas diferencias no se limitan a las puntuaciones promedio en algunas escalas, sino que hay indicios de que también afectan la estructura factorial de los intereses (Proyer & Háusler, 2007), esto es, que las correlaciones entre las escalas pudieran ser distintas para un género y el otro.

El modelo de Holland tiende a ser universal

Holland (1973, 1992) propuso un modelo hexagonal en el que las seis dimensiones de intereses (Realista, Investigativa, Artística, Social, Empresarial y Convencional) mantienen una relación específica entre ellas. Esto es, las correlaciones entre dimensiones contiguas en el modelo (por ejemplo, realista e investigativa) son más altas que las correlaciones entre dimensiones no contiguas (por ejemplo, realista y social). La estructura hexagonal de las escalas de intereses propuesta por Holland (1973, 1992), tiende a confirmarse en distintas culturas e idiomas y parece ser esencialmente la misma para hombres y mujeres (Nauta, 2010).

Vemos que desde que se estudian los intereses científicamente se ha acumulado un cuerpo de conocimientos sobre los mismos. Sin embargo, a pesar de esos conocimientos, aún persisten interrogantes fundamentales sobre los intereses como las siguientes.

LO QUE NO SABEMOS SOBRE LOS INTERESES

¿Cómo se originan intereses?

Fryer (1931) sugirió que los intereses surgen en la niñez. Las primeras reacciones de agrado, desagrado e indiferencia que experimenta el o la infante, son producto de estímulos relacionados a las urgencias biológicas. Luego, mediante aprendizaje asociativo, aprende a reaccionar afectivamente a estímulos sociales. Estas hipótesis, sin embargo, no son lo suficientemente específicas y parece que no ha habido esfuerzos para comprobarlas. También Roe y Siegelman (1964) sugirieron que los intereses surgen en la niñez como resultado del ambiente emocional que crean los padres. Sin embargo, en el caso de estos teóricos, la investigación realizada por ellos y otros, no arrojó suficiente evidencia confirmatoria. Por otro lado, el que las puntuaciones obtenidas en los inventarios de intereses comiencen a ser más estables durante la adolescencia ha llevado a varios teóricos a pensar que los intereses realmente surgen o toman forma durante este periodo de tiempo.

¿Qué son los intereses, cuál es su naturaleza?

Hay múltiples sugerencias sobre lo que son los intereses. Además de ser sentimientos de agrado, indiferencia y desagrado de actividades (Fryer, 1931), se ha sugerido que son rasgos de personalidad (Darley, 1941; Holland, 1963), motivaciones (Strong, 1943), actitudes (Carter, 1940), valores (Super & Crites, 1062). También de que son emociones maleables que pueden ser modificadas experimentalmente (Barak, 2001; Barak, Hausner & Shilo, 1992). Evidentemente, no pueden ser todas estas cosas. No hay una concepción clara de qué son los intereses ni de cuál es su naturaleza psicológica.

¿Cómo cambian y se desarrollan los intereses con la edad?

Aparentemente, de los pocos teóricos que intentaron conocer el desarrollo de los intereses en la niñez están Tyler (1955), Zbaracki (1983) y Tracey y Ward (1998). Tyler encontró factores de intereses en niños y niñas de 8 y 10 años, aunque dichos factores no parecen tener mucha pertinencia al mundo vocacional. Por otro lado, encontró que las diferencias entre los géneros ya están claras a la edad de 10 años. Por su parte, Zbaracki también encontró factores de intereses en estudiantes de escuela elemental y sugirió que, por lo menos algunos de éstos, tienen pertinencia vocacional. Tracey y Ward (1998), descubrieron algunos factores de intereses en niños y niñas de escuela elemental que combinan intereses incluidos en el Modelo de Holland. Sin embargo estos investigadores no exploraron otros factores de intereses más allá de los sugeridos por Holland, porque su investigación estuvo dirigida a examinar la aplicabilidad del modelo de seis dimensiones de Holland a ese nivel de escolaridad. La mayoría de los investigadores parece asumir que durante la niñez los intereses son muy tentativos o que no existen, que comienzan a tomar forma, de alguna manera, durante la escuela intermedia.

Este estado de cosas da base a otras preguntas fundamentales. Si los intereses surgen en la niñez o en la adolescencia, ¿cómo entonces se desarrollan con la edad?

¿Surgen todos simultáneamente o hay unos intereses que surgen primero que otros? Si fuera así, ¿cuáles? ¿A qué edad?

¿Cómo se convierten los intereses en disposiciones personales estables, o sea, en rasgos?

Hay evidencia considerable de que los intereses son disposiciones personales. Específicamente se ha encontrado que son muy estables desde la adultez temprana en adelante, se pueden medir en forma confiable, son relativamente independientes de otras disposiciones personales, parecen tener un elemento hereditario y además predicen conductas importantes como la selección de carrera y la permanencia en los programas de estudio y los empleos. Sin embargo, no se ha planteado en la literatura cuáles son los mecanismos psicológicos que intervienen en el cambio de un interés tentativo e inestable a uno relativamente permanente.

¿Cómo deben definirse los intereses?

En los capítulos anteriores pudimos apreciar que existe una variedad de definiciones operacionales y teóricas de intereses. Las operacionales se utilizaron para desarrollar inventarios. La más antigua que conocemos es la presentada por Fryer (1931) según la cual los intereses son sentimientos de agrado, desagrado e indiferencia hacia *objetos y actividades*. Esto incluye las herramientas con que se trabaja, las materias académicas que se estudian, las personas con quien nos relacionamos diariamente, las ideas y los pensamientos que componen nuestra filosofía de vida. Evidentemente se refiere a objetos psicológicos y no meramente a cosas físicas.

Esta definición se plasma en el inventario de Strong el cual incluye reactivos sobre ocupaciones, materias académicas, actividades, actividades de tiempo libre, personas y características personales (Donnay et. al., 2004). Sin embargo, otros desarrolladores de inventarios de intereses han utilizado definiciones más específicas. Por ejemplo, Kuder (1938, 1983) y Clark, (1961) utilizaron solamente actividades para los reactivos de sus inventarios de intereses. En nuestra opinión, al incluir reactivos sobre personas se corre el riego de que los resultados del inventario confundan los intereses de la persona con otras características psicológicas como rasgos de personalidad y prejuicios.

Clark (1961) considera que las diferencias de intereses entre las profesiones, son mayores que entre las ocupaciones diestras y semi-diestras. Por tal razón, al desarrollar su inventario para ocupaciones diestras en la marina de los Estados Unidos, utilizó solamente actividades y descartó por completo los nombres de las profesiones. Es evidente que el tipo de reactivo que se incluye en un inventario de intereses es parte de la definición operacional que el autor del inventario utiliza. Esto plantea la necesidad de evaluar cómo deben de definirse los intereses a nivel operacional. Por otro lado, aunque también hay variedad de definiciones teóricas, la que adoptemos dependerá de la teoría que desarrollemos.

¿Por donde empezar?

Partimos de la premisa que para encontrar respuestas a las interrogantes fundamentales de los intereses debemos integrar algunos aspectos de la perspectiva de rasgos, con aspectos de la perspectiva social cognitiva. Estas perspectivas se han utilizado mayormente para tratar de explicar un aspecto de los intereses, su *desarrollo afectivo*. Por otro lado, como discutimos en el primer capítulo, existe también un cuerpo de investigaciones sobre otro aspecto, *la estructura de los intereses*, que se ha mantenido relativamente independiente de las investigaciones sobre el desarrollo afectivo de los intereses (Hansen, 1984). Estas investigaciones se basan en métodos de análisis factorial y otros métodos similares. En los últimos años, esta investigación se ha concentrado en la verificación del Modelo de Holland con distintas poblaciones y culturas (Rounds, 1995). Sin embargo, tanto la teoría de Holland (1973) como la de Siegelman y Roe, (1964), parten de un número arbitrario de áreas de intereses. A fin de lograr una teoría amplia y coherente sobre los intereses es necesario intentar integrar estos dos aspectos: el estructural y el afectivo.

Intentaremos primero identificar elementos de las perspectivas de rasgos y de la social cognitiva que puedan integrarse y luego intentaremos integrar el aspecto estructural y el afectivo de los intereses. Empezaremos pues, examinado lo que a nuestro juicio son proposiciones importantes surgidas de ambas perspectivas. De acuerdo a la perspectiva rasgos, los intereses vocacionales, al igual que los rasgos de personalidad, las actitudes, las habilidades, las necesidades y los motivos, son disposiciones personales (House, Shane & Harold, 1996, Tett, & Burnett, 2003). Esto es, son atributos psicológicos que, en interacción con el ambiente, determinan la conducta del individuo (Mischel & Shoda, 1995). Ya hemos visto que partiendo de esta perspectiva se ha sugerido que: los intereses surgen de las habilidades; los intereses son una expresión del auto concepto vocacional; los intereses son necesidades psicológicas; los intereses son medidas de personalidad. Todas estas expresiones han tenido bastante acogida porque parecen estar basadas en observaciones cotidianas de la conducta humana.

Al explicar el surgimiento de los intereses conforme a esta visión, muchos de estos teóricos sobre intereses asumieron que existe una relación causal entre las habilidades de las personas y el desarrollo de sus intereses (Leong & Barak, 2001). Por ejemplo, Strong (1943), como señalamos anteriormente, sugirió que cuando una persona tiene habilidad para las matemáticas realiza bien este tipo de tareas lo que la lleva a desarrollar interés en las matemáticas. Esta proposición, donde un solo atributo personal se asocia con la conducta, incorpora un modelo lineal de causalidad: la habilidad lleva al desempeño exitoso de una actividad, lo que a su vez, lleva al desarrollo del interés en la actividad.

Estos investigadores presumieron que, como las habilidades se relacionan con el surgimiento de los intereses, habría entonces una fuerte relación entre las puntuaciones de las pruebas de aptitud y los resultados de los inventarios de intereses. Berdie (1944) citó un estudio de Hirch (1939,) quien encontró que los intereses inventariados y habilidades medidas con varias formas de la Prueba de Inteligencia Binet correlacionaron .20, pero que los intereses expresados y las habilidades estimadas (por la propia persona) correlacionaron .48. Sin embargo, Barak (1981), tras una revisión de la literatura, encontró que en ocasiones las correlaciones son altas y en otras son bajas, por lo que concluyó que no hay un patrón consistente de correlaciones entre estas puntuaciones. Se recordará que a esta misma conclusión había llegado Strong (1945).

Por otro lado, Lent Brown y Hackett (1994) examinaron estudios más recientes y encontraron una correlación promedio de + 0.20 entre habilidades e intereses. Otros estudios han encontrado correlaciones positivas entre intereses e inteligencia (Ackerman & Heggested, 1997) y habilidad espacial (Proyer, 2006). Estos resultados parecen indicar que, en efecto, las habilidades contribuyen al desarrollo de los intereses, pero deben existir otras variables que también contribuyen al desarrollo de los intereses.

Las teorías basadas en la perspectiva social cognitiva tienen varias limitaciones serias. Por un lado, se limitan a los aspectos afectivos y no incluyen el aspecto estructural, al explicar el desarrollo de los intereses. Esto es, no incluyen hipótesis alguna sobre los factores de intereses que surgen al realizar análisis factoriales de los inventarios de intereses, ni cómo se desarrollan, ni los relacionan con los sentimientos de agrado, indiferencia y desagrado que expresan las personas al responder a dichos inventarios de intereses. Tampoco explican cuándo ni cómo surgen estos dos aspectos de los intereses. En términos de los sentimientos de agrado y desagrado hacia las actividades, las teorías parten de un interés inicial o emergente ya existente y centran su atención en explicar cómo ese interés puede desarrollarse.

Otra limitación, a nuestro entender, es que no establecen suficientes fuentes de motivación para explicar la conducta. En estas teorías, ese interés inicial o emergente, lleva a que se establezca una intención u objetivo de realizar la actividad. Es difícil concebir que la mera intención sea suficiente motivación para que una persona, particularmente durante la niñez, realice esfuerzos por llevar a cabo una tarea que le interesa solamente un poco. Estas teorías plantean que una vez la persona tiene un interés emergente en una actividad, se motiva a realizarla repetidamente. Si la actividad se realiza con éxito cada vez, el interés emergente se fortalece (Barak, 1981; Barak, et al.; 1989; Lent, et al., 1994; Lent, et al., 2002).

Integración de las perspectivas

Interesantemente el aspecto de motivación en el aprendizaje de los intereses no se plantea formalmente desde la perspectiva de rasgo. En las aportaciones teóricas basadas en esta perspectiva se propone básicamente que si se tiene habilidad para realizar una tarea, se realiza bien la persona se siente competente, si además obtiene el reconocimiento de los pares, surge el interés en la misma. Por otro lado, en las teorías basadas en la perspectiva social cognitiva no se explica cómo surgen los intereses, sino que se propone que una vez surgen, las cogniciones y las creencias son responsables de que aumenten y se desarrollen. Nos parece importante incluir variables de la perspectiva de rasgos y variables de la perspectiva social cognitiva para entender mejor los intereses. En las pocas ocasiones en que se han combinado disposiciones personales y variables cognitivas para predecir otras variables se han obtenido resultados muy prometedores.

Por ejemplo, Judge, Jackson, Shaw, Scott, & Rich, (2007) aplicaron las técnicas de meta-análisis y ecuaciones estructurales para evaluar resultados de varios estudios y encontraron que la contribución de las disposiciones personales fue mayor que la contribución de la auto-eficacia al predecir desempeño en actividades y trabajo. También, Cupani y Pérez, (2006), estudiaron la contribución de los intereses, la auto-eficacia y los rasgos de personalidad en la selección de carrera y encontraron que ambos tipos de variables contribuyen a predecir la selección de carrera. Esto nos lleva a pensar que incluir estos dos tipos de variables provee una mejor base para explicar los intereses que utilizando un solo tipo. Más adelante propondremos un conjunto de necesidades psicológicas como el aspecto de la perspectiva de rasgo, que se combina con varias cogniciones para explicar los intereses.

Integración del aspecto estructural con el aspecto afectivo

Antes de continuar, debemos integrar los dos aspectos de los intereses que se mantienen separados en la investigación: el estructural o cognitivo y el de desarrollo afectivo. Para lograrlo debemos examinar los inventarios de intereses, porque éstos integran los dos aspectos sin ningún problema. Como mencionamos anteriormente, los factores que surgen de los análisis factoriales se utilizan con frecuencia para ensamblar inventarios de intereses. Esto es, las escalas de intereses se estructuran para que correspondan con los factores encontrados, seleccionando aquellos reactivos que más cargan en cada factor. A estas escalas se les asignan los mismos nombres que a los factores: nombres como artísticos, manuales, sociales y otros. Por otro lado, estos nombres se toman del vocabulario común. Por tanto, para estudiar el aspecto estructural debemos examinar los términos que utilizan la gente para identificar los tipos de intereses.

El vocabulario común se ha utilizado con mucho éxito como punto de partida en la medición de la personalidad

(Norman (1963). Después de todo los conceptos (específicamente los adjetivos), que utiliza la gente para describirse así mismos y a otras personas, se han utilizado por cientos de años y han resultado efectivos para catalogar las diferencias individuales. Los psicólogos han logrado identificar una serie de rasgos de personalidad mediante análisis factoriales de reactivos que recogen los conceptos que aparecen en los diccionarios (Cattell, 1946; Norman, 1963). Catell particularmente trabajó con adjetivos que se utilizan para describir a las personas. De igual manera, nos parece que los conceptos del vocabulario común que se utilizan para describir los tipos de actividades, deben ser nuestro punto de partida para estudiar el aspecto estructural de los intereses. Mientras en el campo de la personalidad se trabaja con describir la naturaleza de las personas, es nuestro caso es de vital importancia reconocer que los término que utiliza la gente son *conceptos clasificatorios* de la naturaleza de las actividades. Por lo tanto, debemos examinar lo que nos dice la literatura sobre el origen y desarrollo de los conceptos.

Además de las escalas, los inventarios incluyen diversas opciones de respuestas para que el cliente informe sus sentimientos de agrado o desagrado hacia cada reactivo. Estas respuestas se suman para obtener el estimado del nivel de interés que tiene el cliente en cada tipo de actividad y representan el aspecto afectivo en los inventarios de intereses. Debemos reconocer que los intereses, al igual que otras variables psicológicas, tienen tres aspectos fundamentales: el estructural, el afectivo y el conductual. El aspecto estructural está representado por los factores de intereses que se han identificado mediante el análisis factorial y el aspecto afectivo, está representado por los sentimientos de agrado, indiferencia y desagrado informado en las respuestas. El tercer aspecto, el conductual, está integrado de manera inextricable al afectivo, ya que el agrado sentido por un tipo de actividad, conlleva necesariamente el deseo o urgencia de realizarla. Este tercer aspecto no se ha estudiado separadamente porque resulta difícil separar el agrado, del deseo de realizar una actividad.

Ya señalamos anteriormente que de acuerdo a Hansen (1984), cuando se utilizan métodos de análisis factorial con las escalas de los inventarios, usualmente surgen de 4 a 11 factores, mientras que cuando se utilizan los análisis con los reactivos, en vez de las escalas, usualmente surgen de 14 a 18 factores. Nos parece que tal vez una de las dificultades en la investigación sobre los intereses es que se ha centrado la atención en las ocupaciones, relegando a un segundo lugar los reactivos sobre actividades. Las ocupaciones incluyen un conjunto de actividades heterogéneas, pero el estereotipo ocupacional se basa solamente en dos o tres actividades sobresalientes. Cuando una persona responde que le gusta una ocupación (por ejemplo, ingeniero), lo hace a base del estereotipo que tiene sobre la misma (Holland, 1973, 1992). Por consiguiente, la persona asume que todas las demás actividades son similares, esto es, comete el error de generalización señalado por Fryer (1931). Este error probablemente contribuye a que los resultados de los análisis factoriales de ocupaciones y de actividades arrojen resultados similares, pero la heterogeneidad de actividades a las ocupaciones no son una buena base para la formación de teorías. Por tal razón, preferimos centrar la atención en las actividades y en los estudios factoriales realizados con las actividades.

En el estudio clásico de Guilford, Christensen, Bond y Sutton (1954), quienes factorizaron un inventario de 1000 reactivos, se identificaron seis factores de intereses que fueron nombrados a base de lo que los reactivos tienen en común: mecánicos, científicos, expresión artística, servicio social, negocios, de oficina. Este proceso de asignar nombres es importante porque revela el vínculo existente entre las categorías que surgen del análisis factorial y las categorías que utilizamos para designar actividades cotidianas. En el estudio de Guilford los investigadores le asignaron el nombre de *intereses mecánicos* a un conjunto de reactivos a base de la naturaleza de las actividades incluidas. Esto es, a juicio de los investigadores, la naturaleza de las actividades descrita en los reactivos se asemeja lo suficiente al *concepto de intereses mecánicos* que compartimos la mayoría de la gente, como para asignarle el mismo nombre.

Por otro lado, no podemos esperar que los factores que surjan de los análisis factoriales coincidan perfectamente con los conceptos, debido a la forma en que se *extraen* los factores (Ver por ejemplo, Kline, 1994). Para realizar un análisis factorial primeramente se correlacionan todas las variables entre sí y se crea una matriz de correlaciones. Luego se extrae el primer factor, el cual generalmente explica la mayor cantidad posible de la *covarianza* o correlación entre las variables. Si luego de eliminar el efecto del primer factor, hay correlaciones en las variables (matriz de residuales), se continúa extrayendo factores en forma iterativa o cíclica. Por último, se rotan los ejes de los factores para obtener factores que son independientes unos de otros o factores correlacionados, según decida el o la investigador/a.

Este proceso iterativo afecta los factores que se obtienen. Por lo general, el primer factor carga en una buena cantidad de los reactivos, por lo que algunos investigadores han concluido que es un factor general (Tracey & Ward, 1998), o que mide la variable de aceptación social (Edwards & Walsh (1964). Otros consideran que es un factor artificial (Kline, 1994), mientras otros consideran que no es un factor general, sino complejo (Kline, 1994). Nuestra propuesta es que los factores de intereses están relacionados a los conceptos clasificatorios que se crean o descubren durante el desarrollo humano. Por lo tanto, para entender el origen y desarrollo de los intereses debemos primeramente examinar la literatura para entender cómo se originan y desarrollan los conceptos.

Origen, Cambio y Desarrollo de conceptos

Los seres humanos desde la infancia, creamos categorías a base de un atributo común a objetos, situaciones y roles (Case, 1992). Mandler (2007) considera que *el sistema conceptual de los seres humanos se origina de esta forma.* La representación cognitiva del atributo común entre objetos, roles y eventos es un concepto (Bidell & Fisher, 1992, Mandler, 2007, Namy, & Gentner, 2002). Los nuevos estudiosos de las teorías de Piaget parecen estar de acuerdo en que los niños y las niñas, además de observar el mundo a su alrededor y notar sus regularidades, prestan atención a ciertos estímulos e ignoran otros (Case, 1992). Por lo tanto, no todo lo que se observa puede ser percibido. Para percibir es necesario haber desarrollado las estructuras cognitivas apropiadas de manera que lo que se observa, tenga sentido. Por otro lado, estas estructuras cognitivas son el resultado de los esfuerzos para organizar la experiencia de forma que tenga sentido. Las estructuras previas se modifican constantemente y se crean nuevas estructuras mediante el proceso de acomodo y asimilación. Este proceso de acomodo y asimilación resulta en que con el pasar del tiempo se crean cada vez estructuras más complejas que permiten la percepción de un número siempre mayor de objetos, situaciones y roles (Case, 1992).

Las categorías se crean a base de los aspectos comunes que comparten varios elementos (Bidell & Fisher, 1992). Aún los niños y las niñas bien pequeñas crean categorías a base de aspectos conceptuales profundos, que no son obvios, tales como sus funciones (se pueden comer), relaciones causales (tienen ojos, entonces pueden ver) y su relación a otras cosas (crecen en los árboles). También pueden hacer inferencias a base de las propiedades de las categorías (Namy, & Gentner, 2002). La descripción que hace Piaget del desarrollo cognitivo describe a un individuo que trata activamente de entender y controlar su medio ambiente al prestar atención a ciertos estímulos e ignorar otros. Por lo tanto, el prestarle atención a ciertos estímulos y detectar características comunes entre ellos es parte de ese esfuerzo del individuo para entender y tomar control del medio ambiente.

La creación de conceptos clasificatorios ayuda al individuo a manejar su ambiente en forma más efectiva, porque le permite atender a un nuevo objeto, no como algo enteramente nuevo, sino como perteneciente a una categoría conocida. Por ejemplo, cuando un niño o niña percibe un animal que no ha visto antes y lo puede clasificar como un perro, que es una categoría que conoce, el animal desconocido se convierte en conocido y el niño o la niña tiene una idea de cómo debe reaccionar ante él. Con esta mera clasificación ya tiene cierto grado de control de la situación creada por la aparición de un animal desconocido. Esto significa que la categorización de objetos es un poderoso mecanismo de lidiar con el ambiente por lo que se trata de incluir todo objeto nuevo en una categoría ya conocida. Cuando esto no es posible, se crea una nueva categoría para incluir ese objeto y otros similares que se perciban en el futuro.

Hay diversas maneras de crear categorías. En algunos casos cuando la persona percibe un objeto nuevo que no puede incluir en categorías existentes, lo utiliza como prototipo para crear una nueva categoría. Por ejemplo, cuando un niño o una niña pequeña percibe la presencia de un perro por primera vez, es probable que su madre le enseñe que se trata de un perro. Luego en presencia de otros perros diferentes, la madre probablemente le enseñe que estos otros animales también son perros. Lo mismo ocurre en la escuela donde se enseña a los niños y niñas que un triángulo tiene 3 lados. Más tarde aprenden que hay triángulos rectos, agudos, equiláteros, etc. De la misma manera, cuando un niño o una niña pequeña toma conciencia por primera vez de una actividad particular (por ejemplo, mecerse en un columpio) puede que cree una nueva categoría si es que esa actividad no puede incluirse en otros conceptos ya creados.

Otra manera de crear categorías es notar una característica común entre objetos. Por ejemplo, al percibir una bola, una manzana y una naranja, el niño y la niña podrían darse cuenta de que estos objetos tienen una característica en común. Según Nany y Gentner (2002) esta característica podría basarse en un elemento funcional (ruedan cuando se caen al suelo) o en un elemento abstracto (son cosas redondas). Esto podría resultar en la creación del concepto *cosas que ruedan* o del concepto *cosas redondas*. La creación de conceptos no conlleva necesariamente el conocer el nombre que se le ha asignado al concepto en la cultura particular de la persona.

La percepción de objetos no siempre resulta en la percepción de similitudes entre ellos. Mandler & McDonough (1998) encontraron que los infantes pueden detectar diferencias en la apariencia de varias sillas, sin agrupar las mismas en diferentes categorías. Ellos concluyen que esto ocurre porque los infantes no se han dado cuenta de los distintos usos que tiene cada tipo de silla por lo que no crean categorías diferentes. Toda vez que la percepción de ciertas categorías depende del desarrollo cognitivo hasta ese momento, debemos esperar que la naturaleza de las categorías varíe con el nivel de desarrollo. Por la misma razón, que el número de categorías aumente con la edad. Uno de los principios de la teoría del desarrollo es que el mismo evoluciona hacia una mayor diferenciación e integración de sus componentes (Jepsen, 1990). Desde esa perspectiva debemos esperar que el número y complejidad de los conceptos aumente con la edad de los niños y las niñas.

Los conceptos pueden referirse a categorías amplias, como por ejemplo, *cosas redondas*, que a su vez incluyen varias categorías más específicas. Ejemplos de categorías más específicas podrían ser: *cosas redondas que rebotan, que se comen, se rompen, que son muy pequeñas, etc.* Nótese que no siempre las categorías son mutuamente exclusivas. Se desconoce si las categorías amplias surgen primero y luego se van subdividiendo en categorías más específicas o si las categorías amplias y las específicas surgen simultáneamente. Lo que sí es claro es que un mismo objeto puede pertenecer simultáneamente a más de una categoría.

Ya vimos que los infantes además de crear conceptos a base de una característica común entre los objetos, también crean categorías a base de las relaciones funcionales entre objetos heterogéneos (Namy y Gentner, 2002). Por ejemplo, los infantes clasifican una silla y una mesa, dentro de un mismo conjunto, porque ambas cosas se utilizan a la hora de comer. Igualmente incluyen en una misma clasificación a los peces y los perros. Como veremos más adelante, esta capacidad de incluir cosas heterogéneas en un mismo concepto clasificatorio es importante al entender la naturaleza de los intereses.

La literatura sobre el desarrollo de los conceptos no parece incluir específicamente conceptos sobre las actividades que realizan las personas. Sin embargo se plantea en ella que, como parte del desarrollo intelectual de las personas surgen los conceptos que son progresivamente más complejos. Proponemos que de la misma manera que los niños y niñas crean categorías de objetos, roles y eventos (Bidell & Fisher, 1992; Mandler, 2007; Namy & Gentner, 2002), también crean categorías de las actividades que realizan las personas y de las ocupaciones. Por ejemplo, dada la capacidad de abstracción que logran, pueden crear categorías homogéneas de: *actividades relacionadas con gente* y de actividades no relacionadas con gente. Si la creación de conceptos clasificatorios sobre objetos, situaciones y roles es el origen del sistema conceptual de los niños y niñas Mandler (2007), la creación de conceptos clasificatorios de actividades es el origen de los intereses, por lo que el origen de los intereses está atado al origen del sistema conceptual.

Una actividad incluye una serie de acciones que están estructuradas de forma tal que se logre un objetivo. Por ejemplo, lanzar una bola a un canasto durante un juego de baloncesto conlleva realizar estimados de distancia, trayectoria de la bola, rotación necesaria y movimientos. El propósito inmediato es que la bola entre al canasto sin salirse, para anotar puntos. El propósito final es ganar el juego. *El lograr un objetivo, es lo que le da significado a la actividad.* Presumimos que los niños y las niñas pequeños perciben con mayor facilidad actividades cuyos objetivos son evidentes, que las actividades cuyos objetivos son implícitos.

Una misma actividad puede tener significados distintos si se realiza con propósitos distintos. Por ejemplo, disparar contra una persona tiene diferentes significados si es: en la guerra, en defensa propia, o para robarle. Este significado determina en parte las reacciones afectivas hacia la actividad, en particular los sentimientos de agrado, desagrado e indiferencia. Las actividades pueden ser actividades voluntarias o tareas, que son actividades que hay que realizar obligatoriamente (de trabajo, del hogar, de la escuela). Otro aspecto de las actividades que afecta la reacción afectiva hacia ellas es el ambiente particular en que se realiza. Algunas actividades se realizan en cualquier lugar, mientras otras se realizan mayormente en un lugar particular. Las actividades usualmente se realizan en un ambiente particular (bajo techo, al aire libre, en un taller con ruido) como son las oficinas, los hospitales y al aire libre.

Por otro lado, para realizar una actividad se requiere que el individuo posea ciertas características psicológicas, físicas y, a veces, sociales. Por ejemplo, para golpear una bola desde un caballo se requiere visualización espacial, precisión, paciencia y fortaleza. Algunas personas consideran que esta actividad es propia de una clase social particular.

Vamos a asumir que la creación de conceptos procede de lo general a lo específico a medida que se perciben nuevas actividades. Esto es, luego de crear las categorías generales de *actividades relacionadas con personas* y *actividades no relacionadas con personas,* probablemente se crean categorías menos inclusivas. Esto es, a medida que los bebés se desarrollan cognitivamente, los conceptos clasificatorios van cambiando para ser más complejos y específicos. Por ejemplo, la categoría de *actividades no relacionadas con personas* pudiera subdividirse en: *actividades relacionadas con cosas* y *actividades no relacionadas con cosas.* Este proceso hipotético de crear categorías homogéneas de actividades y luego modificarlas a base de la percepción de nuevas actividades se presenta (página 124) en la Figura 1. Además de estas categorías homogéneas, también pudiera crear categorías a base de la relación funcional de las actividades. Por ejemplo, *actividades relacionadas con una bola o una maraca (juegos)*. Estos conceptos funcionales son probablemente precursores de los conceptos de ocupaciones, programas de estudios y actividades recreativas.

En el caso de las categorías de actividades homogéneas el principio taxonómico es la *naturaleza* de las actividades. Lo central en esta clasificación es *qué, cómo y donde y para qué* se realiza la actividad. No incluye consideraciones de su importancia en términos de cuáles son las consecuencias personales y sociales de las mismas. Las actividades pueden ser importantes porque el realizarlas permite a la persona obtener fama, dinero, poder, posición social u otras metas personales. También

Figura 1. Proceso Hipotético de Crear Categorías de Actividades Homogéneas

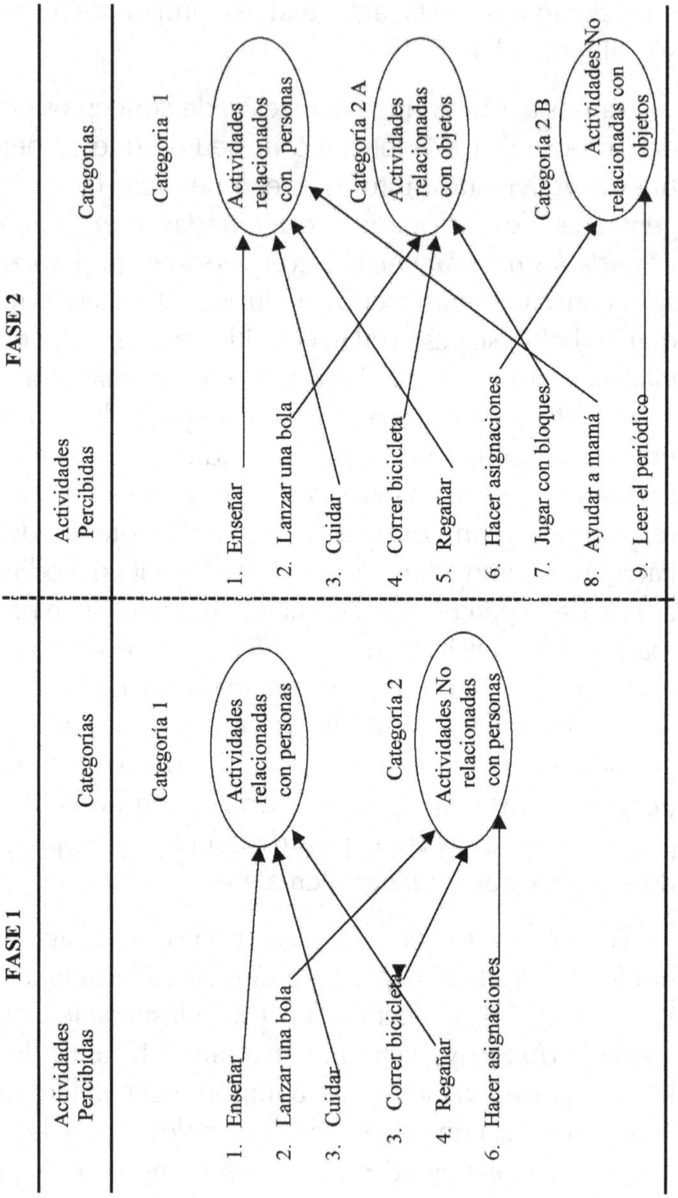

FASE 1

Actividades Percibidas | Categorías

Categoría 1 — Actividades relacionadas con personas

Categoría 2 — Actividades No relacionadas con personas

1. Enseñar
2. Lanzar una bola
3. Cuidar
3. Correr bicicleta
4. Regañar
6. Hacer asignaciones

FASE 2

Actividades Percibidas | Categorías

Categoría 1 — Actividades relacionados con personas

Categoría 2 A — Actividades relacionadas con objetos

Categoría 2 B — Actividades No relacionadas con objetos

1. Enseñar
2. Lanzar una bola
3. Cuidar
4. Correr bicicleta
5. Regañar
6. Hacer asignaciones
7. Jugar con bloques
8. Ayudar a mamá
9. Leer el periódico

porque son apropiadas, sucias, prohibidas, pecaminosas, enaltecedoras o heroicas. Las consecuencias personales o sociales de realizar una actividad pudieran ser aspectos esenciales en los valores ocupacionales, pero no en los intereses. La diferenciación que sugerimos es que los intereses son conceptos clasificatorios de las actividades mientras que los valores ocupacionales son conceptos evaluativos.

Los conceptos como conocimiento tácito

Muchos conceptos clasificatorios son el resultado del aprendizaje tácito, no intencional, que ocurre como un producto derivado de otros procesos (Rowland & Shanks, 2006). Durante el aprendizaje implícito se logra el aprendizaje de información compleja de manera incidental, sin que la persona se dé cuenta de lo que ha aprendido. De hecho, se cree que el aprendizaje implícito y el explícito pudieran utilizar sistemas de memoria diferentes (Decoster, Banner, Smith, & Semin (2006). Muchos conceptos se aprenden implícitamente, sin que la persona se haya propuesto el aprendizaje, por lo que no se está consciente de ellos y no se sabe cómo llamarlos. Esto es particularmente cierto en los primeros años cuando todavía no se ha adquirido vocabulario ni aprendido el lenguaje. A medida que se crece y se aprende un lenguaje, se aprende a asignarle nombres a los conceptos que tácitamente se conocen. Naturalmente, no todos los conceptos clasificatorios son aprendidos tácitamente, muchos son el producto del aprendizaje explícito, particularmente en el hogar y la escuela, como por ejemplo el concepto de ángulo recto.

Proponemos que los conceptos clasificatorios relacionados con actividades y ocupaciones, son los conceptos que constituyen la materia prima del aspecto estructural de los intereses vocacionales. Esto es, las agrupaciones de reactivos de intereses que surgen de los análisis factoriales y análisis de conglomerados de reactivos corresponden, de alguna manera, a los conceptos desarrollados por las personas. De hecho, los nombres que se le asignan a estas agrupaciones de reactivos, por lo general corresponden a los adjetivos que a través de la historia han resultado útiles para identificar la naturaleza de las actividades. Una situación similar existe en el estudio de la personalidad. En este caso los rasgos de personalidad que se obtienen mediante análisis factoriales corresponden, en términos generales, con los adjetivos que aparecen en los diccionarios y que se utilizan para describir los rasgos de personalidad (Costa & Mc Crae 1992). Estos investigadores citan a teóricos como Catell (1946) y John (1990), que opinan la listas de miles de adjetivos que figuran en los diccionarios constituyen una enumeración exhaustiva de los rasgos de personalidad.

Partiendo de la capacidad que se tiene de crear conceptos que conllevan varios niveles de especificidad, asumimos que las categorías básicas de intereses que han sido incluidas en los inventarios de intereses pudieran organizarse jerárquicamente a base del grado de especificidad. Por ejemplo, "artístico", es uno de los factores que junto al factor de oficina, fue identificado por Guilford y sus colaboradores. También es uno de los *Temas Generales Ocupacionales* del inventario de Strong. Este último incluye reactivos sobre la literatura, diseño de interiores, música y artes culinarias, entre otros. Las escalas básicas incluidas bajo el tema artístico son: artes visuales y diseño, artes escénicas, escritura y comunicación social, artes culinarias. Es posible redactar reactivos adicionales para crear categorías más específicas para cada una de las escalas básicas. Si consideramos que la escala de artes visuales incluye reactivos sobe los siguientes temas: arquitectura, dibujo de historietas, diseño de interiores, fotografía y diseño gráfico, se podría redactar reactivos adicionales para crear una sub-escala de arquitectura, si se deseara.

A medida que tácitamente se aprende a agrupar actividades y ocupaciones en conjuntos homogéneos y heterogéneos, se desarrollan sentimientos de aceptación, indiferencia y rechazo hacia dichos conjuntos. Esto es, una vez surge el aspecto de estructura de los intereses, de inmediato se desarrolla el aspecto afectivo hacia esas estructuras. Más adelante teorizamos de cómo esto ocurre. Toda vez que los conceptos clasificatorios de intereses se han aprendido de forma implícita, las reacciones afectivas hacia dichos conceptos tienen que ser implícitas necesariamente. Como el objetivo de crear categorías es organizar la experiencia y dominar el ambiente, una vez que se crea un concepto clasificatorio de actividades (intereses vocacionales), toda nueva actividad se percibe como incluida en un concepto existente o se crea una nueva categoría.

Justificaciones para una nueva teoría

Evidentemente hace falta que se realicen nuevos esfuerzos teóricos para explicar el origen, naturaleza y desarrollo de los intereses. Nos parece importante que se integren elementos de la perspectiva de rasgo con elementos de la social-cognitiva con el propósito de explicar el origen, el cambio y desarrollo de los intereses vocacionales y su naturaleza psicológica. Específicamente entendemos que incluir las necesidades psicológicas, junto al sentido de adecuación y las expectativas de autonomía, desempeño y aceptación, permite explicar cómo surgen los intereses, cómo cambian y se desarrollan desde la infancia hasta la adultez y cómo se convierten en disposiciones personales estables.

Para entender el desarrollo de los atributos psicológicos es necesario visualizar al ser humano como un ente que evoluciona en sus dimensiones biológica, psicológica, social y espiritual y que persigue adaptarse al medioambiente a la vez que intenta dominarlo. En esta evolución continua, más acelerada en la niñez y hasta la adultez temprana, se desarrollan las habilidades, intereses, valores y rasgos de personalidad en forma integrada. Este desarrollo está impulsado por una serie de necesidades biológicas y psicológicas. Las necesidades psicológicas impulsan el desarrollo cognitivo, emocional y social del individuo. A nuestro juicio, las necesidades psicológicas son características esencialmente humanas. Estas necesidades tienden a ser automáticas y no conscientes durante buena parte del desarrollo de la persona.

Casi todas acciones del ser humano involucran aspectos cognitivos, afectivos, volitivos y conductuales que deben ser considerados para entender los atributos psicológicas de los individuos. Cuando se miden los intereses vocacionales de una persona, por cualquiera de los cuatro métodos identificados por Super, se obtienen por un lado, los sentimientos de agrado, indiferencia y desagrado, los cuales implican una inclinación de conducta y por el otro, se agrupan los mismos en escalas por áreas de interés o en escalas ocupacionales. Esto quiere decir que la medición de los intereses consiste en obtener las respuestas de las personas sobre sus sentimientos hacia las actividades y ocupaciones incluidas en un inventario y organizar dichas respuestas en forma tal, que correspondan a las categorías conceptuales desarrolladas por ellos. En un inventario de intereses las personas informan sobre sus intereses, pero es el investigador o investigadora quien le adjudica un significado al agrupar las respuestas por escalas a las que les ha asignado un nombre y obtener una puntuación en cada una de ellas.

Los modelos estructurales de los intereses como los sugeridos por Strong, Roe y Holland, señalan cuáles categorías se consideran, cómo se agrupan las actividades en dichas categorías y la relación entre categorías. Estas sugerencias se basan en los resultados de los estudios factoriales de reactivos u ocupaciones realizados, pero no parten de una teoría de cómo ni cuándo surgen estas categorías ni cómo cambian y se desarrollan con la edad. Las teorías del desarrollo de los intereses tratan, por lo general, de cómo se desarrollan o evolucionan los sentimientos de gusta, indiferente y disgusta hacia actividades y ocupaciones, por lo que se centran casi exclusivamente en el aspecto afectivo de los intereses.

Resumen

Estamos planteando la posibilidad de que los intereses son, por un lado, conceptos clasificatorios que se crean como parte del desarrollo cognitivo de la persona y que van aumentando en complejidad y especificidad a medida que, como parte del desarrollo cognitivo, se crean nuevas estructuras y se perciben e incorporan nuevas actividades a los conceptos. Esto es lo que llamamos el aspecto cognitivo de los intereses. Por otro lado, como parte del desarrollo afectivo surgen sentimientos de agrado, indiferencia o desagrado hacia dichos conceptos. Esto es lo que llamamos el aspecto afectivo de los intereses. Estos sentimientos conllevan una inclinación hacia una conducta de acercamiento, indiferencia o rechazo de dichos conceptos. Esto es lo que llamamos el aspecto conductual de los intereses.

Sugerimos la hipótesis de que durante el desarrollo cognitivo, la persona desarrolla dos tipos de conceptos clasificatorios: 1) categorías homogéneas a base de un elemento común de las actividades y ocupaciones y 2) categorías heterogéneas a base de la relación funcional de actividades. Cuando se agrupan actividades y ocupaciones a base de un elemento común, surgen conceptos de varios niveles de especificidad los cuales dan base a escalas amplias como las de Holland y a escalas más específicas, como las escalas básicas del Strong. De hecho, el inventario de Strong agrupa sus escalas básicas (homogéneas específicas) para que cada grupo corresponda a un Tema Ocupacional (escala tipo Holland). Cuando se agrupan actividades a base de su relación funcional, surgen tres tipos de conceptos: ocupaciones, programas educativos, pasatiempos y recreaciones. Debe ser evidente la estrecha relación entre los dos tipos de conceptos clasificatorios que surgen durante el desarrollo humano y los dos tipos de escalas que se incluyen en los inventarios de intereses (homogéneas y por ocupaciones).

Ambos tipos de conceptos clasificatorios se utilizan para organizar el universo de actividades percibidas por cada persona. Por lo tanto, partimos de la premisa de que los estudios factoriales son estudios sobre el aspecto cognitivo de los intereses. En otras palabras, el estudio de los factores de intereses y la relación que existe entre éstos, es en esencia, el estudio de los conceptos que utilizamos para agrupar las actividades de naturaleza vocacional y la relación entre estos conceptos. Los estudios factoriales de los intereses son estudios para identificar los conceptos clasificatorios subyacentes en las respuestas a los reactivos de los inventarios de intereses. La validez de las categorías identificadas mediante análisis factorial y también la validez de las escalas de los inventarios de intereses depende de que: 1) todas las personas tiendan a crear esencialmente las mismas categorías de actividades, 2) las categorías creadas por las personas sean similares a las identificadas mediante el análisis factorial.

Pasemos ahora a examinar el desarrollo de los intereses en su aspecto afectivo, esto es, los sentimientos de gusta, indiferencia y disgusta hacia tipos de actividades. Ya hemos planteado que las teorías modernas basadas en la perspectiva social cognitiva tienden a excluir las disposiciones personales y visualizan los intereses como variables altamente modificables. Consideramos que la inclusión de las necesidades psicológicas permite entender mejor el desarrollo de los intereses, cómo éstos surgen y se convierten a su vez, en disposiciones personales. Queremos justificar la inclusión de éstas partiendo de su importancia para explicar conducta (Ryan & Deci, 2000).

Importancia de las necesidades psicológicas

Se presume que las necesidades psicológicas son resultado del desarrollo evolutivo del ser humano y han sido importantes en la supervivencia de la especie.

En la lucha por subsistir y dominar el medio ambiente, probablemente fue necesario que nuestros antecesores primitivos anticiparan la forma en que llenarían necesidades tales como las de abrigo, de alimento, de protección, de defensa mutua y otras. Tal vez esta necesidad de continua anticipación de patrones de conducta, fue la base para el surgimiento de necesidades psicológicas de competencia, autonomía y afiliación, entre otras. Podemos especular cómo la realidad física y social de nuestros antecesores dio base al surgimiento de estas tres necesidades. A su vez, estas necesidades guían el desarrollo cognitivo, afectivo y social del ser humano.

Es probable que sintieran la necesidad de modificar el medio ambiente creando viviendas, protegiéndose con ropa, sembrando, etc. Los que fueron competentes en estas gestiones sobrevivieron. Como el ser humano es totalmente dependiente de otros por varios años al nacer, fue necesario el mantener el núcleo familiar y el clan para que los niños y las niñas subsistieran. De ahí la importancia de la necesidad de afiliación. Como todos tenemos destrezas y habilidades distintas, la necesidad de auto afirmarse como individuo y diferenciarse de los demás fue precursora de la necesidad de autonomía.

Presumimos que los que sintieron estas necesidades con suficiente intensidad tuvieron una mayor probabilidad de sobrevivir que otros. Estos sobrevivientes, probablemente transmitieron estas disposiciones personales a sus descendientes, a través del proceso de socialización o tal vez de algún mecanismo biológico hasta ahora desconocido. Sin este conjunto de necesidades que impelen al ser humano a la exploración, dominio y modificación del medio ambiente, a proveer para necesidades futuras, a cuidar de su progenie, proteger la familia, asociarse en grupos y clanes para mutuo apoyo y defensa; el ser humano no hubiera podido subsistir ni prevalecer a través de la historia.

Antes de que se utilizara el concepto de rasgo (disposición personal) como agente causal de la conducta, algunos teóricos utilizaron el concepto de instinto. Por ejemplo, Freud (1954) habló del instinto de vida y del instinto de muerte. Para explicar la conducta humana se concibieron toda clase de instintos que por sí solos eran responsables de la conducta. Sin embargo, el concebir instintos para explicar la conducta humana no resultó en explicaciones útiles. Más tarde se dejó de aplicar el concepto de instinto a los seres humanos y se restringió su uso a los animales. Un instinto se define como una fuerza biológica innata, específica a una especie, que impulsa a un organismo a realizar un acto específico o a responder de cierta manera a un estímulo particular (VandenBos, 2007).

Para ayudar a explicar la conducta humana se creó el concepto de rasgo basado en tipos de conductas que son consistentes a través del tiempo y de situaciones. Difieren de los instintos, en que se manifiestan como resultado de varios estímulos, de maneras distintas según las situaciones, con intensidad diferente en todas las personas. Las necesidades son rasgos, que al igual que otras variables psicológicas, son activadas por indicadores de las situaciones y del ambiente (Tett & Burnett, 2003). Presumimos que las necesidades se satisfacen realizando actividades apropiadas. Por ejemplo, la necesidad de competencia es satisfecha realizando actividades de exploración del ambiente, de adquisición de conocimiento y de realización exitosa de una tarea, entre otras.

El concepto de rasgo se ha ido modificando significativamente con el tiempo a base de las investigaciones realizadas. Un ejemplo es la concepción de los intereses (artísticos, sociales, legales, etc.) como rasgos o disposiciones personales. Toda conducta tiene múltiples causas y los intereses son algunas de ellas. Por otro lado, la causalidad no es enteramente unidireccional toda vez que las situaciones pueden incentivar o inhibir la expresión del rasgo. Los rasgos, a lo sumo, disponen a la persona a conducirse de cierta manera, ante ciertas circunstancias que tienen unos elementos comunes; pero que la conducta varía de acuerdo a las particularidades de dichas circunstancias (le gusta la contabilidad, pero no en esa empresa).

Aunque se considera que muchos rasgos tienen base hereditaria, se sabe que las experiencias de la persona determinan si éstos se desarrollan. Los rasgos son relativamente estables a través del tiempo, pero son modificables hasta cierto grado. En el caso específico de los intereses, se conoce que hay intereses que en algunas personas nunca llegan a ser estables.

Según Tett y Burnett (2003, página 502), los rasgos tienen ciertas propiedades que los distinguen:

1. Son consistentes en cada persona, lo que permite hacer predicciones de conductas futuras a base de conductas pasadas.

2. Diferencian entre personas, por lo que es necesario definirlas.

3. Como disposiciones o inclinaciones, los rasgos son potenciales de acción que están latentes en el individuo.

4. Se infieren de la conducta de los individuos.

5. La interpretación de la conducta depende del contexto en que se observa la misma.

Hay nuevamente mucho interés en la investigación de las disposiciones personales (House, Shane, & Herold, 1996) y en el uso de las necesidades psicológicas como conceptos que ayudan a explicar la conducta (Ryan & Deci 2000). Una característica esencial de una disposición personal es su estabilidad a través de los años. En los años 90, esta estabilidad fue cuestionada y se planteó que se observa mucha variabilidad de la conducta de una situación a otra y que la conducta se explica más, en términos de la interacción con el medio ambiente que por el efecto de la disposición personal (Mischel, 1968). Un ejemplo de esto son las conductas honestas, que se presumen evidencian la existencia de la disposición personal llamada honestidad, las cuales tienden a variar con las circunstancias. Sin embargo, cuando se consideran en conjunto todas las situaciones se observa un alto grado de estabilidad en la conducta honesta, lo que ha llevado a algunos de estos teóricos a aceptar el concepto de disposición personal e incluso interpretar la variabilidad como un aspecto de la consistencia (Mischel y Shoda, 1995).

Tras los cuestionamientos y críticas presentadas, los investigadores contemporáneos han establecido criterios exigentes para identificar posibles disposiciones personales. Por ejemplo, se ha propuesto que para que una variable se considere una necesidad, sea ésta física o psicológica, debe ser un estado que energice, que si se satisface conduce a buena salud y bienestar, pero que si no se satisface, contribuye a patología y malestar (Ryan & Deci, 2000). Baumeister & Leary (1995) sugirieron que una necesidad psicológica debe producir un efecto, excepto en condiciones adversas, debe tener consecuencias afectivas, dirigir el procesamiento cognitivo y energizar conductas dirigidas a objetivos. La mejor evidencia de que hay un renovado interés en las necesidades como concepto explicativo se encuentra en el número de nuevas formulaciones teóricas que han surgido. Por ejemplo, la necesidad de pertenencia (Baumeister & Leary, 1995), apego (La Guardia, Ryan, Couchman & Deci, 2000), competencia, autonomía y relación (Deci & Ryan, 2000a) y afiliación (Strong, 1995). Para Deci y Ryan (2000c) no se puede comprender cabalmente el desarrollo humano, la conducta dirigida a objetivos y el bienestar si no se toma en consideración las necesidades que proveen la energía psicológica para lograr objetivos. Baumeister y Leary (1995) consideran que las necesidades son urgencias profundas que tienen que ser satisfechas. Se considera que las necesidades psicológicas son innatas, producto del desarrollo evolutivo del ser humano (Baumeister & Leary, 1995).

Las necesidades psicológicas no responden a un modelo de déficit como lo hacen algunas necesidades fisiológicas. Por ejemplo, la necesidad de alimentos, cuando no se satisface por cierto tiempo, crea una deficiencia de nutrientes. Ésta provoca un estado de activación en el organismo llamada hambre, que se caracteriza por estímulos fisiológicos, emotivos y cognitivos específicos. Como resultado de este motivo, el individuo inicia una conducta dirigida hacia un objetivo específico: lograr consumir alimento. El estado de activación y la conducta específica cesan una vez el organismo consume alimento, aún antes que el alimento consumido sea digerido y se convierta en nutriente, pero surge nuevamente horas después cuando los nutrientes se reducen y se crea un nuevo déficit de alimento en el organismo. Algunos teóricos han concluido erróneamente que luego de satisfacerse una necesidad el organismo entra a un estado de inercia, hasta que surja nuevamente la necesidad (Dewey 1913).

A pesar de que la necesidad de alimentación se podría satisfacer con cualquier tipo de alimento, usualmente desarrollamos apetitos por unos alimentos particulares y rechazamos otros como desagradables. Esto ocurre en parte, porque el consumir alimento llena también necesidades psicológicas. Estos apetitos parecen ser producto del proceso de socialización en cada hogar y en cada cultura. Solamente en circunstancias inusuales, donde no hay otra forma de satisfacer la necesidad de alimentación, estamos dispuestos a comer aquellos alimentos que usualmente rechazamos. Inclusive en casos extremos, donde se está aislado de la civilización por mucho tiempo sin conocer cuando o si habrá un rescate (como los sobrevivientes de un desastre aéreo), estamos dispuestos a romper con las normas culturales y consumir carne humana, si no hay otra alternativa para sobrevivir.

El que la *conducta de alimentarse* sea cíclica no es evidencia necesariamente de que la necesidad cesa con el consumo de alimento en un momento dado. Podemos observar, que aunque la conducta de ingerir alimento cesa momentáneamente, ocurren otras conductas relacionadas con esta necesidad que tienden a ser continuas. Entre estas otras conductas podemos mencionar la obtención, almacenamiento y preparación de alimentos. En sociedades donde hay escasez de alimentos estas otras conductas podrían ocupar la mayor parte del tiempo de la gente. Por otro lado, toda conducta responde a múltiples causas. La conducta de alimentarse satisface, no solamente la necesidad de alimentación, sino otras necesidades psicológicas. Se pueden observar personas que continúan comiendo compulsivamente a pesar de estar satisfechas, o que comen en respuesta a la ansiedad, depresión o aburrimiento. Este cuadro de conductas relacionadas a la necesidad de alimentación, que presumiblemente es cíclica, está muy lejos de caracterizar a un ser humano pasivo que espera pacientemente a que su naturaleza biológica le estimule a la acción nuevamente, como lo describen muchos teóricos. Según Dewey (1913), es un error asumir que en ciertas condiciones el ser humano está pasivo esperando ser estimulado por el ambiente, porque lo que caracteriza al ser humano es que siempre está activo haciendo algo.

Por otro lado, hay necesidades fisiológicas que no parecen responder al modelo de déficit, como es el caso de la necesidad de sexo. El ser humano, a diferencia de muchos animales, puede sentir el deseo sexual en cualquier momento y la intensidad de éste no depende de cuánto tiempo haya transcurrido desde su última actividad sexual, aunque ciertamente, el acto sexual parece responder al modelo de déficit. Las necesidades psicológicas tampoco parecen responder al modelo de déficit y son insaciables. Por ejemplo, la necesidad de competencia no se satisface completamente al realizar bien una actividad, por el contrario, obtener un logro resulta con frecuencia en el deseo de obtener logros mayores.

Maslow (1954) sugirió que necesidades psicológicas como las sociales y de auto-actualización se activan o son prepotentes solamente cuando se satisfacen las necesidades más básicas (que son esencialmente fisiológicas). Wolf (1970) sugirió que las necesidades que se satisfacen consistentemente y las que nunca se satisfacen, dejan de estar activas. Por el contrario, Ryan & Deci (2000) propusieron que todas las personas nacemos con el mismo nivel de intensidad de las necesidades intrínsecas (psicológicas) y que las diferencias individuales que se observan luego, son el producto de factores sociales que promueven el desarrollo de dichas necesidades. Nuestra posición es que si las necesidades psicológicas son producto de la evolución, como afirman varios teóricos, (entre ellos Baumeister & Leary, 1995), entonces debemos esperar que haya diferencias individuales en dichas necesidades de la misma manera que las hay en otras características humanas que son productos de la evolución. Nuestra concepción de las necesidades es que la intensidad de las mismas depende de la intensidad heredada y que esta intensidad aumenta cuando surgen incentivos en el medioambiente.

Como en muchas áreas de la psicología, no existe consenso sobre cuántas necesidades psicológicas existen, cuáles son, ni cómo deben agruparse. Dos modelos frecuentemente utilizados son el modelo jerárquico de Maslow (1954) y la lista de necesidades de Murray (1938). Roe y Siegelman (1964) utilizaron a Maslow en su teoría sobre el origen de los intereses, mientras que Tinsley y Eldredge (1995) desarrollaron una prueba para medir las necesidades sugeridas por Murray (1938), la que luego utilizaron para crear una clasificación de las actividades recreativas a base de las necesidades que satisfacen. Este instrumento ha sido criticado por (Dawis, 1995) porque las necesidades se evalúan como variables con dos polos opuestos, cuando en casi todos los análisis factoriales las dimensiones tienen un solo polo. Por ejemplo, la *necesidad de afiliación* incluye por un lado, el *relacionarse con otros* en forma cooperativa y agradable y por otro lado, *trabajar solo*. Otra limitación es que no está claro si la lista propuesta por Murray (1938) incluye solamente necesidades o también incluye otros atributos como valores y rasgos de personalidad. Por ejemplo, Edwards (1954) las incluyó muchas de las mismas variables utilizadas por Tinsley y Eldredge (1995) en su inventario de rasgos de personalidad.

Resumen

En este capítulo comenzamos con un resumen de lo que se sabe y no se sabe de los intereses. Sabemos que se pueden medir, que son relativamente estables a través del tiempo, que correlacionan moderadamente (r-+0.20 a +0.30) con las habilidades, que los inventarios tienen validez y que hay diferencias importantes en la forma que hombres y mujeres responden a los inventarios. Por otro lado, desconocemos cómo surgen los intereses, como se desarrollan las dimensiones de intereses a través del tiempo, cómo se convierten en disposiciones estables, y finalmente, cómo deben definirse teóricamente.

Nos planteamos la necesidad de integrar aspectos de la perspectiva de rasgos con aspectos de la perspectiva social cognitiva. En esencia, nos proponemos incluir en una nueva teoría las necesidades psicológicas como disposiciones personales y como las fuentes primarias de motivación en el proceso de aprendizaje de los intereses. De la perspectiva social cognitiva incluiremos un conjunto de creencias del individuo sobre sus características psicológicas, sociales y físicas. También, las expectativas relacionadas a cada una de las necesidades psicológicas.

Para integrar el aspecto estructural de los intereses (los factores o dimensiones de intereses) con el aspecto de desarrollo afectivo, proponemos examinar los factores de intereses de una manera análoga a como se han examinado los factores de personalidad. Para identificar los factores de personalidad algunos investigadores han partido de la premisa que éstos son adjetivos que utiliza la gente para describir a las personas y han procedido a realizar análisis factoriales de listas de adjetivos. Proponemos que los factores de intereses son conceptos clasificatorios de las actividades que realiza el ser humano. Por lo tanto, los factores de intereses deben corresponder a los conceptos que utilizan las personas para clasificar las actividades.

Al examinar parte de la literatura sobre los conceptos, encontramos que éstos se desarrollan desde la infancia como una manera de conocer y controlar el medio ambiente. Hay quienes consideran que el sistema conceptual de las personas se desarrolla con el desarrollo de conceptos (Mandler, 2007). El origen de los conceptos es también, necesariamente, el origen de los intereses en su aspecto cognitivo. Encontramos que surgen dos tipos de conceptos clasificatorios. El primero se basa en aspectos comunes de las actividades y pueden surgir conceptos amplios (actividades artísticas) o más específicos (arte dramático, arte pictórico, etc.). El otro tipo de concepto se basa en la relación funcional de las actividades. Por ejemplo, en las ocupaciones la misma persona tiene que realizar actividades diversas (hablar con personas, evaluar resultados de laboratorio, etc.), que están relacionadas porque se realizan con un mismo objetivo (por ejemplo, evaluar a un paciente). Sugerimos que este tipo de concepto aplica, además de las ocupaciones, a los programas educativos y a las recreaciones.

Por último, en la literatura sobre el desarrollo de conceptos se destaca que muchos de éstos se aprenden de manara tácita, particularmente durante la niñez, por lo que las personas ignoran que los han adquirido, aunque los utilicen. Esto podría explicar la necesidad de tomar un inventario de intereses para conocer los intereses que uno tiene. Finalmente, discutimos la importancia de las necesidades psicológicas para entender la conducta y los criterios estrictos que han surgido para identificarlas.

CAPÍTULO 5

SOBRE EL ORIGEN, DESARROLLO Y NATURALEZA DE LOS INTERESES

Como mencionamos anteriormente, es esencial incluir necesidades psicológicas para explicar el origen y desarrollo de los intereses. Tres necesidades que en la literatura científica se han relacionado frecuentemente con los intereses son las necesidades de competencia, autonomía y aprobación o afiliación. La selección de estas tres es un poco arbitraria toda vez que hay otras necesidades que potencialmente podrían relacionarse con los intereses. Por ejemplo, Berne (1964) propuso las necesidades de estimulación y estructuración del tiempo. La primera de estas necesidades sugeridas por Berne (1964) podría estar relacionadas con actividades que conllevan peligrosidad y la segunda con actividades sedentarias o recreativas. Sin embargo, optamos por el momento de teorizar a base de las primeras tres necesidades porque, como discutimos anteriormente, éstas cumplen con los criterios rigurosos que se han establecido para identificar rasgos. Reconocemos que estas tres necesidades amplias posiblemente no describan adecuadamente el universo de necesidades. A juzgar por otros universos de rasgos como el de personalidad que se presume tiene 5 dimensiones amplias o el de intereses, que parece tener de 6 a 8 dimensiones amplias, debemos esperar que el universo de necesidades incluya alrededor de 6 dimensiones amplias. Por el momento, nuestro modelo incluye las tres dimensiones mencionadas.

Supuestos de la teoría

La mayoría de los supuestos que planteamos no son nuevos, pero es importante hacerlos explícitos. Los supuestos más importantes son los siguientes:

1) Los intereses surgen en la niñez como parte del esfuerzo del ser humano por organizar el mundo a base de conceptos clasificatorios. Los conceptos clasificatorios de actividades corresponden a las áreas de intereses y ocupaciones. Las ocupaciones incluyen actividades heterogéneas, sin embargo, el desarrollo de afecto hacia las mismas se centra en dos o más categorías de actividades incluidas en cada ocupación.

2) Inicialmente surge un número reducido de categorías amplias, a medida que los niños y niñas se desarrollan cognitivamente surgen categorías más específicas y complejas. Las categorías amplias y las más específicas coexisten y pudieran considerarse como niveles de especificidad de los conceptos.

3) Las necesidades psicológicas se satisfacen al realizar actividades apropiadas a cada

necesidad. La satisfacción de dicha necesidad resulta en un sentimiento de placer ligado a la necesidad. Por ejemplo:

- La necesidad de competencia se satisface cuando la persona realiza un tipo de actividad que le permite obtener información, aprender, demostrar o desarrollar sus capacidades, completar una tarea con éxito. El tipo de actividad que satisface la necesidad de competencia varía de una persona a otra dependiendo de los atributos de la persona (las capacidades, rasgos de personalidad, valores y otros), de características sociales como su cultura, género y nivel social. El sentirse competente produce sentimientos de satisfacción y placer.

- La necesidad de autonomía se satisface cuando la persona realiza una actividad que le permite tomar control de una situación, tomar decisiones y reafirmar que es una persona única, distinta a las demás. El tipo de actividad que satisface la necesidad de autonomía varía de una persona a otra dependiendo de aspectos sociales y culturales. El sentirse autónoma, en control de una situación, produce sentimientos de satisfacción y placer.

- La necesidad de aprobación y afiliación (pertenencia) se satisface cuando la persona realiza una actividad que resulta en reacciones de aprobación por parte de las personas significativas. El tipo de actividad que satisface la necesidad de aprobación y pertenencia varía de una persona a otra dependiendo de aspectos sociales y culturales. El sentir que la actividad realizada es aprobada por el grupo, que su desempeño en la misma también es aprobado y que es parte de un grupo, produce sentimientos de satisfacción y placer.

4) Hay diferencias individuales en la intensidad con que se tienen las necesidades psicológicas. Como mínimo postulamos tres niveles de intensidad: alto, promedio y bajo. De manera que existiendo por lo menos tres necesidades básicas y tres niveles de intensidad existen al menos nueve patrones o perfiles diferentes que distinguen a las personas.

5) Las personas buscan en el medio ambiente y prestan atención a las actividades que le permitan satisfacer sus necesidades psicológicas. El interés en una actividad particular surge, cuando la persona percibe que realizando dicha actividad (en la realidad o fantasía), puede satisfacer una o más de sus necesidades psicológicas. Esa percepción le lleva a *anticipar la satisfacción* que podría recibir al realizar la actividad.

6) Los niños pequeños no pueden o no se les permite realizar la mayoría de las actividades que le interesan por lo que, para satisfacer sus necesidades psicológicas, recurren a los juegos, la observación de modelos que le permiten realizar las actividades vicariamente al identificarse con dichos modelos, y a la fantasía.

Definición de las variables incluidas

Necesidades psicológicas

Se postula que hay varias necesidades psicológicas del ser humano que son pertinentes para entender el desarrollo de los intereses. Centramos nuestra atención en tres de éstas, las necesidades de competencia, autonomía y aprobación y en la satisfacción que se obtiene al llenar dichas necesidades; porque son las que en la literatura psicológica se han relacionado más con los intereses. La satisfacción o gratificación es un estado emocional que se siente al llenar las necesidades y que por ser placentero refuerza cualquier conducta que lleve a llenar las necesidades. Estas tres se conciben como necesidades amplias integradas por un conjunto de necesidades más específicas que comparten la misma naturaleza. En ese sentido se parecen a los Cinco Factores Amplios de Personalidad (Costa, & Mc Crae, 1992) cuya concepción ha permitido organizar buena parte de los rasgos de personalidad conocidos.

Necesidad de competencia

Se define como la inclinación a controlar, modificar y dominar el medio ambiente y superar los retos y obstáculos que éste supone (White, 1959). Esta inclinación se fortalece con la obtención de logros tangibles y demostrables. Entendemos que incluye otras necesidades más específicas como son la curiosidad, necesidad de conocer y de encontrar sentido de las cosas, de explorar. La necesidad de competencia se expresa desde la niñez y ayuda a explicar la conducta exploratoria de los infantes y su satisfacción cuando descubren algo nuevo.

Necesidad de autonomía

Es la necesidad que tiene el ser humano de afirmar su identidad personal, de desarrollarse como un ser único, particular, con características individuales que le distinguen de los demás. Es la necesidad de ser un ente psicológicamente separado que piensa, actúa y siente de forma distinta de la familia y de los grupos sociales a los que pertenece, a la vez que comparte pensamientos, sentimientos y conductas con ellos. Conlleva tener algún control de una situación, el tomar sus propias decisiones y actuar conforme a ellas, que sus opiniones y deseos se tomen en cuenta por los demás. El desarrollo humano progresa hacia un mayor grado de autonomía, de un alto grado de control externo a un alto grado de control interno (Pastorelli, et al. 2001). En el área de la psicología industrial-organizacional la autonomía se ha definido usualmente en término de la libertad del individuo para tomar decisiones sobre cómo realizar su trabajo (Kulik, Oldhman & Hackman, 1987).

Necesidad de aprobación

Es una de las necesidades específicas de la necesidad de pertenencia o afiliación (*"need to belong"*) formulada por Baumeister y Leary (1995). Es probablemente más intensa en los niños quienes, a medida que se desarrollan, van incorporando otras necesidades específicas incluidas en la necesidad de pertenencia. Implica el deseo de que las personas y grupos significantes endosen y acepten las acciones que uno realiza como conducta apropiada y legítima. De acuerdo a Baumeister y Leary (1995), el conducirse de acuerdo a las expectativas del grupo usualmente es requisito para mantener la relación y obtener apoyo y es una señal de que uno pertenece y es parte integrante de un grupo en particular. Por lo tanto, es necesario que se satisfaga primero la necesidad de aprobación, antes de satisfacer otros aspectos de la necesidad de pertenencia, de desarrollar varias identidades sociales.

Los teóricos que adoptan la perspectiva social cognitiva reconocen que la vida social juega un papel importante en la adquisición del conocimiento. Para estos teóricos, la principal fuente de información para el desarrollo de la auto-eficacia (que en nuestra concepción incluimos como parte del sentido de adecuación), durante las primeras etapas del desarrollo es la familia, seguida por los pares y la escuela (Pastorelli, et al. (2001). Otras fuentes de información incluyen el alentar verbalmente a la persona a realizar la tarea, lo cual implica necesariamente, aprobación de la conducta. Por lo tanto, según nuestra posición teórica, por lo menos dos de las fuentes tradicionales de auto-eficacia están relacionadas con la necesidad de aprobación lo que justifica la inclusión de la necesidad de aprobación en el modelo general para explicar los intereses.

Sentido de adecuación

Se refiere a la creencia de que una actividad en particular es adecuada para que uno la realice. En adultos se basa en la congruencia entre los conjuntos de atributos psicológicos, físicos, sociales y espirituales que requiere una actividad y los que posee la persona. Entre los atributos psicológicos se incluyen las capacidades (habilidades, conocimientos, destrezas, etc.), las necesidades, los rasgos de personalidad, valores e intereses. En los niños y niñas pequeños algunos de estas características podrían presentarse en forma incipiente o estar ausentes del todo.

El sentido de adecuación, que incluye la evaluación que realiza la persona sobre sus atributos y características, podría incluir una evaluación de cuáles de esos atributos pueden ser mejorados mediante estudio, práctica o determinación. La evaluación de los atributos es necesariamente subjetiva y suele diferir de evaluaciones objetivas como las realizadas mediante pruebas. También suele ser distinta de las que realizan otras personas sobre el individuo. Por ejemplo, algunas personas pueden pensar que tienen poca habilidad de visualización espacial y sin embargo obtener una puntuación alta en una prueba de visualización espacial. Otros pueden inclusive desconocer qué es visualización espacial, por lo que no la consideran al desarrollar su sentido de adecuación para una actividad.

El sentido de adecuación es un concepto de amplitud intermedia, más abarcador que el de auto eficacia (Bandura, 1986), que usualmente se refiere a las capacidades que se cree tener; pero más específico que el concepto de auto concepto vocacional propuesto por Super (1963) y otros teóricos. Según lo definimos, el concepto de adecuación se puede medir con facilidad mediante un auto informe. El concepto de sentido de adecuación es similar al concepto de ajuste (fit, en inglés) utilizado en las teorías de desarrollo de carreras basadas en la perspectiva de rasgo factor (Osipow, 1083). En estas teorías se presume que la satisfacción y el éxito en las carreras depende del grado de ajuste o congruencia entre las características de la persona y las requeridas en las ocupaciones (Osipow, 1083).

¿Por qué es necesario este nuevo concepto? A pesar que el concepto de auto eficacia se aplicado con éxito en muchas intervenciones e investigaciones en áreas tan diversas como la educación, salud mental y comportamiento organizacional, en el campo de los intereses vocacionales se ha asociado casi exclusivamente con habilidad o destrezas (Hackett, Betz, O'Halloran, & Romac, 1990; Pajares, Miller, & Johnson, 1999; Schunk & Hanson, 1989; Wood & Bandura, 1989). Las medidas de auto eficacia incluyen, por lo general, evaluaciones que realiza la persona sobre sus habilidades para realizar una ocupación o una actividad específica. Algunos investigadores excluyen específicamente los atributos personales y las características físicas y sociales del concepto de auto eficacia (Zimmerman, 1995).

Sin embargo, para desempeñar bien una ocupación se requiere otros atributos personales, además de las habilidades, como son algunos atributos físicos y a veces, sociales. Esto es evidente en las descripciones de puestos donde se acostumbra incluir los requisitos físicos y las condiciones de trabajo. Por otro lado, en los programas de selección de personal usualmente se incluye una variedad de pruebas. Por tal razón, es preferible utilizar un concepto más amplio que además de las habilidades incluya atributos personales, características físicas y características sociales. Proponemos el concepto de *sentido de adecuación*, que es el grado de congruencia percibido entre el conjunto de atributos y características del individuo y los atributos y características requeridas en una actividad particular.

Se asume que el número de características evaluadas en un momento dado se limita a las que son pertinentes para realizar un tipo de actividades u ocupación, por lo que el sentido de adecuación podría cambiar de una situación a otra. Por ejemplo, cuando una niña evalúa si podría ser exitosa jugando baloncesto con un grupo de sus compañeros de escuela, probablemente considera su estatura, su rapidez, resistencia y posible habilidad. También podría considerar el hecho de ser la única mujer en el grupo, de que proviene de clase media y que los niños son de clase trabajadora. Puede que también considere que, si le dedica tiempo, podría desarrollar alguna de las destrezas necesarias. Por otro lado, probablemente no incluya en esta evaluación, su inteligencia, dedicación a los estudios y fluidez verbal.

Expectativa de desempeño

Adoptamos la definición de (Barak, 2001) que indica que se refiere al estimado que hace la persona de realizar bien una actividad específica. Es la probabilidad subjetiva de que, dada las circunstancias, puede realizar bien o mal la actividad. A pesar de que el éxito al realizar una actividad depende de la habilidad percibida, también depende de otras variables como son la personalidad, suerte, el apoyo o resistencia de otras personas, variables situacionales entre otras cosas. También depende de las características sociales del individuo. Por ejemplo, el ser una mujer negra y latina, genera en la persona diferentes expectativas de desempeño que si es hombre blanco norteamericano.

Expectativa de aprobación

Se refiere a que la probabilidad subjetiva de que las personas y grupos significativos para una persona aprobarán que ésta realice dicha actividad. La influencia de lo que un individuo en particular considera personas y grupos significativos varía con la edad, sexo y nivel socio-económico, entre otras variables sociales. Esta expectativa es particularmente importante durante el aprendizaje de actitudes y valores durante el proceso de socialización. Este proceso conlleva la enseñanza de formas de pensar, sentir y actuar que responden a los roles sociales aceptados que son característicos en una sociedad particular.

Expectativa de autonomía

Se refiere a la probabilidad subjetiva de que tendrá libertad de decidir todo lo pertinente a su involucración con la actividad: si la realiza, la forma de hacerlo y cuándo la realizaría. Aunque las personas significativas son las que conceden la libertad de acción y son las que aprueban la conducta, en una situación particular, tanto la libertad de acción como la aprobación pudieran concederse con condiciones. Por ejemplo, se le deja saber a la persona que la actividad no es del todo satisfactoria, pero se le permite decidir si la realiza condición de que se atenga a las consecuencias negativas que pueda acarrear.

Interés

Se define operacionalmente como las reacciones de agrado, indiferencia o desagrado a una categoría de actividades y ocupaciones. En la página 179 presentamos una definición teórica.

Hipótesis que surgen de la teoría

Postulamos las siguientes hipótesis específicas. El número de ruta que se menciona se refiere a la gráfica presentada más adelante.

Hipótesis 1: *Cuando una persona percibe (usualmente en forma inconsciente) que una actividad (perteneciente a una categoría de actividades) puede satisfacer una o más de sus necesidades psicológicas, ésta le llama la atención y le resulta interesante.*

Una actividad percibida llama la atención y resulta interesante, cuando la persona considera (usualmente en forma inconsciente) que ésta puede satisfacer una o más de sus necesidades psicológicas. Por lo tanto, las tres necesidades psicológicas tienen efectos directos sobre qué actividades resultan interesantes y sobre el desarrollo posterior de ese interés (rutas 1,2 y 3). Cuando es la primera vez que se percibe la actividad, el interés que surge inicialmente se le llama interés emergente.

Se presume que toda actividad que se realiza llena una o más de las necesidades psicológicas mencionadas. Debemos recordar sin embargo, que las personas observan solamente una muestra de todas las posibles actividades que se realizan. De las actividades que *observan*, particularmente los niños, *perciben* solamente un subconjunto de ellas. Este subconjunto de actividades son las que pueden influenciar el desarrollo de los intereses. Por ejemplo, una persona que nunca ha visto ordeñar una vaca, no puede desarrollar interés en esa actividad específica, aunque podría desarrollar interés en actividades agrícolas si observa otras actividades de esta naturaleza.

Otra presunción es que la intensidad de las necesidades varía de una persona a otra. Por ejemplo, una persona con una gran necesidad de logro se interesará por actividades relativamente difíciles que le permitan demostrar sus capacidades, continuar desarrollándolas y desarrollar nuevas. Una persona con gran necesidad de autonomía se interesará en actividades que le permitan ser auto suficiente, tomar sus propias decisiones y distinguirse de los demás. Una persona con una gran necesidad de afiliación se interesará en actividades donde pueda trabajar con otras personas, bien sea ayudándolas, divirtiéndolas u organizándolas. La intensidad del interés en un tipo de actividades es una función de la intensidad de la necesidad que se cree satisface. Si se creara un perfil de las necesidades, cada persona tendría un perfil distinto. Debido a que cada persona tiene un perfil de necesidades distinto, los tipos de actividades que resultan interesantes son también distintos.

Hipótesis 2: *Cada una de las necesidades psicológicas conlleva la creación de la expectativa correspondiente.*

La *necesidad de competencia* lleva a la persona a desarrollar un estimado de la probabilidad que tiene de desempeñar bien la actividad, esto es, una expectativa de desempeño (ruta 4). La *necesidad de aprobación* lleva a la persona a desarrollar una expectativa de que su conducta de realizar la actividad recibirá (o no recibirá) la aprobación de las personas que le son significativas (ruta 5). De la misma manera, la *necesidad de autonomía* lleva a la persona a desarrollar un estimado de la probabilidad que tiene, de que se le permitirá decidir libremente realizar o no la actividad (ruta 6).

Hipótesis 3: Las tres necesidades psicológicas afectan el sentido de adecuación. La *necesidad de competencia* lleva a la persona a evaluar las capacidades que tiene para realizar una actividad que percibe (ruta 7). La *necesidad de aprobación* lleva a la persona a evaluar las probabilidades de recibir aprobación de su grupo si realiza la actividad (ruta 8). La *necesidad de autonomía* lleva a la persona a evaluar la probabilidad de que pueda decidir por sí misma el realizar la actividad (ruta 9).

Hipótesis 4: *Se postula que la* **necesidad** *de autonomía está en conflicto con la necesidad de aprobación, por lo que influencia la expectativa de aprobación (ruta 10). A su vez, la* **expectativa** de autonomía afecta la expectativa de aprobación (ruta 11).

A medida que los niños y las niñas se desarrollan, aumenta su necesidad de autonomía, lo que está en conflicto con su necesidad de aprobación de los padres, por lo que la necesidad de autonomía afecta la expectativa de aprobación (ruta 10). A su vez, la expectativa de autonomía afecta la expectativa de aprobación porque una lleva a la otra (ruta 11). Esto es, permitir que un niño o niña tome una decisión respecto a realizar una actividad específica implica necesariamente, que se aprueba el que la realice.

Hipótesis 5: *La expectativa de aprobación también influencia la expectativa de desempeño (ruta 12).*

La aprobación de una conducta usualmente implica un reconocimiento de que la persona está capacitada para realizarla, por lo que una expectativa de aprobación tiene un efecto sobre la expectativa de desempeño.

Hipótesis 6: *La expectativa de aprobación afecta el sentido de adecuación (ruta 13) toda vez que se asume que las creencias que tiene una persona sobre sus habilidades depende, en buena medida, de las creencias de otras personas.*

El sentido de adecuación de una persona incluye su evaluación de las habilidades que posee. Esta evaluación resulta en creencias de auto eficacia (la creencia de que tiene las habilidades para realizar una actividad). Según Bandura (1978), la observación de modelos sociales, la exhortación verbal y el manejo de la ansiedad son variables importantes en el desarrollo de la auto eficacia (Bandura, 1995). Entre las personas que con mayor frecuencia sirven como modelos sociales para los niños y las niñas están sus padres y amistades. Además, la exhortación verbal para realizar una actividad generalmente proviene también de los padres y amistades.

Hipótesis 6: *El sentido de adecuación influencia la expectativa de desempeño, en la medida de que la persona evalúa que tiene las capacidades para realizar la actividad.*

Se espera que esta influencia aumente con la edad de las personas a medida que aumente el nivel de desarrollo de las habilidades y otros atributos y características personales (ruta 14).

Hipótesis 7: *Las expectativas de autonomía, aprobación, desempeño y el sentido de adecuación, afectan directamente el desarrollo de los intereses (rutas 15, 16, 17 y 18).*

La persona estará inclinada a realizar una actividad específica en la medida en que: 1) espera poder decidir libremente si la realiza; 2) percibe que tendrá la aprobación de personas significativas para realizarla; 3) dada las circunstancias particulares de la situación, puede realizar bien la actividad; y 4) la actividad se ajusta a su sentido de adecuación.

Modelo general del desarrollo de los intereses

El propósito de la adopción de un modelo como parte de una teoría, es destacar y hacer evidente la relación de las variables de la misma. Todos los modelos son una abstracción de la realidad. Existe una variedad de modelos que incluyen modelos físicos, como el globo terráqueo; mecánicos, como pudiera ser un modelo del sistema solar; matemáticos como el modelo clásico de medición; gráficos, como son los mapas y los conceptuales, como los presentados por Barak (1981) y Lent, et al. (1994). Un modelo simple puede ser una manera conveniente de acercarse a una realidad compleja, para entender sus aspectos relevantes. Luego de entender estos aspectos, se añaden otros elementos al modelo para comprender la realidad en toda su complejidad.

Por ejemplo, un mapa de carretera donde se indiquen solamente las intersecciones más importantes, y se omitan los demás detalles, podría resultar muy útil para trasladarnos a otra ciudad. Sin embargo, sería necesario un mapa más detallado de las calles una vez lleguemos a la ciudad. De igual manera, al examinar la relación entre necesidades psicológicas, expectativas, creencias e intereses, conviene comenzar con un modelo relativamente sencillo donde se incluyan componentes esenciales y se dejen para después otros componentes que pudieran estar incluidos en un modelo más completo. En el modelo que presentamos adelante, incluimos solamente tres necesidades psicológicas, aunque sospechamos que en el futuro se necesitará incluir otras adicionales. De la misma manera, omitimos expectativas de satisfacción que se incluyen en otros modelos (por ejemplo, el de Barak, 1981). Nuestro modelo incluye las expectativas de desempeño, autonomía y aceptación; pero no incluye las de sentirse competente, sentirse autónomo y sentirse aceptado y parte del grupo; que son expectativas de satisfacción de las necesidades correspondientes.

Presentamos un modelo general del desarrollo del componente afectivo de los intereses. El mismo incluye las tres necesidades psicológicas mencionadas. Distinto a Deci & Ryan (2000ª) y a Krapp (2005), las consideramos desde la perspectiva rasgo-disposición donde se conciben como causas parciales del surgimiento y evolución de los intereses vocacionales. Estas son las necesidades de *competencia* (Deci & Ryan, 2000a; White, 1959), de *aprobación* (Strong, 1995) y de *autonomía* (Deci & Ryan, 2000a; De Vries & Kohlberg, 1990; Fromm, 1941). Las primeras dos necesidades se toman de los planteamientos teóricos de los años 60, en particular de los formulados por Super y Crites (1962). La teoría incluye también cuatro variables cognitivas: el *sentido de adecuación*, que es una expansión de las creencias de auto-eficacia (Bandura, 1995), la *expectativa de desempeño* (Barak, 1981; Barak, et al. 1989) y las expectativas de *autonomía, y aprobación* como nuevas variables. La *necesidad de aprobación* incluida en el modelo general se considera un aspecto de la *necesidad de afiliación* (Strong, 1995). Según Brewer (2007) la aprobación es un requisito indispensable para pertenecer a un grupo. Se añade la necesidad de autonomía porque está ligada al desarrollo cognitivo y afectivo desde la infancia (De Vries & Kohlberg, 1990) y porque con frecuencia se asocia con los intereses (Deci &Ryan, 2000a).

En la Figura 2 se presenta el *Modelo General del Desarrollo de Intereses* donde se ilustran las relaciones entre las variables teóricas. Debe recordarse que este

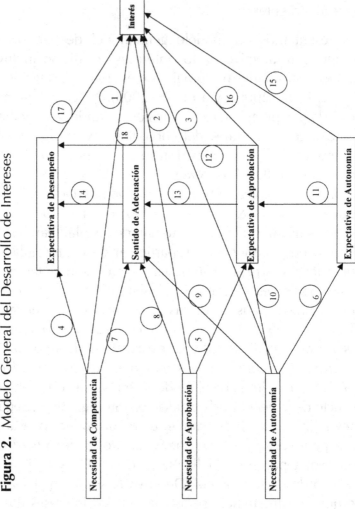

Figura 2. Modelo General del Desarrollo de Intereses

proceso es parte del desarrollo humano por lo que toma años en completarse. Presumimos que el modelo aplica a personas de todas las edades, pero no de la misma forma. Algunas variables que pudieran tener poco o ningún efecto sobre los intereses en los primeros años de edad, pero pudieran resultar importantes en otras edades.

Discusión del modelo

El incluir las necesidades, las creencias y las expectativas en un mismo modelo provee una mejor base para explicar cómo surgen y evolucionan los intereses, que la provista por las necesidades o las cogniciones aisladamente. Las necesidades psicológicas, son básicas y universales y proveen la motivación necesaria para explorar el ambiente e identificar aquellos aspectos del mismo que las pudiera satisfacer. Estas necesidades psicológicas dirigen y energizan el desarrollo cognitivo de la persona, incluyendo la creación de muchos conceptos clasificatorios mayormente en forma tácita, particularmente durante los años preescolares. Durante esa exploración y catalogación de la realidad en conceptos clasificatorios se crean conceptos relacionados a las actividades que se perciben. En la medida que la realización de estas actividades proveen para la satisfacción de las necesidades, estas últimas motivan a la persona a desarrollar interés (sentimientos de agrado, indiferencia o desagrado) por las actividades específicas y las categorías a las que pertenecen. La satisfacción de las necesidades refuerza el aprendizaje de intereses. Por otro lado, el incluir cogniciones nos permite entender mejor los procesos de pensamiento internos y cómo estos procesos se relacionan, a veces en forma recíproca, con el ambiente durante el desarrollo de intereses específicos.

El origen de los intereses se puede entender de la manera siguiente. Aunque las personas, desde que son infantes pueden observar a los demás realizar una diversidad de actividades, perciben solamente aquellas que les permiten el nivel de desarrollo físico y neurológico, la maduración y las estructuras cognitivas que han desarrollado hasta ese momento. Las actividades que logran percibir son agrupadas en categorías o tipos de actividades. Una misma actividad puede clasificarse simultáneamente como manual y artística. También las agrupan a base de su relación funcional con otras actividades como son los casos de las ocupaciones, los estudios y la recreación. Es probable que una misma actividad se agrupe en una categoría homogénea y a la misma vez se incluya como parte de una actividad heterogénea más amplia. Por ejemplo, el atender a un enfermo podría considerarse una actividad de servicio social y a la misma vez percibirse asociada a otras actividades propias del trabajo de enfermería.

Esta creación de categorías homogéneas y categorías heterogéneas se realiza generalmente de forma implícita, no intencional y por lo tanto, inconsciente. Es probable que algunas categorías sean aprendidas de los padres, como por ejemplo cuando éstos mencionan que el trabajo hecho por el niño o la niña es *una obra de arte* o cuando se refieren a un grupo de actividades como *atléticas*. Por lo tanto, el aprendizaje de las categorías de los intereses (particularmente en los primeros años antes de tener un vocabulario amplio) es mayormente un aprendizaje implícito y las personas no están conscientes de sus conocimientos.

Presumimos, al igual que Roe (1957, 1964), que los intereses comienzan a surgir en la infancia. Sin embargo, es razonable pensar que no todos los intereses surgen simultáneamente, sino que inicialmente surgen pocos y que aumentan en número a medida que la persona se desarrolla. Partiendo del número de escalas básicas que contienen inventarios como el de Strong, es evidente que al llegar a la adultez, el número de categorías desarrolladas es relativamente amplio, cerca de 25 o más. Además de aumentar en número, las categorías de intereses aumentan en complejidad mediante la inclusión continua de actividades nuevas y la redefinición de lo que les es común a todas. El número de categorías que surgen, y su naturaleza, dependen de que surjan otros conceptos y atributos psicológicos como las habilidades y los valores.

Los intereses pudieran surgir de la siguiente manera. Cuando un niño o niña pequeños perciben por primera vez una actividad, la identifican como perteneciente a una clase de actividades creadas previamente o crean una nueva clasificación. Por ejemplo, perciben a alguien dibujando la imagen de una persona y la identifican como una actividad artística. Entonces la evalúan desde dos perspectivas distintas: 1) en términos de su potencial para satisfacer el patrón particular de necesidades psicológicas de la persona y también, 2) en términos de las características psicológicas, físicas y sociales qué se requieren para realizar la actividad.

Primera evaluación: potencial de la actividad para satisfacer las necesidades

Si como resultado de la primera evaluación, el niño o niña estiman que la actividad pudiera satisfacer sus necesidades psicológicas, concentran su atención en ella y anticipan la satisfacción que sentirán al realizarla. Esto los lleva a desarrollar un sentimiento inicial de agrado hacia la actividad. Por ejemplo, supongamos que un niño que clasifica una actividad como artística, tiene el siguiente patrón de necesidades: la necesidad de competencia es fuerte, la necesidad de autonomía es fuerte y la necesidad de aprobación (afiliación) es débil. En este caso, puede que el niño perciba que la actividad artística de dibujar, satisface su patrón de necesidades.

Si por el contrario, estiman que la actividad no les permitirá satisfacer sus necesidades psicológicas se sentirán decepcionados, por lo que desarrollarán un sentimiento inicial de disgusto por la actividad. Por otro lado, desarrollarán un sentimiento inicial de indiferencia hacia una actividad que incluya elementos que los llevan a satisfacer una o más de sus necesidades, pero que también contiene elementos que no satisfacen una o más de sus necesidades psicológicas. (Esta es nuestra Hipótesis 1).

Esta primera evaluación resulta también en que emergen expectativas relacionadas a las necesidades. Esto es, la necesidad de competencia genera una expectativa sobre cuán bien puede realizar la actividad, el grado de aprobación que recibirá (a mis padres no les agradará mucho), y el grado de autonomía que ejercerá (aunque a mis padres no les agrade mucho, yo quiero hacerlo). Estas son las expectativas de (*desempeño, aprobación y autonomía*). (Hipótesis 2).

En niños y niñas muy pequeños (preescolares), que aún no tienen noción de sus características personales, la expectativa de desempeño pudiera basarse en el éxito o fracaso de otras al realizar la actividad. El principio parece ser: "si otros lo pueden hacer, yo también". Igualmente, las expectativas de aprobación y autonomía se basan en experiencias pasadas. Si la expectativa es que pueden satisfacer razonablemente bien su patrón de necesidades al realizar la actividad, el sentimiento de agrado será mayor. Si por el contrario, la expectativa es que con realizar la actividad no van a satisfacer su patrón de necesidades, el sentimiento de agrado inicial se convierte en un sentimiento de desagrado.

Segunda evaluación: características requeridas para realizar la actividad

La segunda evaluación ocurre cuando los niños y niñas son mayores (están en la escuela), han desarrollado y conocen algunas o todas sus características personales. En estas edades, evalúan la actividad en términos de qué características personales se requieren para realizarla y comparan dichas características con las que ellos poseen. De esta comparación surge un *sentido de adecuación* (o de inadecuación). Esto es, un sentido de cuán adecuada para ellos es la actividad. Proponemos que la fortaleza de las necesidades psicológicas podría influenciar el sentido de adecuación. Esto es, puede llevar a sobre estimar o subestimar el grado en que se poseen ciertas características personales (Hipótesis 3). Por ejemplo, una necesidad de competencia muy fuerte podría llevar a sobre estimar las habilidades que se tienen, una necesidad de aprobación muy baja podría llevar a sobre estimar el grado de aprobación que se recibirá, y un grado de autonomía muy bajo podría llevar a subestimar el grado de autonomía que podría ejercer al realizar la actividad. Se postula que las necesidades de autonomía y de aprobación están frecuentemente en conflicto por lo que la expectativa de autonomía afecta la expectativa de aprobación (Hipótesis 4).

El sentimiento de agrado es mayor al inicial cuando la persona percibe que la actividad además de satisfacer sus necesidades psicológicas, le es relativamente adecuada dada las características personales del individuo. Por otro lado, un alto grado de adecuación lleva a identificarse con la actividad, lo que contribuye al sentimiento de agrado. Por el contrario, cuando la persona percibe que la actividad puede satisfacer sus necesidades psicológicas, pero es inadecuada para ella en términos de las características que requiere, anticipa el bochorno que pasaría al realizarla y siente que sus necesidades serían frustradas. Esto lleva a desarrollar un *sentimiento de desagrado* hacia dicha actividad.

Proceso de desarrollo de los intereses

El desarrollo de los intereses toma muchos años. Durante el mismo surgen unos intereses que luego se fortalecen o debilitan de acuerdo a la experiencia que se tenga al realizar las actividades. La posibilidad de satisfacer sus necesidades desencadena mecanismos de motivación que conllevan: procesos emotivos que llevan a gustar la actividad y a energizar el organismo, procesos cognitivos que llevan a establecer el objetivo de realizar la actividad y procesos conductuales donde los músculos se activan en preparación de realizar la actividad. Como toda actividad se percibe como perteneciente a un tipo de actividades, el sentimiento de agrado se generaliza hacia las actividades de ese tipo.

Por otro lado, resulta frustrante cuando percibe que dicha actividad pudiera satisfacer sus necesidades psicológicas, pero no la puede realizar porque no es adecuada para él o ella. En este caso surge un *sentimiento de desagrado* hacia dicha actividad. Esto es, se frustra la necesidad de autonomía si no puede seleccionar la actividad libremente (por ejemplo, cuando le piden o exigen que la realice); se frustra la necesidad de competencia cuando la actividad es muy difícil o requiere muy poca habilidad o depende de la suerte; y la de aceptación cuando estima que la actividad no es considerada apropiada por su grupo de referencia (género, etnia, grupo cultural o social). Por otro lado, surge un *sentimiento de indiferencia* hacia la actividad y hacia ese tipo de actividades si percibe que incluye aspectos que pueden satisfacer unas necesidades y frustrar otras (por ejemplo, requiere habilidad, pero sus padres no la consideran apropiada a su sexo).

Es evidente que cuando la persona evalúa una actividad desde la perspectiva de qué características personales son necesarias para realizarla, se evalúa también a sí misma en términos de esas características. En esta segunda evaluación se determina si la actividad es importante en términos de los valores de la persona. Sin embargo, en cada caso considera solamente el subconjunto de atributos psicológicos que son pertinentes a la actividad específica. Si la persona cree que posee las características necesarias para realizar la actividad, desarrolla un alto sentido de adecuación, lo que incrementa su interés en la actividad, si cree que no posee las características necesarias, desarrolla un sentido de inadecuación, lo que reduce su interés en la actividad.

La congruencia entre las características de la persona y la actividad evidencia cierto grado de identidad entre ambas. Esto lleva a que la persona inicie un proceso de identificación con la actividad. A mayor grado de adecuación, mayor el grado de identificación con la actividad, por lo que el interés en la actividad lleva también un elemento de identificación. Como las actividades incluidas en una categoría no tienen exactamente los mismos requisitos, la identificación pudiera ser mayor con la actividad que evalúa, que con otras actividades incluidas en la misma categoría.

Varios teóricos han propuesto que hay un proceso de identificación en el desarrollo de los intereses (Carter, 1940; Super & Crites, 1962). Sin embargo, ellos plantearon que la persona se identifica con un grupo ocupacional que tiene prestigio y adopta los intereses y patrones de conducta del grupo ocupacional, para ver si se ajusta a su auto concepto. Por el contrario, proponemos que la identificación ocurre con las actividades y ocupaciones cuando surge un alto sentido de adecuación. Cada vez que la persona selecciona libremente la actividad, la realiza bien y recibe la aprobación de otros, se confirma el sentido de adecuación y se fortalece dicha identificación.

En algún momento de su desarrollo los preescolares perciben por primera vez una o más actividades, la identifican como una categoría que crean en ese momento y reaccionan afectivamente como algo que les gusta, les es indiferente o les disgusta. Estas primeras reacciones de agrado, indiferencia y desagrado hacia actividades y categorías constituyen el interés inicial o *interés emergente* del que parten las teorías vigentes. Por lo tanto, una actividad es interesante cuando se percibe que puede llenar las necesidades de competencia, aprobación y autonomía del que la percibe.

Es razonable asumir que existen diferencias en la intensidad de las necesidades psicológicas de los individuos y que estas diferencias correlacionan con la cantidad de esfuerzo que se está dispuesto a realizar para satisfacerlas. También, que cada tipo de actividad satisface unas necesidades más que otras por lo que hay actividades que son más importantes que otras para satisfacer cada necesidad. Por lo tanto, el tipo de actividad que cada niño o niña encuentra interesante, importante y a la cual está dispuesto(a) a dedicarle esfuerzo, depende de la intensidad de cada una de sus necesidades y del grado en que el tipo de actividad satisface cada necesidad. Los niños y las niñas tenderán a querer realizar los tipos de actividades que les gustan y a evadir las actividades que les disgustan. Al realizar las actividades que les gustan podrán confirmar o no su interés hacia ellas. Sin embargo, al evadir las actividades que les disgustan no podrán confirmar que les disgustan, pero evitan la frustración de sus necesidades al realizarlas y sentir frustración, vergüenza o bochorno, lo que refuerza el disgusto por las actividades.

El interés inicial por una actividad se fortalece o debilita a medida que la realización de la misma confirma las expectativas de éxito, autonomía y aprobación. Este es un proceso que se repite continuamente desde la infancia hasta la adultez. Sin embargo, como veremos más adelante, las actividades se pueden realizar físicamente o mediante fantasías. El fortalecimiento del interés ocurre como resultado de la satisfacción que se siente al llenar las necesidades y confirmar las expectativas (de autonomía, aprobación, y de desempeño) y la creencia de que tiene los atributos psicológicos, físicos y sociales necesarios. Por lo tanto, existen dos mecanismos de reforzamiento de los intereses: la satisfacción que se siente al llenar las necesidades (sentirse competente, autónomo o autónoma, y sentirse aceptado y parte del grupo) y la confirmación de las cogniciones que lleva a repetir la conducta.

De la misma manera que se desarrollan intereses por las categorías de actividades, también se desarrolla interés por actividades que se perciben como instrumentales para mejorar las capacidades relacionadas a la actividad. Por ejemplo, es probable que una niña que se interese en jugar baloncesto se interese también en ver a otros jugar, ver juegos de baloncesto en la televisión y leer sobre jugadores de baloncesto destacados, si entiende que estas actividades le ayudan a aprender a jugar mejor. El interés en estas actividades será menos intenso porque satisfacen indirectamente las necesidades. El realizarlas dependerá de cuán importante son para desarrollar las competencias y del esfuerzo relativo que requiere cada una de ellas.

Por otro lado, a medida que la niña se desarrolla cognitivamente y percibe más actividades de baloncesto, el significado conceptual y afectivo del baloncesto pudiera cambiar. Por ejemplo, en un momento dado se da cuenta de que con frecuencia los jugadores reciben golpes fuertes en el rostro. Recuerda, entonces, que sangró por la nariz en una ocasión en que recibió un golpe jugando al esconder. Esto podría llevarla a reevaluar su auto-eficacia para jugar baloncesto y su interés en el mismo podría disminuir.

Los modelos vigentes del desarrollo de intereses hacen hincapié en que las actividades se realicen físicamente (Barak, 1981; Barak, et al., 1989; Lent, et al.., 1994, 2002, 2005). Sin embargo, los intereses surgen en la infancia aún antes de que haya posibilidad de realizar muchas de las actividades que resultan de interés. Uno de los mecanismos de aprendizaje más utilizados en la infancia es la observación. Bandura (1986) sugirió que casi todo lo que se aprende a base de experiencia puede aprenderse observando las actuaciones de otras personas y los resultados de dichas actuaciones. Por lo tanto, si los intereses se desarrollan desde la infancia sin que las actividades se realicen físicamente, debemos concluir que durante esta etapa se desarrollan mayormente mediante la observación o el aprendizaje vicario y la fantasía. Como las actividades se perciben como pertenecientes a una categoría de actividades, cada vez que se practica una actividad perteneciente a la categoría se refuerza el interés por la categoría.

Un requisito para que el interés inicial o emergente se convierta en una disposición personal es que las actividades interesantes se realicen frecuentemente por un periodo de tiempo prolongado, probablemente desde la niñez y que se satisfagan las necesidades, expectativas y creencias. Hay evidencia de que los niños y niñas de escuela elemental ya han desarrollado intereses relativamente estables en algunas áreas (Tyler, 1955, Tracey, 2002, Zbaracki, 1983).

Podemos pensar que algunos intereses se aprenden como resultado de la experiencia como es el caso del ejemplo presentado previamente, dibujar paisajes, porque un niño o una niña pueden comenzar desde temprana edad a dibujar. Sin embargo, en muchos otros casos, como por ejemplo interés en la aviación, es mucho más difícil de explicar porque no tienen la oportunidad de realizar este tipo de actividades. Es difícil explicar el aprendizaje de la mayoría de los intereses a base de experiencia porque, de hecho, los niños y las niñas están físicamente imposibilitados de realizar la mayoría de las actividades que observan a los adultos realizar y en muchas otras ocasiones no se les permite realizarlas por razones de seguridad.

De acuerdo a Bandura (Bandura, 1986; Wood, y Bandura, 1989) casi todo aprendizaje que es resultado de la experiencia directa, puede lograrse vicariamente observando el comportamiento de otros y las consecuencias de dicho comportamiento. Esto nos lleva a pensar que los niños y las niñas desarrollan sus intereses, en buena medida, a través de la observación de la conducta de otros. El aprendizaje vicario es el resultado de cuatro procesos: *atención, motivación, representación cognitiva y producción de conducta* (Wood y Bandura, 1989). El aprendizaje vicario de los intereses se podría explicar de la siguiente manera.

El primer proceso, el de *atención*, ocurre cuando una persona centra su atención a una actividad cuando la misma es interesante, esto es, cuando estima que la actividad pudiera satisfacer sus necesidades psicológicas y anticipa dicha satisfacción. Cuando el realizar la actividad pudiera llenar una o más necesidades que se sienten intensamente, el realizarla podría convertirse en un objetivo. Naturalmente, para aprender a realizar una actividad hay que prestar mucha atención para ver cómo el o la modelo la realiza. El querer realizar la actividad para satisfacer sus necesidades desencadena una secuencia de acciones que incluye energizar el organismo e identificar las conductas necesarias para realizar la acción. Cuando la actividad no se puede realizar físicamente, se representa cognitivamente y se traduce en representaciones verbales (Grusec, 1992), lo que permite a la persona realizar la actividad mentalmente repetidamente (Wood y Bandura,

1989). Incluso, mediante la identificación con el o la modelo, la acción del modelo se convierte también en una acción del observador. Este ensayo mental en el que se realiza una actividad repetidamente, constituye el proceso de producción de conducta que mencionan Wood y Bandura. La realización mental de conductas es lo mismo que fantasear. De manera que el aprendizaje vicario de los intereses en los niños es, en buena medida, producto de la fantasía.

Los niños y niñas pequeños usualmente fantasean durante los juegos, mediante juegos de papeles y mediante el soñar despiertos. El soñar despierto es una conducta que se realiza por iniciativa propia con el propósito de auto-gratificación (Singer, 1974). El soñar despierto es agradable, por lo que esta auto gratificación podría tomarse como evidencia de que a través del soñar despierto se satisfacen necesidades, incluyendo probablemente las necesidades psicológicas. Un aspecto importante del soñar despierto es la persona tiene completa libertad en términos del contenido de la fantasía, el papel que desempeña en la misma y de los resultados, por lo que es un mecanismo óptimo para realizar las actividades que de otra forma no se pueden realizar. Otra posibilidad es que cuando la persona se identifica con un modelo, cada vez que observa al modelo realizar exitosamente una actividad y sentir satisfacción al realizarla, es como si la persona realizara la actividad ya que comparte la satisfacción del modelo. Esto lleva a reforzar el interés por el tipo de actividad realizada. Un ejemplo de esto son los fanáticos o hinchas de un deporte, que por medio de la identificación con ciertos jugadores accionan o verbalizan jugadas que luego celebran llenos de satisfacción, como si las hubieran realizados ellos mismos.

Dado lo anterior, debemos esperar que cada vez que una persona sueña despierta logre los objetivos que se propone respecto a la actividad objeto de sus fantasías. Esto es, (1) decide por sí misma sobre la actividad que será objeto de su fantasía, (2) logra desempeñarla exitosamente y (3) obtiene, no solamente la aprobación de sus pares, sino su admiración y reconocimiento. De esta manera satisface las tres necesidades psicológicas ya mencionadas por lo que se refuerza el interés y la identificación con la actividad. Debemos suponer entonces que al soñar despierto, que como toda fantasía se realiza con el propósito de obtener satisfacción (Singer, 1974), en este caso, la satisfacción de llenar nuestras necesidades psicológicas, siempre se confirman las expectativas y se satisfacen las necesidades. Debe recordarse que el interés por un tipo de actividades, como podrían ser las científicas, se refuerza cada vez que se refuerza el interés por una actividad científica. También, cuando se refuerza el interés por una ocupación que incluye un componente científico, como por ejemplo, ser médico.

Hay varias razones que llevan a algunos a dudar de la efectividad de la fantasía en el aprendizaje de los intereses. Después de todo, la fantasía se asocia con lo irreal, lo falso, y con evidencia de desajuste en personas con problemas mentales. ¿Cómo es posible entonces, que este tipo de conducta pueda resultar en cosas favorables como el aprendizaje? Sin embargo, la fantasía se asocia también con la creatividad, la visión de futuro y la originalidad. Como hemos visto, la imaginación guiada es un mecanismo útil en la práctica de deportes.

Otra razón para dudar es que muchas personas no recuerdan haber fantaseado con suficiente frecuencia sobre ninguna actividad en particular, como para desarrollar interés en la misma. Aún los niños y las niñas pequeños fantasean sobre una gran cantidad de cosas y de actividades, pero rara vez sobre la misma actividad. Debemos recordar que las miles de actividades relacionadas con los intereses que existen, se pueden clasificar en un número reducido de categorías, como por ejemplo las seis escalas de Holland. Cada vez que se fantasea sobre una actividad u ocupación, se refuerza el interés en uno de estos tipos de actividades. Lo importante no es que se fantasea siempre sobre las mismas actividades, sino sobre uno de los tipos de actividades.

Al estudiar la estabilidad de los intereses una de las observaciones que se hace repetidamente es que, particularmente en los intereses expresados, los niños y las niñas cambian con frecuencia su interés en actividades particulares. Hay varias cosas que pudieran explicar estas inconsistencias. Por el momento señalamos que esta inconsistencia pudiera ser más aparente que real. Debemos observar a qué categorías pertenecen las actividades. Un niño que en ocasiones diferentes dice que le gustaría ser médico, trabajador social, ayudar a la gente y maestro, está expresando consistentemente su interés en el servicio social.

Si un propósito de soñar despierto es obtener satisfacción durante las fantasías (Singer, 1974), resulta difícil concebir que en situaciones normales una persona incluya fracasos y desaprobaciones de su conducta entre sus fantasías. Esto implica que solamente cuando se realiza físicamente una actividad, es que hay posibilidad de obtener datos que no confirmen las expectativas. Por otro lado, las posibilidades que tienen los niños y niñas preescolares de realizar físicamente las actividades que observan en los adultos son limitadas, por lo que si tienen un interés inicial en algunas de dichas actividades, su opción para realizarlas es la fantasía. Es propio de la infancia el fantasear frecuentemente, de hecho, algunas teorías del desarrollo vocacional caracterizan como de fantasía, una etapa o sub-etapa en los primeros años (Ginzberg, Ginsburg, Axelrad & Herma, 1951; Super, 1953). Consecuentemente, buena parte de la conducta de los niños y niñas en estos primeros años es producto de su imaginación.

Hemos planteado que los niños y niñas desarrollan agrado o desagrado por tipos de actividades a través de la observación. Esto es, encuentran interesantes aquél tipo de actividad que perciben por primera vez y juzgan que pudiera llenar sus necesidades psicológicas. Este interés inicial o emergente, les lleva a concentrar la atención en adultos u otros modelos que realizan exitosamente dichas actividades. Consecuentemente buscan observar personas que realizan exitosamente las actividades que les interesan. Mediante la identificación con estos modelos, los niños y niñas realizan vicariamente las actividades. Esto se observa claramente en los adultos que observan una actividad deportiva. Durante dicha observación, imitan muchos de los movimientos que realizan los participantes con los que se identifican. También recurren a la fantasía para repetir conductas observadas o imaginarse que las realizan por sí mismos.

El lector podría cuestionar sobre la efectividad de la fantasía y la conducta imaginada en el proceso de aprendizaje de una conducta. La evidencia se encuentra en muchas investigaciones realizadas sobre técnicas para mejorar el desempeño en los deportes. La imaginación guiada ("guided imagery") se utiliza en campos tan diversos como la consejería y los deportes (Orlick &

Partington, 1986). En esta técnica se induce a la persona a realizar o practicar una actividad en su imaginación. Driskell, Copper, and Moran (1994) definieron la *práctica mental* como el ensayo de una actividad en ausencia de movimiento físico. Estos investigadores realizaron un meta-análisis de un grupo de estudios que cumplen con esta definición y encontraron que la práctica mental es un método efectivo para mejorar el desempeño de actividades físicas, aunque no tan efectivo como la práctica del ejercicio. También encontraron que la práctica mental es efectiva para actividades cognitivas y físicas, aunque el efecto es mayor para las actividades cognitivas.

Uno de los primeros investigadores en relacionar el soñar despierto con intereses fue John Holland (1963) quien encontró que las fantasías que un grupo de estudiantes informaron haber tenido en la niñez y la adolescencia, estuvieron vinculados con la selección ocupacional que éstos realizaron. Según Schneider y Taylor (1989), una actividad que es esencial al soñar despierto es la representación mental de la imitación de un evento o series de eventos. Entre las características de la simulación mental están el que hace aparecer a los eventos como reales; aunque imaginarios, no son mágicos; conlleva una secuencia de actividades sucesivas interdependientes y facilitan observar ciertos detalles que de otra manera se pasarían por alto (Taylor, Pham, Rivkin, & Armor, 1998). También el que las personas tienden a crear escenarios muy específicos y exhiben una conducta que fluye como las videocintas (Taylor, et al., 1998). Además, se ha encontrado que los eventos reales y los imaginarios se procesan de forma similar desde la perspectiva de que se aplican a ambos tipos de eventos las mismas presunciones de causalidad (Harris, 2000).

Algunas investigaciones evidencian que cuando se realizan video grabaciones de conducta efectiva de estudiantes, éstas se pueden utilizar para que el propio estudiante las observe y mejore el desempeño (Bandura & Carroll, 1982; Schunk, and Hanson, 1989). En estos casos, la persona es su propio modelo e imita la conducta efectiva que realizó anteriormente. Podemos concluir entonces, que el soñar despierto podría ser un mecanismo donde la persona es su propio modelo, una situación similar a la utilización videocintas de la misma persona.

En resumen, las teorías presentadas hasta el presente parecen enfatizar el desempeño físico de las actividades en el desarrollo de los intereses. Sin embargo, hay dos observaciones que tienden a indicar que este tipo de desempeño no es absolutamente necesario. Primero, cuando se responden a inventarios de intereses las personas se ven obligadas a responder a actividades y ocupaciones que nunca han realizado directamente. Sin embargo, estas respuestas son consistentes con otras ofrecidas por las personas y las puntuaciones obtenidas de esta manera resultan confiables y válidas. Segundo, hay consenso de que los intereses comienzan a desarrollarse en la niñez cuando es difícil, si no imposible, realizar muchas de las actividades que se observan y que resultan inicialmente interesantes. También, los inventarios de intereses que se han desarrollado para niños y niñas de escuela elemental han resultado confiables y válidos. Esto nos ha llevado a concluir que la práctica física de las actividades no es indispensable para el desarrollo de los intereses.

Bandura (1986) sugirió que casi todo lo que se aprende mediante la práctica se puede aprender vicariamente mediante la observación de modelos y las consecuencias de sus acciones. Concluimos entonces, que durante la niñez y probablemente durante la adolescencia y adultez temprana, la observación de modelos exitosos un mecanismo importante en el desarrollo de los intereses. Algunas investigaciones sugieren que mediante el uso de video cintas, la persona puede ser su propio modelo exitoso. Propusimos que la fantasía es un mecanismo óptimo para realizar actividades y satisfacer las necesidades psicológicas y las expectativas. Particularmente los juegos no estructurados, donde los niños fingen distintos roles y el soñar despierto donde todo lo que ocurre lo determina la persona soñadora. El soñar despierto podría ser una forma de auto observación similar al uso de video cintas de la persona. Por último, sugerimos que las fantasías sobre una actividad siempre confirman las expectativas y llenan las necesidades. Solamente se puede obtener evidencia que no confirme las expectativas y deje las necesidades sin satisfacer, mediante la realización física de la actividad.

Definición teórica de intereses

Luego de esbozar nuestra teoría sobre el origen, desarrollo y naturaleza de los intereses podemos formular una definición teórica de los intereses. Anteriormente formulamos una definición operacional de los intereses. Sugerimos que éstos son, por un lado, conceptos clasificatorios de actividades y ocupaciones y por el otro, la reacción afectiva de agrado, desagrado o indiferencia hacia dichos conceptos. Ahora podemos añadir que los intereses son un conjunto de necesidades aprendidas a través de mecanismos de reforzamiento sociales y personales, que tienen un componente hereditario y se derivan de tres necesidades psicológicas: competencia, autonomía y aprobación. Los intereses representan las necesidades de involucrarse en las categorías de actividades que le gustan a la persona, evadir aquellas que le disgustan y realizar aquellas que le son indiferentes solamente cuando se proveen refuerzos externos. Los intereses son formas particulares que tienen las personas de satisfacer su perfil de necesidades psicológicas, partiendo de su sentido de adecuación e identificación con una categoría de actividades.

Para ilustrar lo anterior podemos hacer una analogía con las necesidades físicas. Por ejemplo, el hambre es una necesidad que se satisface consumiendo alimento. Cuando sentimos hambre, buscamos indicadores en el medio ambiente de dónde y cómo la podemos satisfacer. En situaciones normales no comemos cualquier comida, sino que consumimos los alimentos que hemos aprendido a preferir; los apetitos. Si nos presentan otros alimentos, como por ejemplo carne de culebra u ojos de buey, ¡preferimos pasar hambre! De igual manera, los intereses son los tipos de actividades que preferimos realizar para satisfacer nuestro patrón de necesidades psicológicas. Por ejemplo, el interés en actividades artísticas puede que satisfaga el siguiente patrón: necesidad de competencia y autonomía altos, y un nivel bajo de pertenencia. En palabras coloquiales, los intereses son los **apetitos psicológicos** con los cuales satisfacemos nuestras necesidades. Debemos satisfacer estos apetitos psicológicos, conjuntamente con las demás necesidades psicológicas, para mantener nuestra salud física y mental.

El que los intereses sean necesidades permite explicar por qué cuando se activan, funcionan como motivos y energizan, dirigen, organizan y mantienen la conducta. Esta definición es contraria a otras que se han ofrecido a través de los años. Por ejemplo, el interés temporero en una lectura debido a las ilustraciones u otras características de presentación, no se ajusta a nuestra definición. Tampoco la atención temporera que resulta de observar algo novel o a cambios en el ambiente, no sería evidencia de interés conforme a nuestra definición. La novedad se disipa con el tiempo por lo que no mantiene o da persistencia a la conducta.

La definición de intereses como patrones de respuestas característicos de una ocupación (Lent, et al., 20002; Super & Crites, 1962), tampoco es congruente con nuestra definición. Esta definición operacional se refiere a un patrón característico de preferencia por *actividades específicas* que diferencian una ocupación de otras, sin explicar el porqué de esas preferencias o de las diferencias. De acuerdo a nuestra formulación teórica, cada reactivo se percibe como perteneciente a una categoría de actividades. El interés de una persona por una ocupación en particular resulta del interés por algunas *categorías de actividades* que son sobresalientes en dicha ocupación. Si conceptuamos los intereses como variables latentes, cada reactivo es un indicador de una de esas variables latentes. Las escalas ocupacionales son efectivas porque existe un perfil característico de los tipos de intereses de cada profesión.

Por ejemplo, la escala de médico indica los intereses de éstos, no porque exista un patrón de respuestas a un conjunto particular de reactivos heterogéneos, sino porque los reactivos incluidos en la escala con pesos positivos, son representativos de intereses en *tipos de actividades* características de la profesión, como podrían ser actividades científicas y de servicio social. Los reactivos con pesos negativos son representativos de tipos de actividades que les disgustan a los médicos, como podría ser actividades comerciales y mecánicas. Hay evidencia de que una combinación óptima de escalas homogéneas predice las diferencias ocupacionales tan bien como una escala empírica de la ocupación (Dik & Hansen, 2004). La validez de las escalas ocupacionales no se debe a la existencia de un patrón de reactivos característicos de una profesión, sino al perfil de intereses característico de la profesión que dichos reactivos representan. Si se cambian los reactivos de la escala ocupacional por otros que midan las mismas dimensiones de intereses, la escala ocupacional mantendrá su validez. Es importante examinar cómo esta definición aplica a la clasificación de los intereses sugerida por Super y Crites (1949) a base de las formas de medirlos.

Algunas investigaciones realizadas previamente que proveen apoyo a la teoría

Hemos propuesto que el aspecto cognitivo de los intereses tiene que ver con la creación de conceptos clasificatorios que surgen en la niñez y van aumentando en número y complejidad con la edad. En varios estudios en los que se han utilizado análisis factoriales de actividades se ha logrado identificar factores de intereses en niños y las niñas desde el primer grado hasta la escuela intermedia (Roe, 1957; Tracey, 2002; Zbaracky, Clark & Wolings, 1985). También, se han desarrollado inventarios de intereses para niños y niñas de escuela elemental con coeficientes de confiabilidad aceptables (Tracey, 2002). Estos hallazgos señalan que las dimensiones que se identifican mediante el análisis de factorial exploratorio y que luego se utilizan para desarrollar inventarios de intereses surgen en la infancia, lo que tiende a apoyar la presunción de que estos factores corresponden a las categorías de actividades que se desarrollan desde la infancia.

También hemos propuesto que el aspecto afectivo de los intereses se aprende de forma tácita mediante la observación y fantasía, porque existen pocas oportunidades de realizar físicamente las actividades que inicialmente resultan interesantes. Hay evidencia abundante de que las personas expresan agrado y desagrado por actividades que nunca han realizado cuando responden a inventarios de intereses, sin embargo, los resultados de estos inventarios resultan válidos (Holland, 1973, 1992); Krumboltz & Worthington, 1999). Esto provee apoyo a la tesis de que no es necesario que se tenga experiencia realizando una actividad para desarrollar interés en ella. Por otro lado, el que las personas desconozcan o no estén seguros de sus intereses y tengan que recurrir a tomar un inventario de intereses para descubrirlos o confirmarlos, apoya la noción de que los intereses se aprenden de forma no consciente.

Por otro lado, la mayoría de los efectos de las variables cognitivas propuestas sobre los intereses, han sido ampliamente confirmadas (Gainor, 2006). Por ejemplo, Barak (Barak, et al., 1989; Barak, 2001) encontró correlaciones promedio altas, (+ 0.57 a + 0.87) entre auto-eficacia, expectativa de desempeño, expectativa de satisfacción y los intereses. Las únicas cogniciones en el modelo que se propone, que no han sido incluidas en modelos anteriores, son las expectativas de autonomía y de aprobación. Estas son expectativas de consecuencias favorables específicas. El modelo de Lent, (Lent, et al., 2002) incluye, como una de sus variables, las expectativas de todo tipo de consecuencias favorables ("positive outcomes"). Ellos han demostrado repetidamente que hay relación entre las expectativas de obtener consecuencias favorables y los intereses (Lent, et al., 2002), por lo que debemos asumir que estos hallazgos son generalizables a las expectativas de autonomía y aprobación.

Resumen y conclusiones

Las teorías vigentes basadas exclusivamente en la perspectiva social-cognitiva tratan, de explicar el desarrollo de los intereses a base de la mutua determinación de cogniciones y conductas. En estas teorías no se explica cómo surgen los intereses, por lo que en ellas se presume que existe un interés inicial o emergente. Partiendo del interés ya en existencia, se elabora una explicación de cómo se desarrolla. Además, en dichas teorías se presume que el interés inicial en una actividad lleva a la intención de realizarla, lo que es motivación suficiente para que dicha actividad se realice repetidamente hasta que el interés se desarrolle.

Proponemos una nueva teoría que integra aspectos de las perspectivas de disposiciones personales (rasgos) y la social-cognitiva en un intento de superar las limitaciones de ambas, al explicar cuando y cómo surgen los intereses vocacionales. Partiendo de la perspectiva de disposiciones personales, proponemos tres necesidades psicológicas que proveen la motivación necesaria para la adquisición y desarrollo de los intereses. Partiendo de la perspectiva social cognitiva, proponemos varias cogniciones, que conjuntamente con las necesidades psicológicas, permite explicar no solamente el desarrollo de los intereses, sino también su origen.

Proponemos que la génesis de los intereses es el producto de un proceso de motivación *no consciente* que se inicia en la infancia. Suponemos que las necesidades psicológicas se satisfacen al realizar actividades apropiadas a cada necesidad. Para satisfacer su necesidad de entender y controlar el ambiente, los infantes agrupan en categorías las actividades que perciben. Llaman su atención las actividades que ellos perciben que pudieran satisfacer sus necesidades. En este punto los infantes evalúan su capacidad para realizar dichas actividades. Surge una reacción de agrado (interés inicial) hacia las actividades, en la medida en que los infantes perciben que dichas actividades pudieran satisfacer sus necesidades psicológicas y las pueden realizar. Surge una reacción de desagrado hacia las actividades, en la medida en que los infantes perciben que dichas actividades pudieran satisfacer sus necesidades psicológicas, pero no las pueden realizar. Surge una reacción de indiferencia hacia las actividades que se perciben que no satisfacen las necesidades. Estos intereses iniciales o emergente son necesariamente muy débiles.

Con el transcurrir del tiempo la persona practica las actividades que mejor llenan sus necesidades con el propósito de satisfacerlas y comprobar sus expectativas. Esta práctica, por lo menos durante buena parte del desarrollo de la persona, la realiza mediante juegos y fantasías. No practica o practica menos, aquellas actividades que no llenan las tres necesidades, llenan solamente una o dos de ellas o las llenan muy poco.

Una de las limitaciones de la teoría presentada es que por primera vez se postula explícitamente un conjunto de relaciones entre necesidades psicológicas, variables cognitivas y los intereses, que por su novedad no han sido estudiadas previamente. Sin embargo, algunas de las relaciones que se postulan entre variables cognitivas y los intereses, ya se han estudiado partiendo de la perspectiva social-cognitiva y los hallazgos se han utilizado para el modelo propuesto. Otra limitación es que se postula que los infantes crean conceptos clasificatorios o categorías de actividades, de la misma manera que crean categorías de objetos. Esta posibilidad, que sepamos, no ha sido muy estudiada por los psicólogos del desarrollo. Por último, se asume que estas categorías clasificatorias que crean los infantes son similares o corresponden, de alguna manera, a las dimensiones de intereses que se identifican mediante análisis estadístico (factoriales, de conglomerados y otros) y que se utilizan para ensamblar inventarios de intereses. No hemos encontrado ningún estudio, en la literatura sobre la estructura de los intereses, que haya explorado esta posibilidad, por lo que estas proposiciones no tienen aún una base empírica.

Implicaciones para la educación y la consejería

Hemos planteado que existen por lo menos tres necesidades psicológicas (competencia, autonomía y aprobación) que son innatas y que los seres humanos nos diferenciamos en la intensidad de éstas. Esto plantea la posibilidad de que estas necesidades se puedan evaluar en niños y niñas de edad escolar con el propósito de ayudar a los maestros y maestras a diseñar experiencias académicas apropiadas a cada cual. También hemos argumentado que los intereses son necesidades derivadas que surgen en la niñez y aumentan en complejidad y número con la edad. Esto abre la posibilidad de que se evalúen en niños y niñas de edad escolar con el mismo propósito. En la actualidad se identifican lecturas que sean de interés en ciertos niveles de edad para motivar su lectura. El medir los intereses particulares de cada niño y niña permite una mejor identificación de las lecturas. Por último, será necesario identificar a qué edad se puede comenzar la evaluación de otros atributos psicológicos de manera que se tenga una mejor comprensión del grado de desarrollo cognitivo, social y emocional de los y las estudiantes.

Los intereses se relacionan con la satisfacción que se obtiene de las actividades que se realizan en el trabajo (Holland, 1992). En muchos casos las personas se ven obligadas a ingresar a ocupaciones que no concuerdan mucho con sus intereses. La evaluación de las necesidades psicológicas conjuntamente con los valores ocupacionales podría llevar a identificar lugares de empleo que satisfagan estas otras variables a través del ambiente del trabajo (Herzberg, et al., 1959).

Transformación de los intereses en Disposiciones Personales

Se ha comprobado que la estabilidad de los intereses tiende a aumentar considerablemente entre las edades de 18 a 21 años y a permanecer inalterada desde los 25 o 30 años en adelante, independientemente que se midan mediante escalas generales, básicas o empíricas (Low, Yoon, Roberts, & Rounds, 2005). Debemos suponer que en ese periodo de tiempo es cuando los intereses se convierten en disposiciones personales o rasgos. Hemos propuesto que algunas de las categorías de intereses surgen en la niñez como conceptos clasificatorios de actividades y ocupaciones. Con el tiempo y como parte del desarrollo humano, estos conceptos aumentan en complejidad y número hasta alcanzar cerca de 30 categorías de intereses. Estas categorías y los sentimientos de agrado, desagrado e indiferencia hacia las mismas, son las que se estabilizan y se convierten en rasgos o disposiciones personales.

Esto confirma muchas aseveraciones teóricas de que los intereses son un tipo de rasgos.

Sin embargo, esta información por sí sola, no explica la naturaleza de estos rasgos. Sabemos que no son actitudes, porque éstas son modificables y que las actitudes carecen de la estabilidad de otras características psicológicas. Cabe preguntar, ¿son los intereses rasgos de personalidad, necesidades psicológicas o valores? ¿Son a caso un tipo de rasgos distintos que comparten varias de estas características psicológicas? (Recordemos que distintos teóricos han clasificado a los intereses en uno o más de estos tipos de rasgos). En este capítulo proponemos que los intereses son *necesidades psicológicas aprendidas* y que surgen de las tres necesidades básicas discutidas anteriormente: de competencia, de autonomía y de aceptación. Discutiremos también cómo, a nuestro juicio, los intereses surgen como necesidades derivadas de necesidades básicas.

Allport (1937) sugirió que hay actividades que se convierten en necesidades *funcionalmente autónomas* y que se derivan de otras necesidades psicológicas. Según este teórico, cuando una actividad se realiza repetidamente a través de los años y con ella se satisface una necesidad, esa actividad se convierte en una necesidad funcionalmente autónoma. Esto es, el realizar la actividad se convierte en una necesidad que debe satisfacerse independientemente de la necesidad inicial. Aunque el concepto de necesidad autónoma es parte de una estructura teórica complicada, queremos explorar la posibilidad de que un concepto parecido se aplique al desarrollo de los intereses.

Partimos de la premisa planteada anteriormente, de que las necesidades psicológicas se satisfacen al realizar actividades específicas relacionadas a dichas necesidades. Las actividades que permiten satisfacer una necesidad particular varían de una persona a otra, dependiendo de los atributos psicológicos, físicos y sociales de cada persona. Podemos pensar entonces que durante el desarrollo afectivo, los niños y las niñas, realizan (en fantasía o realidad) aquellos tipos de actividades que ellos perciben que satisfacen sus necesidades psicológicas de competencia, autonomía y pertenencia. Por otro lado, evitan actividades que ellos perciben podrían frustrar dichas necesidades y realizan aquellas que les son indiferentes (perciben que no satisfacen, pero tampoco frustran sus necesidades) solamente cuando reciben algún incentivo.

La satisfacción de sentirse competentes, autónomos y aceptados, los lleva a desarrollar intereses en dichos tipos de actividades toda vez que éstos son instrumentales para lograr satisfacción. Por otro lado, se identifican con los tipos de actividades que requieren características personales similares a las que ellos tienen. Durante su niñez y parte de la adolescencia, realizan repetidamente (en fantasía o realidad) los tipos de actividades que les interesan. Estos tipos de actividades finalmente se convierten en la forma preferida de satisfacer las necesidades psicológicas. Esto resulta en que los intereses se convierten en necesidades aprendidas que deben ser satisfechas separadamente de otras necesidades psicológicas.

Este fenómeno es similar al de la necesidad de alimentación, que usualmente se satisface a través de apetitos por comidas particulares, culturalmente definidos. Cuando sentimos hambre buscamos indicadores en el medio ambiente de dónde y cómo la podemos satisfacer. En situaciones normales no comemos cualquier comida, sino que consumimos los alimentos que hemos aprendido a preferir; los apetitos. Si nos presentan otros alimentos, como por ejemplo carne de culebra u ojos de buey, ¡preferimos pasar hambre! De igual manera, los intereses son los tipos de actividades que preferimos realizar para satisfacer nuestras necesidades psicológicas. O sea, los intereses son los *apetitos psicológicos* con los cuales satisfacemos nuestras necesidades. Debemos satisfacer estos apetitos psicológicos, conjuntamente con las demás necesidades psicológicas, para mantener nuestra salud física y mental. Veamos con más detalle este proceso.

Los intereses como necesidades aprendidas

Cuando en un niño o una niña surge el interés por una actividad en particular (por ejemplo, dibujar) es porque, al evaluarla, desarrollan las expectativas de que dicha actividad podría satisfacer sus necesidades de autonomía, competencia y aprobación. También evalúan sus características personales (psicológicas, físicas y sociales) y los requerimientos de la actividad para determinar si la actividad es adecuada para él o ella. En la medida que ellos perciben que la actividad es adecuada, desarrollan un *sentido de adecuación* y se identifican con ella. El grado de identificación depende del grado de adecuación de la actividad.

Según Vroom (1964), las expectativas son probabilidades subjetivas de que algo ocurra. Éstas aumentan o disminuyen dependiendo de los resultados que se obtengan al realizar la actividad. Cada vez que el niño o la niña seleccionan libremente una actividad para realizarla (por ejemplo, dibujar un paisaje) y la realizan bien y reciben la aprobación de sus pares, confirman su sentido de adecuación y sus expectativas. Esto los lleva a sentirse satisfechos, esto es, a sentirse competentes, autónomos y que son parte integrante de un grupo. Esta confirmación los lleva a percibir que sus probabilidades de volver a confirmar sus expectativas en una próxima ocasión son mayores que antes. Esto es, cada vez que una persona selecciona libremente una actividad, la realiza exitosamente y obtiene la aprobación de los demás, aumentan las probabilidades de que la próxima vez ocurrirá exactamente lo mismo. Esto es, cada vez que se confirman todas sus expectativas, aumenta la probabilidad de que se confirmarán nuevamente en la próxima ocasión. Por otro lado, debemos suponer que la identificación de la persona con la actividad también aumenta.

Si las expectativas y creencias de adecuación se confirman consistentemente (cada vez que el niño o la niña deciden hacer un dibujo de un paisaje reciben elogios y reconocimientos de otras personas), las probabilidades de confirmación van en aumento hasta alcanzar casi la certeza de que se confirmarán cada vez que se realice esa actividad. Esto es, si se les ha permitido seleccionar dicha actividad libremente en el pasado, si la han realizado bien y han recibido la aprobación y el reconocimiento por la misma, asumen que en situaciones normales continuará ocurriendo lo mismo. A la misma vez, se comprueba el vínculo entre su sentido de adecuación y la actividad y se completa la identificación con la actividad. Finalmente, el agrado por la actividad (el interés) también se refuerza con la satisfacción o placer obtenido al realizarla (satisfacción de sentirse autónomo, competente y que ha logrado la aceptación de los demás).

El desempeño es exitoso cuando cumple o excede los estándares establecidos por los pares. La evaluación de éxito implica que la conducta ha sido aprobada previamente por los pares (el dibujar es una actividad apropiada para él o para ella). Cuando se tiene éxito consistentemente cada vez que se realiza la actividad, llega un momento en que el niño o la niña consideran que los estándares establecidos por el grupo son razonables y válidos, por lo que son internalizados. Esto es, los estándares externos formulados por los pares se aceptan y adoptan y se convierten en propios. Como consecuencia de esto, el niño o la niña entienden que realizar bien la actividad (dibujar un paisaje) es alcanzar sus propios estándares. Ya no se depende de los pares para saber si se realiza la actividad con éxito, sino que el propio niño o niña determinan si tuvieron éxito (si el dibujo del paisaje les quedó bien). La auto-evaluación y auto-aprobación coexisten por un tiempo junto a la evaluación y aprobación de los pares hasta que la opinión de los pares resulta redundante y deja de ser tomada en cuenta.

En estas circunstancias el realizar la actividad seleccionada libremente conlleva casi invariablemente la auto-evaluación de éxito, la auto-aprobación y la satisfacción de realizar la actividad, ya que se satisfacen las necesidades psicológicas. Desde el momento en que las expectativas se convierten en certezas (sujetas solamente a contingencias situacionales) y la persona se identifica con la actividad, el realizar las actividades resulta invariablemente en la satisfacción de las necesidades psicológicas y en el refuerzo del interés por la actividad.

Una vez se alcanza esta etapa, el simple hecho de realizar la actividad resulta en satisfacción. Esta satisfacción está ligada a la realización de esta actividad o este tipo de actividad, por lo que surge la necesidad de realizar este tipo de actividad y no otro. Esto cambia completamente la naturaleza de la motivación para realizar la actividad de una que se realiza para obtener la satisfacción de que otras personas confirmen las expectativas, a una que se realiza para obtener la satisfacción de realizarla. Por tanto, esta necesidad aprendida que llamamos interés es una necesidad que se realiza porque el realizarla produce satisfacción, y no porque responde a refuerzos externos (Deci, 1992, VandenBos, 2007).

¿Se convierten todos los intereses en rasgos al mismo tiempo?

Es de presumir que no todos los tipos de intereses surgen al mismo tiempo. Cada categoría surge cuando el niño y la niña perciben una o más actividades que no habían notado antes. Algunos intereses surgen temprano en la niñez, mientras que otros surgen más tarde. Por otro lado, se sabe que las características personales surgen paulatinamente durante el desarrollo, unas surgen primero y otras después. Toda vez que el desarrollo de los intereses depende, no solamente de las necesidades, sino también de las características personales percibidas, es de esperarse que los intereses surjan en etapas distintas del desarrollo. Es probable que los intereses que surgen primero, al tener más tiempo para desarrollarse (ampliar en número de actividades y en significado), se conviertan en disposiciones permanentes más temprano que los intereses que surgieron después. El proceso parece completarse cuando se alcanza la adultez temprana, que es cuando el patrón de todos los intereses se torna consistente (Campbell, 1971; Hansen, 1984; Low, et al., 2005; Su, Rounds, & Strong, 2009; Swanson, 1999; Tracey, Rottinghaus, Coon, Gaffey & Zytowski, 2007; Tracey & Sodano, 2008).

Luego de que los intereses se convierten en disposiciones personales, cesa la influencia de las tres necesidades psicológicas originales (competencia, autonomía y aprobación) sobre los intereses. Esto es, no se buscan actividades que pudieran satisfacer las necesidades, porque ya se conocen cuáles son. En este punto, los intereses se convierten en necesidades aprendidas o apetitos psicológicos que deben satisfacerse directamente, independientemente de la satisfacción de las necesidades psicológicas originales. Además, los intereses se convierten en el vehículo preferido para satisfacer las necesidades originales. Hay dos razones para esto: 1) cada tipo de interés llena el perfil particular de las necesidades psicológicas originales que tiene cada persona y además, se ajusta a sus características psicológicas, físicas y sociales; 2) las personas se identifican con las actividades que les interesan. Como toda actividad se clasifica en uno o más tipos de actividades y cada tipo de actividad llena un perfil particular de necesidades psicológicas, resulta que el realizar una actividad conlleva satisfacer patrones de necesidades y no necesidades individuales. Para llenar una fuerte necesidad, necesariamente hay que buscar un tipo de actividad que permita satisfacer dicha necesidad conjuntamente con las otras.

Hay evidencia abundante de que las creencias sobre sus habilidades que tiene una persona (auto eficacia) se relacionan con los intereses (Barak, 2001, Barak, Hausner, &Shiloh, 1992, Barask Librowsky, & Shiloh, 1989; Lent, Brown, & Hackett, 2002, Lent, et al., 1994). Por otro lado, hemos propuesto que, particularmente durante la niñez los intereses se aprenden mayormente observando modelos y mediante la fantasía debido a que los niños y las niñas no pueden o no se les permite realizar la mayoría de las actividades que perciben. Debemos concluir entonces que muchos intereses surgen a base de creencias, antes de que las personas puedan verificar mediante la acción si poseen verdaderamente las habilidades y otras características personales que creen poseer. Esto llevaría a desarrollar intereses en tipos de actividades para las que no se tienen las habilidades u otras características necesarias.

Al relacionar los intereses con los estudios académicos profesionales o las ocupaciones debemos reconocer que éstos incluyen un grupo de actividades propias de la profesión y un segundo grupo de actividades que pudieran ser distintas. Por ejemplo, una persona que estudia ingeniería aprenderá a realizar actividades propias de un ingeniero o ingeniera tales como realizar cálculos matemáticos, hacer diseños, medir superficies, etc. que probablemente están relacionadas con sus intereses. Pero también debe realizar otras actividades como: atender a conferencias, tomar exámenes, tomar notas al leer, estudiar, redactar informes, competir con compañeros que pudieran estar relacionadas con otros intereses. Estos dos grupos de actividades podrían llenar patrones diferentes de las necesidades psicológicas. Una persona que seleccionó una profesión que no cuadra con sus intereses podría sentirse satisfecho en el estudio de dicha profesión si tiene intereses de estudio. Sin embargo, luego de terminar los estudios pudiera sentirse insatisfecha con la profesión. Una situación similar ocurre con el establecimiento de una práctica. Una vez se terminan las actividades relacionadas con el establecimiento de la práctica, si la persona no tiene los intereses de la profesión, se podría sentir insatisfecha.

La proposición de que los intereses son necesidades aprendidas que suplementan a las necesidades psicológicas, pero no las sustituyen, es congruente con teorías de motivación que se han presentado en el campo de la psicología industrial organizacional, particularmente con las que han dado base a programas de reestructuración de y enriquecimiento del trabajo (Herzberg, Mausner y Snyderman, 1959; Wolf, 1970). Por ejemplo, Herzberg, et al. (1959) y sus asociados propusieron que hay un conjunto de factores o elementos en el trabajo que están relacionados con la satisfacción en el trabajo (factores de satisfacción) y otro conjunto de factores que están relacionados con la insatisfacción (factores de mantenimiento o higiene). Según Herzberg, et al. (1959) cuando un trabajo incorpora los elementos relacionados con la satisfacción (responsabilidad, reconocimiento, logro, progreso e interés en el trabajo que se realiza), la persona se siente motivada y satisfecha. Cuando un trabajo no incorpora estos elementos, la persona no se siente motivada, pero tampoco insatisfecha. Los factores de logro y progreso y los de responsabilidad y reconocimiento, parecen coincidir o estar relacionados con las necesidades psicológicas de competencia, autonomía y aceptación (afiliación) que hemos propuesto. Herzber, et al., (1959) incluye además el interés en las tareas del trabajo, como un elemento de motivación separado de los otros elementos de motivación. Según Herzberg, et al. (1959) cuando los factores de mantenimiento (supervisión, sueldo, condiciones de trabajo, beneficios marginales, reglas administrativas y relaciones con compañeros) son adecuados, la persona no se siente insatisfecha. Sin embargo, cuando estos mismos elementos no son adecuados, la persona se siente insatisfecha. Podemos observar que muchos de los elementos relacionados a la insatisfacción no incluyen actividades que el empleado pueda realizar (sueldo, condiciones de trabajo, beneficios marginales), por lo que no las puede utilizar para satisfacer sus necesidades. Según Wolf (1970), cuando el empleado realiza actividades relacionadas a estos aspectos, posiblemente actividades gremiales, la gerencia las interpreta en términos de que el empleado no está motivado.

Teorías sobre la reestructuración del trabajo a base de agregar tareas (job enlargement) o enriquecer el trabajo (job enrichment), son cónsonas con la noción de que las necesidades psicológicas se satisfacen a través de actividades. Estas teorías presumen que al reestructurar el trabajo el empleado se va a sentir motivado por las tareas asignadas. Por tal razón, uno de los libros sobre este tema Ford (1969), se titula: *Motivación a Través del Propio Trabajo*. En "job enlargement" se aumenta la responsabilidad del empleado, cuando antes trabajaba en una sola fase o unidad del trabajo, se aumenta a varias fases o unidades. Esto probablemente aumenta su capacidad para satisfacer su necesidad de competencia. El enriquecimiento del trabajo consiste en aumentar la autonomía del trabajador asignándole tares de planificación y un mayor control sobre cuando y cómo realizar sus tareas Muchinsky (1990).

Resumen

Comenzamos esta parte planteando cuál es la naturaleza psicológica de los intereses y cómo se convierten en rasgos o disposiciones personales. Debido a que consistentemente se encuentra que algunas escalas de intereses correlacionan consistentemente con algunos rasgos de personalidad se ha sugerido que los intereses son rasgos de personalidad y que los inventarios de intereses se pueden utilizar para medir personalidad (Holland, 1999). Otros han sugerido que los intereses surgen o están relacionados a la personalidad (Darley & Hagenah, 1954) o que son expresiones del auto concepto (Super 1953). También que se ha sugerido que surgen de las necesidades o son necesidades psicológicas (Darley & Hagenah, 1954; Roe & Siegelman, 1964). En este capítulo hemos sugerido que los intereses son necesidades psicológicas aprendidas, un concepto similar al de necesidades autónomas propuesto por Allport (1937). Por otro lado, sugerimos un mecanismo específico mediante el cual ocurre esta transformación.

Sugerimos que, como parte del desarrollo humano, unos intereses surgen primeros que otros a medida que los niños y las niñas perciben nuevas actividades y desarrollan características psicológicas como las habilidades y valores. Esto debe resultar en que no todos los intereses se convierten en disposiciones personales al mismo tiempo. Propusimos también que luego de que los intereses se convierten en disposiciones personales estables, las necesidades psicológicas dejan de influenciarlos, toda vez que el desarrollo de los intereses está completo. Esto significa que tanto las necesidades como los intereses pueden influenciar la conducta. Sugerimos que las ocupaciones y los estudios académicos incluyen dos conjuntos de actividades: aquellas directamente relacionadas con una ocupación y aquellas no relacionadas. Esto podría explicar porqué una persona que estudie ingeniería pudiera estar satisfecha con sus estudios, pero luego sentirse insatisfecha con el trabajo. Esto se debe a que las actividades relacionadas con estudiar llena sus necesidades psicológicas, aunque no tenga mucho interés en la ingeniería.

También propusimos que los intereses son maneras particulares y preferidas de satisfacer las necesidades psicológicas, de la misma manera que las preferencias por comidas aceptadas culturalmente son maneras particulares de satisfacer la necesidad de alimentación. Por lo tanto, aunque los intereses son formas preferidas de satisfacer las necesidades psicológicas, no eliminan la posibilidad de que estas necesidades se satisfagan directamente con otras actividades que no son las preferidas. Señalamos que la noción de que los intereses son necesidades separadas de otras necesidades es congruente con teorías de motivación en la psicología industrial organizacional. Específicamente, Herzberg, et al., (1959) propusieron que existe un grupo de factores relacionados a la motivación y la satisfacción en el trabajo y otro grupo de factores relacionados con la insatisfacción. Entre los factores relacionados a la motivación mencionan varios que aparentan ser necesidades psicológicas, e incluye también el interés en las tareas de la ocupación. Los programas de reestructuración del trabajo están basados en la idea de que se puede motivar al empleado mediante el propio trabajo, si se añaden tareas que lo hagan más significativo, con más autonomía y responsabilidad.

PARTE 3.

INVESTIGACIONES REALIZADAS
A BASE DE LA TEORÍA

CAPÍTULO 6

INVESTIGACIONES INICIALES: LAS CATEGORÍAS DE INTERESES

Como mencionamos anteriormente, durante el desarrollo cognitivo los niños y las niñas crean conceptos que evolucionan de conceptos simples y concretos a conceptos complejos y abstractos. Presumimos que como parte de esta evolución conceptual, también crean conceptos clasificatorios de actividades que perciben, a base de la naturaleza intrínseca de dichas actividades. De particular interés son las categorías que se crean a base del elemento común de dichas actividades, porque se asemejan a los factores de intereses. Los nombres que los investigadores asignan a los factores de intereses corresponden aproximadamente a los nombres que utiliza el ciudadano común para designar los conceptos clasificatorios de actividades. Esto nos lleva a presumir que dichos conceptos clasificatorios son, en esencia, las categorías de intereses que se identifican al realizar análisis factoriales de los inventarios de intereses.

En este capítulo presentaremos los resultados de tres estudios iniciales dirigidos a evaluar varias de las hipótesis planteadas sobre el desarrollo de categorías de los intereses. En primer lugar, hemos propuesto que los intereses se desarrollan desde la niñez y que los niños y niñas, cuando entran a la escuela elemental, ya han desarrollado algunas de las categorías de intereses conocidas. En el primer estudio presentaremos una serie de análisis factoriales exploratorios de un inventario de intereses de escuela elemental, con niños y niñas tercer a noveno grado. El segundo estudio consiste de un análisis factorial confirmatorio de algunos de los factores encontrados en el primer estudio.

Los psicólogos y psicólogas del desarrollo han demostrado que los niños y niñas pequeños desarrollan conceptos clasificatorios de objetos y eventos. Es por lo tanto necesario corroborar, si como suponemos, también desarrollan conceptos sobre actividades y si éstas se asemejan a los factores de intereses. El tercer estudio consiste de un experimento para evaluar si los participantes pueden crear conceptos clasificatorios a base de algunas de las actividades incluidas en el inventario de intereses del estudio anterior y si estos conceptos coinciden con los factores encontrados mediante la técnica de análisis factorial. Las hipótesis sobre la creación de conceptos clasificatorios, como parte del desarrollo cognitivo de las personas, son las siguientes:

Hipótesis 1: Durante el desarrollo humano las personas creamos o aprendemos de forma implícita conceptos clasificatorios de las actividades que percibimos. Estos conceptos agrupan actividades homogéneas a base de su naturaleza y actividades heterogéneas a base de su relación funcional.

Hipótesis 2: Estos conceptos clasificatorios aumentan en número y complejidad con el tiempo al incluir nuevas actividades.

Hipótesis 3: Una vez las personas crean categorías de actividades las utilizan, aunque no estén conscientes de las mismas.

Hipótesis 4: Los factores de intereses identificados mediante análisis factorial corresponden, en buena medida, a las categorías aprendidas implícitamente. Como consecuencia de esto:

- a medida que aumenta la edad, aumenta también el número de factores de intereses;

- a medida que aumenta la edad, aumenta también el número de actividades incluidas en los factores;

- los factores que surgen en una edad surgen también en edades superiores;

Hipótesis 5: Las personas clasifican unas mismas actividades, en categorías amplias y específicas simultáneamente.

Primer estudio: Análisis Factoriales Exploratorios

Presentaremos inicialmente los análisis factoriales de un inventario de intereses diseñado específicamente para estudiantes de escuela elemental. Se aplicó el mismo instrumento a estudiantes de grados 3 al 9 y se realizaron análisis factoriales por grado con el propósito de obtener datos que puedan confirmar los componentes de la Hipótesis 4. Se espera que los datos también presenten apoyo indirecto a las Hipótesis 1, 2 y 3, ya que el incluir actividades adicionales en los mismos factores implica que se utilizan las categorías creadas (factores) previamente para clasificar actividades que antes no se percibían.

Comrey (1978) cita a Guilford & Hoepfner (1971 y a Thurstone (1947), al señalar que los expertos recomiendan que se tenga una concepción previa de los factores que deben surgir, al planificar un análisis factorial. También que las variables que se incluyan deben ser representativas de dichos factores. Por otro lado, cuando se realiza un análisis factorial para identificar los factores de intereses presentes en un conjunto de reactivos, también se busca identificar reactivos que puedan conformar escalas de intereses para la preparación de un inventario. Usualmente los resultados de un análisis factorial exploratorio es el punto de partida para identificar categorías de intereses, estas categorías son la base para desarrollar las escalas. Por ejemplo, los estudios realizados por Zbaracki (1983), and Tracey & Ward (1998) tuvieron como una de sus metas desarrollar un inventario de intereses para niños y niñas de escuela elemental. Usualmente el análisis factorial de reactivos es el punto de partida, pero no es el único método utilizado para desarrollar las escalas. Por ejemplo, en la revisión del Inventario de Intereses de Strong (Donnay, et al., 2005) el equipo de psicólogos que trabajó en ese proyecto utilizó análisis factoriales, análisis de conjuntos (cluster analysis) y asignación de nuevos reactivos a base de su contenido, para desarrollar las escalas básicas del instrumento. Igualmente , este estudio para conocer factores de intereses en los niños y las niñas de escuela elemental, tiene como uno de sus propósitos el poder desarrollar un inventario de intereses para estos grados.

Si es cierto que el número de factores de intereses aumenta con la edad como parte del desarrollo cognitivo

(Hipótesis 2), y que los factores de intereses corresponden, en buena medida, a las categorías conceptuales (Hipótesis 4), entonces el número de escalas homogéneas que se necesitan en un inventario particular dependerá de la edad de los clientes. Esto debe resultar en una serie de inventarios por edades, cada uno con escalas que correspondan a las categorías desarrolladas por los niños y niñas de cierta edad. El número de escalas dependerá también del uso que se le dará al instrumento. Por ejemplo, los estudiantes de escuela elemental probablemente necesitan pocas escalas de intereses que les permitan iniciar un proceso de auto conocimiento y exploración del reducido número de ocupaciones que conocen. Por otro lado, los estudiantes de secundaria y universidad probablemente necesitan un mayor número de escalas para diferenciar entre la mayor variedad de ocupaciones que conocen y tomar decisiones sobre sus estudios.

Al desarrollar un inventario de intereses se debe reducir la posibilidad de que éste pueda promover el discrimen entre los géneros. Toda vez que hay diferencias en el grado de preferencia de las actividades en cada género (Harmon, 1975), se debe considerar si se debe realizar análisis factoriales por separado para hombres y mujeres o por el contrario, realizar un análisis factorial conjunto. Una de las recomendaciones para evitar discrimen e inequidad es que se realice el análisis conjunto (Johansson, 1975). Por otro lado, hay evidencia de que la estructura de los intereses en hombres y mujeres es muy similar (Cole & Hanson, 1971; Cole, 1972; Lapan, Mc Grath, & Kaplan, 1990; Waller, Lykken, & Tellegen, 1995), la diferencia es en el patrón de correlaciones de estos factores (Lapan, Mc Grath, & Kaplan, 1990). También Tracey y Ward (1998) encontraron que la estructura de los intereses en niños y niñas de escuela elemental e intermedia es muy similar. Sin embargo, al desarrollar escalas de intereses la práctica parece ser utilizar una muestra conjunta de hombres y mujeres para desarrollar las escalas (Armstrong, Allison & Rounds (2008). Tal vez por esta razón, los principales inventarios de intereses no reportan en sus manuales técnicos, que se hayan realizado análisis factoriales por separado para cada género.

MÉTODO

Participantes primer estudio

Participaron dos conjuntos de estudiantes de las escuelas públicas de Puerto Rico como parte de un proyecto realizado por el Departamento de Educación. Primeramente se consideraron todas las escuelas que tuvieran estudiantes en los grados 3 al 9. No se incluyeron estudiantes de escuela superior debido a que algunos de los reactivos redactados para la escuela elemental podrían parecerles infantiles. De estas escuelas se seleccionó al azar un número de salones en cada grado, que produjera cerca de mil estudiantes por grado. La muestra más pequeña que se obtuvo fueron 881 estudiantes de noveno grado y la mayor fueron 983 estudiantes del tercer grado. En total se obtuvo 6,518 hojas de contestaciones utilizables, de las cuales el 51% fueron féminas y 49% varones. Se considera que estas muestras son representativas de los estudiantes de escuela pública (rural y urbana) de Puerto Rico.

Instrumento

Para el estudio se desarrolló el *Inventario Experimental de Intereses para Escuela Elemental*. Para poder explorar el número de factores que puedan surgir en cada grado era necesario que el inventario incluyera suficientes reactivos de manera que haya una oportunidad razonable de que surjan factores de intereses ya conocidos. Mc Donald (1999) sugirió que los reactivos que se incluyan en un inventario deben agruparse por escalas a base de criterios razonables, para que los resultados de los análisis factoriales tengan sentido. Una forma de hacerlo es escribir reactivos que representen las escalas de un inventario conocido. Esto tiene la ventaja de que los factores que surjan con niños y niñas se pueden vincular con los que se conocen en adultos. Un ejemplo de esto es el estudio de Tracey & Ward (1998) donde se redactaron preguntas para representar cada una de las seis escalas del inventario de Holland, la *Búsqueda Autodirigida (Self-Directed Search)*, de manera que pudiera evaluar si este modelo aplica a niños y niñas de escuela elemental.

En Puerto Rico, el inventario de mayor uso y aceptación es el *Inventario Cirino de Intereses (ICI)*, por lo que se escribieron reactivos para cada una de las 13 escalas de este inventario. El ICI se publicó por primera vez en 1970 y ha sido revisado tres veces desde entonces, la revisión más reciente fue en el 2008 (Cirino Gerena, 2009). El ICI se utiliza en las escuelas públicas y privadas, en oficinas privadas de consejería, y en las universidades. También se utiliza rutinariamente en programas gubernamentales de asistencia en la búsqueda de empleos conocidos como WIA por sus siglas en inglés (Work Investment Act) y en los de reubicación de empleados desplazados llamados de Respuesta Rápida (Rapid Response). Se estudia en los programas graduados de consejería y psicología del país. Es reseñado en los libros de texto para psicólogos y consejeros profesionales de la doctora Herrans (1985) y de Alvarado Cartagena y Acevedo Márquez (1999) respectivamente, quienes presentaron una evaluación favorable del instrumento.

En la Tabla 1 se presentan los datos básicos de las escalas del Inventario Cirino de Intereses (ICI) Versión G. Las escalas son muy similares a las de otros inventarios publicados como por ejemplo, las escalas básicas del Inventario de Intereses de Strong (Donnay, et al., 2005). Los coeficientes de confiabilidad alfa para la Versión G son los siguientes: para los hombres varían de .84 a .95, con una mediana de .91 y para las mujeres de .80 a .94, también con una medina de .91 (Cirino Gerena, 2009). Rodríguez y Matos (1999) obtuvieron información sobre la confiabilidad a través del tiempo e informaron coeficientes de confiabilidad de.59 a .93 con una mediana de .82.

La validez del ICI ha sido objeto de varias tesis de maestría y disertaciones doctorales en las universidades de Puerto Rico y de investigaciones individuales de estudiantes graduados. Casi todas son estudios de validez concurrente donde se examinan los intereses de personas en profesiones y ocupaciones, aunque hay estudios de validez de predicción donde se correlacionaron los intereses con satisfacción con la profesión (Maldonado y Rivera, 1993). Un ejemplo de validez concurrente es el de Orriols Fernández (1978) con la policía estatal de Puerto Rico. Para identificar los intereses en esta profesión realizó un análisis de puestos en cada una de las 11 divisiones

Tabla 1

Datos básicos para las Escalas del Inventario Cirino de Intereses, Versión G:

Escalas	Media Aritmética		Desviación Estándar		Confiabilidad Alfa		Error de Medición	
	M	F	M	F	M	F	M	F
1. Artísticas	30.7	33.9	8.0	7.4	.84	.80	3.2	3.3
2. De Oficina	27.3	32.6	8.8	9.2	.89	.90	2.9	3.0
3. Manuales	34.1	24.1	9.3	9.2	.91	.91	2.8	2.8
4. Interacción Social	28.3	33.0	9.1	9.1	.90	.89	2.9	3.0
5. Servicio Social	29.1	35.6	9.8	9.2	.94	.92	2.4	2.6
6. Legales	26.8	28.0	10.0	10.7	.92	.93	2.9	2.9
7. Aire Libre	34.3	31.1	8.1	8.6	.84	.84	3.2	3.4
8. Sedentarios	29.5	30.0	8.5	8.1	.88	.84	3.0	3.3
9. Comerciales	28.4	26.5	8.8	8.9	.88	.88	3.0	3.1
10. Verbales	24.2	26.3	9.7	10.4	.93	.93	2.5	2.7
11. Musicales	27.4	27.3	10.8	10.8	.94	.93	2.7	2.8
12. Científicos	29.3	29.1	10.2	10.9	.92	.92	2.9	3.0
13. Servicios de Salud	25.8	30.0	11.0	11.8	.95	.94	2.4	2.8

principales. Luego administró el Inventario Puertorriqueño de Intereses Vocacionales (anterior versión del ICI) a una muestra de 261 policías varones y obtuvo un indicador de satisfacción con el trabajo para cada uno de ellos. Encontró muy pocas diferencias significativas entre el perfil de intereses obtenido con policías satisfechos e insatisfechos, tal vez porque sobre el 75% de ellos estaban satisfechos con su trabajo. Las puntuaciones promedio más altas fueron en las escalas de intereses legales, de oficina y sedentarios. Contrario a lo esperado, los policías no obtuvieron una puntuación promedio alta en la escala de aire libre. Orriols Fernández (1978) concluyó que los resultados fueron similares a los de otros estudios realizados en los Estados Unidos.

El inventario experimental se incluyó actividades que los niños y las niñas han podido observar, aunque no necesariamente las han realizado. De esta manera el inventario no se limitó a actividades de juego o estudio, los cuales tienden a producir factores difíciles de relacionar con los factores de intereses conocidos. Esto es consistente con la teoría presentada la cual presume que los intereses son categorías de actividades que surgen cuando las personas prestan atención y logran percibir actividades realizadas por otras personas y que desarrollan preferencias hacia las mismas aunque no las realicen físicamente (Krumboltz and Worthington, 1999). Uno de los propósitos de administrar el mismo inventario en todos los grados es, precisamente, examinar qué factores surgen en cada grado y cómo varia su composición en términos de las actividades incluidas en el cuestionario. Esta información permite comprobar o descartar la Hipótesis 1. El identificar factores conocidos, aunque no incluyan la variedad de actividades que tienen los factores con adultos, permite trazar el desarrollo de estos factores a través del tiempo y entender mejor cómo se construyen los conceptos clasificatorios.

El inventario incluyó cerca de 15 actividades por cada una de las 13 escalas del ICI para un total de 195 reactivos. Se incluyeron 8 reactivos del ICI Versión G tal como figuran en dicho inventario para los adultos (por ejemplo, *Escuchar música clásica, Hacer una casa de madera para un perro, Nadar*), 38 reactivos del ICI fueron modificados para su inclusión en el inventario para niños y niñas de escuela elemental (por ejemplo, *Hacer un paisaje en acuarelas* fue cambiado a *Pintar con crayolas, Hacer un gabinete de cocina en madera* fue cambiado a *Trabajar con madera, Dirigir un partido político* fue cambiado a *Ser candidato(a) a presidente(a) de tu clase*). Los demás reactivos fueron redactados específicamente para el inventario experimental (por ejemplo, *Conversar con un grupo de amigos, Volar chiringas (volantines), Vender chocolates de casa en casa, Tomar clases de guitarra*). Todas las actividades fueron evaluadas por tres maestras de escuela elemental y se eliminaron las que, a su juicio, no son apropiadas para niños y niñas de esas edades. Un psicólogo industrial y un consejero profesional familiarizado con el ICI redactaron los nuevos reactivos para cada escala.

El inventario experimental incluyó instrucciones para que los estudiantes expresen su grado de preferencia por las actividades utilizando la siguiente escala: *gusta mucho, gusta un poco, no me gusta y no sé de qué se trata*. La última opción se incluyó con dos propósitos: 1) eliminar actividades que el 10% o más de los estudiantes de tercer grado desconozcan y 2) eliminar participantes que desconozcan 20% o más de las actividades. Copia del Inventario Experimental se incluye como Apéndice A.

Procedimiento primer estudio

La investigación fue auspiciada por el Departamento de Educación de Puerto Rico, por lo que el inventario experimental fue administrado por los consejeros profesionales como parte sus funciones. Las preguntas se incluyeron en un folleto experimental y se proveyó una hoja de contestaciones de lectura óptica diseñada específicamente para el estudio. Todos los consejeros estaban familiarizados con el instrumento para adultos por lo que se le proveyeron instrucciones adicionales por escrito de cómo proceder con el inventario de escuela elemental. Los consejeros tuvieron dos semanas para administrar el instrumento. Se administró el mismo instrumento en los grados tres al nueve en los salones seleccionados. Las hojas fueron leídas en un lector óptico y se corrigieron para proveer resultados preliminares a los niños y niñas participantes.

Se realizaron análisis por grado con el propósito de identificar aquellos reactivos con respuestas de *No sé de qué se trata*, marcadas. Esto se utilizó para eliminar reactivos y participantes de la siguiente manera: Se eliminaron los reactivos en donde el 10 por ciento o más de los participantes indicaron desconocimiento de los mismos porque se considera que estos reactivos pudieran ser confusos o extraños a estos participantes. Con este criterio se eliminaron 12 de las actividades en tercer grado. Este fue el mayor número de actividades que los participantes indicaron desconocer en cualquier grado. Se observó que algunas de estas mismas 12 actividades alcanzaron el criterio de 10 por ciento en otros grados y que ninguna otra actividad lo alcanzó. Se decidió eliminar estas 12 actividades en los análisis en todos los grados. De esta manera se preservan los mismos reactivos para todos los grados.

También, se eliminaron las hojas de respuestas de los participantes que respondieron *No sé de qué se trata* a 20 por ciento o más de los reactivos. Presumimos que estos estudiantes no conocen lo suficiente sobre las actividades incluidas en el inventario como para que se utilicen sus respuestas en el estudio. Las hojas de respuestas eliminadas en cada grado fueron: 35, 20, 23, 13, 3, 8 y 5 en los grados 3, 4, 5, 6, 7, 8 y 9 respectivamente. Como es de esperarse, se eliminaron menos hojas en los grados más altos. También se eliminaron las hojas de contestaciones de aquellos estudiantes que dejaron en blanco 10 o más reactivos en forma seguida en cualquier parte del inventario. Se asumió que estos estudiantes no estuvieron lo suficientemente motivados para responder al inventario de forma genuina. El número de estos casos fue muy pequeño, variando de cero a 8 en cada grado.

Análisis de reactivos primer estudio

Kline (1994) recomienda que antes de realizar un análisis factorial se realice un análisis para eliminar los reactivos que no correlacionen bien con su conjunto. Esto mejora las probabilidades de identificar los factores presentes en los datos. Luego de la depuración de datos se realizaron análisis de reactivos para cada grado asignando los siguientes valores a las respuestas: *gusta mucho = 3, gusta un poco = 2, no me gusta = 1.* La respuesta *no sé de qué se trata* se tomó como no respuesta. También se evaluó la confiabilidad alfa (consistencia interna) de las escalas.

La confiabilidad de las 13 escalas del inventario inicial (con 15 reactivos por escala) fueron todas sobre .80. Se tomó el análisis realizado en tercer grado para se seleccionar los 10 reactivos con las correlaciones más altas. Estos mismos reactivos se utilizaron en los análisis en los demás grados y en el estudio de la confiabilidad de las escalas. En todos los casos, las correlaciones de los reactivos con su escala correspondiente fueron satisfactorias. Las confiabilidades de las escalas también fueron satisfactorias ya que casi todas fueron de .70 o más. La Tabla 2 incluye los datos básicos de las escalas de intereses del inventario experimental para los niños y niñas del estudio.

Observamos que aún en la muestra de tercer grado, en la que sabemos que algunos de los niños y niñas no dominan la lectura, casi todas las escalas tienen confiabilidades de.70 o más. La única excepción es la *escala artística,* la cual resultó menor de .70 en los grados tercero, cuarto y quinto. Las confiabilidades son .61, .59 y .67 en 3, 4 y 5 grados respectivamente. Las confiabilidades menores de .70, pero mayores de .60 son adecuadas para fines de la investigación. Estos resultados son congruentes con estudios anteriores que han encontrado que los inventarios de intereses para niños y niñas pueden ser tan confiables como los inventarios para adultos.

Tyler (1955) y Zbaracki (1983) eliminaron los reactivos que mostraron poca diferenciación en las respuestas, esto es, que la mayoría de los participantes respondieron que les gustó mucho o les gustó poco. Por ejemplo, Zbaracki eliminó los reactivos, *"Estar con amigos* y *Hacer cosas con la familia",* porque casi todos los estudiantes respondieron que les gustan estas actividades. En nuestro caso ningún

Tabla 2

Datos Básicos de las Escalas de Intereses del Inventario Experimental para los Niños

Escalas/Grados	Edad/grado																				
	9-3			10-4			11-5			12-6			13-7			14-8			15-9		
	r	x	s	r	x	s	r	x	s	r	x	s	r	x	s	r	x	s	r	x	s
1. Artística	.61	2.3	.37	.59	2.3	.36	.67	2.3	.39	.72	2.1	.42	.75	2.0	.45	.75	2.0	.44	.78	1.9	.45
2. De oficina	.74	2.4	.39	.76	.24	.41	.79	2.4	.42	.80	2.3	.43	.84	2.2	.47	.83	2.2	.45	.86	2.2	.49
3. Manual	.86	2.0	.57	.86	1.9	.56	.88	2.0	.56	.88	2.0	.56	.90	1.8	.60	.89	1.7	.55	.90	1.7	.55
4. Interacción Social	.75	2.3	.43	.72	2.3	.41	.75	2.3	.41	.74	2.2	.41	.79	2.2	.44	.76	2.2	.42	.77	2.1	.42
5. Servicio Social	.85	2.5	.45	.87	2.4	.48	.88	2.4	.48	.90	2.4	.50	.89	2.4	.49	.91	2.4	.52	.91	2.3	.50
6. Legales	.82	2.2	.50	.79	2.0	.47	.78	2.0	.45	.79	1.9	.46	.79	1.8	.47	.81	1.8	.46	.80	1.8	.46
7. Sedentarios	.75	2.3	.44	.77	2.2	.45	.77	2.2	.45	.80	2.0	.46	.79	1.9	.45	.81	1.9	.47	.80	1.9	.44
8. Aire Libre	.72	2.6	.36	.74	2.5	.37	.78	2.5	.38	.79	2.5	.40	.79	2.4	.41	.81	2.4	.42	.81	2.3	.43
9. Comerciales	.85	2.2	.54	.85	2.1	.55	.84	2.1	.53	.86	2.0	.55	.87	1.8	.55	.86	1.7	.50	.86	1.7	.49
10. Verbales	.80	2.3	.49	.81	2.2	.49	.84	2.2	.51	.86	2.0	.53	.86	2.0	.52	.86	1.9	.50	.87	1.8	.52
11. Científicos	.84	2.4	.48	.85	2.4	.49	.86	2.4	.50	.88	2.4	.54	.87	2.2	.55	.87	2.3	.53	.88	2.2	.56
12. Musicales	.76	2.4	.45.	.75	2.2	.45	.80	2.2	.49	.78	2.1	.47	.80	2.0	.48	.77	2.0	.46	.80	1.9	.48
13. Servicio Salud	.86	2.3	.45	.84	2.3	.51	.87	2.2	.54	.88	2.2	.57	.90	2.1	.60	.89	2.1	.59	.91	1.9	.60

Leyenda:
r= confiabilidad Alfa
x= media aritmética
s= desviación estándar

reactivo fue eliminado por esa razón porque entendemos que podrían eliminarse actividades que son importantes para conocer el desarrollo de los factores de intereses.

Por otro lado, es importante evaluar en qué medida se utilizaron todas las alternativas de respuestas provistas. En la Tabla 3 se incluye el por ciento de respuestas para cada alternativa, por grado. Encontramos que el 75 por ciento de la muestra de tercer grado respondió *Me gusta mucho* y *Me gusta un poco*. Sin embargo, este por ciento se redujo en cada grado subsiguiente y en noveno grado fue 66 por ciento. Por otro lado, el 21 por ciento de los estudiantes de tercer grado respondieron *No me gusta*, pero esta respuesta aumentó en cada grado subsiguiente hasta 33 por ciento en noveno grado.

En resumen, estos resultados son congruentes con la aseveración de Tyler (1955) de que a los niños y niñas pequeños le gustan todas las cosas, pero que a medida que crecen aumenta el por ciento de respuestas de disgusta. También tienden a confirmar la proposición de Tyler (1955) de que los patrones de intereses se desarrollan mediante la adquisición de respuestas de disgusto y es congruente con la teoría de Gottfredson's (1981, 1996), quien describe la selección vocacional como el proceso de eliminar opciones y reducir alternativas.

Control por edad, educación y género

De acuerdo a Nunnally y Berstein (1994) las diferencias en edad, educación, género y otras características de la muestra, pueden resultar en que se identifiquen factores que responden a estas características. Esto implica que es necesario controlar por estas tres variables, esto es,

Tabla 3

Por ciento de Respuestas para Cada Alternativa, por grado

Alternativas de respuestas	Grado							Total
	3	4	5	6	7	8	9	
Gusta mucho	55.40	50.65	49.01	45.83	40.59	39.23	35.74	44.85
Gusta un poco	20.45	24.27	25.99	27.63	27.64	29.40	30.74	26.68
No gusta	20.57	21.85	22.04	25.52	29.98	30.69	32.82	26.42
Sin respuestas	3.77	3.22	3.01	1.01	1.78	0.67	0.66	1.95
Total	99.99	99.99	100.05	99.99	99.99	99.99	99.98	99.90

hacer análisis factoriales por grupos que tengan la misma edad, estén en el mismo grado y sean del mismo género. Estimamos que las muestras para analizar 130 reactivos deben ser de 390 participantes o más. Encontramos que realizar este análisis reduce los tamaños de las muestras a cerca de 250-300 participantes, por lo que es necesario controlar solamente dos de las tres variables.

Algunos investigadores han encontrado que la estructura factorial de los intereses de hombres y mujeres a nivel de factores básicos, es muy similar (Cole & Hanson, 1971; Cole, 1972; Lapan, Mc Grath, & Kaplan, 1990; Waller, Lykken, and Tellegen, 1995), aunque parece haber diferencias en las correlaciones de estos factores (Lapan, Mc Grath, & Kaplan, 1990). Por otro lado, como mencionamos anteriormente, una de las recomendaciones para evitar el discrimen por género es que el análisis factorial se realice conjuntamente para ambos géneros. Toda vez que el estudio no incluye hipótesis alguna sobre diferencias entre géneros y que se desea desarrollar inventarios que no discriminen por género, entendimos que realizar análisis factoriales separados por género es innecesario para nuestros fines. Sin embargo, para comprobar si hay diferencias en el número y naturaleza de los factores que surgen para cada género, decidimos realizar estos análisis como un estudio aparte, controlando solamente por edad. Éste se reseña luego de presentar los resultados de los análisis relacionados con las hipótesis.

Kline (1994) recomienda que el primer factor de un análisis no sea considerado como un factor general toda vez que maximiza las correlaciones que ocurren al azar. Por tanto, concluye que este primer factor es artificioso. Por otro lado, Comrey (1978) señala que ese primer factor usualmente es un factor complejo que incluye muchos reactivos. Cuando examinamos el primer factor en cada una de los análisis de grado encontramos que casi todos incluyen, por lo menos, 5 reactivos significativos de dos o más escalas. También encontramos que, por lo general, esos mismos reactivos conforman factores independientes en los demás grados. Por lo tanto, nos parece acertado el señalamiento de Comrey (1978) de que esos primeros factores pueden ser complejos y añadimos que la complejidad puede consistir de combinaciones de factores independientes.

Para controlar por edad se identificó la edad típica en cada grado. Las edades típicas son 9, 10, 11, 12, 13, 14, y 15, en los grados 3, 4, 5, 6, 7, 8 y 9 respectivamente. Aproximadamente el 60% de los y las estudiantes de cada grado tienen la edad típica y un 20% son un año menor. Los análisis se hicieron entonces con los estudiantes de edad típica en cada grado, aunque nos referiremos a los análisis mencionando la edad solamente. Esta depuración redujo significativamente las muestras del estudio. El número de participantes en las edades 9,10,11,12,13,14 y15 fueron 461, 526, 548, 570, 591, 582, y 547 respectivamente para un total de 3,825.

Análisis factoriales exploratorios

Existen varios métodos para determinar el número de factores que se deben rotar luego de la extracción inicial, pero ninguno es determinante. Entre los más utilizados están el seleccionar todos los que tengan *eigen values* de 1.0 en adelante y el *scree test*. Un tercer método en este caso es rotar 13 factores toda vez que el inventario de intereses administrado incluye 13 escalas que son internamente consistentes. Este método tiene la ventaja de que está basado en teoría y no es puramente estadístico, como los otros. Como mencionamos previamente, utilizamos los tres métodos para ver cuál provee más información.

Aún después de la rotación, los resultados suelen incluir factores espurios o artificiosos que incluyen muy pocos o ningún reactivo con carga significativa. Usualmente se considera que un factor es real (no es artificioso) si incluye por lo menos 3 reactivos significativos. Este fue el criterio utilizado por Zbaracki y Tyler en los estudios ya reseñados. Toda vez que cada escala incluida en el inventario tiene 10 reactivos, decidimos utilizar un criterio más exigente para identificar los factores reales: los que tienen 5 o más reactivos significativos.

El primer paso fue extraer los factores a base del método de componentes principales. Los resultados de los análisis fueron similares en todas las muestras de grado (con edad típica) en términos de la cantidad de varianza explicada por los factores (componentes). El primer factor de cada análisis resultó en un factor general que explica buena parte de la varianza y dificulta la interpretación de los resultados. Se procedió entonces a rotar los factores para obtener una redistribución de la varianza explicada y factores que se pueden entender mejor. El número de factores a rotarse a base del *scree test* y del *eigen value* fueron muy divergentes. Por ejemplo en tercer grado, a base del *scree test* se sugiere rotar 6 factores y a base del *eigen value* igual a 1.00, 31 factores. Esto nos llevó a experimentar con la rotación de 6, 13 y 31 factores. Establecimos que la rotación que produce los resultados más interpretables es aquella que:

Tabla 4

Eigenvalues de los Primeros 13 Componentes de Cada Muestra y la Cantidad de Varianza Explicada por Cada Componente

EDAD								MUESTRAS						
	9		10		11		12		13		14		15	
FACTOR	Valor	%	Valor	%	Valor	%	Valor	%	Valor	%	Valor	%	Valor	%
1	28.88	22.2	26.10	20.1	26.67	20.5	28.53	21.9	28.82	22.2	27.28	21.0	28.69	22.1
2	5.29	4.1	6.0	4.6	6.77	5.2	7.39	5.7	7.94	6.1	8.86	6.8	9.54	7.3
3	5.00	3.8	5.57	4.3	4.11	3.2	4.51	3.5	3.63	2.8	3.87	3.0	4.25	3.3
4	3.11	2.4	3.32	2.6	3.22	2.5	3.33	2.6	3.22	2.5	3.61	2.8	3.9	3.1
5	2.94	2.3	3.17	2.4	3.02	2.3	3.05	2.3	2.98	2.3	3.22	2.5	3.24	2.5
6	2.62	2.0	2.70	2.1	2.45	1.9	2.53	1.9	2.66	2.0	2.60	2.0	2.85	2.2
7	2.17	1.7	2.39	1.8	2.27	1.8	2.12	1.6	2.48	1.9	2.42	1.9	2.54	2.0
8	1.93	1.5	2.15	1.6	2.10	1.6	1.91	1.5	2.14	1.6	2.30	1.8	2.23	1.7
9	1.79	1.4	1.92	1.5	1.92	1.5	1.84	1.4	1.90	1.5	2.23	1.7	2.05	1.6
10	1.75	1.4	1.76	1.4	1.72	1.3	1.74	1.3	1.83	1.4	1.89	1.4	1.87	1.4
11	1.68	1.3	1.62	1.2	1.68	1.3	1.70	1.3	1.74	1.3	1.74	1.3	1.80	1.4
12	1.66	1.3	1.59	1.2	1.59	1.2	1.61	1.2	1.70	1.3	1.65	1.3	1.67	1.3
13	1.55	1.2	1.49	1.1	1.51	1.2	1.50	1.2	1.61	1.2	1.54	1.2	1.49	1.1
CUM		46.4		46.0		45.4		47.5		48.1		48.7		50.9

1. produce menos factores complejos;

2. produce factores complejos solamente en las muestras más jóvenes

3. produce mayor consistencia en la identificación de factores de una edad a otra.

Resultados de la extracción de factores

Se utilizó el método de Componentes Principales para extraer los factores en todos los grados. La Tabla 4 presenta los valores eigen (*eigenvalues*) de los primeros 13 componentes de cada muestra y la cantidad de varianza explicada por cada componente. Según Nunnally y Berstein (1994), cuando se factorizan reactivos usualmente se logra explicar poca varianza debido a la relativa poca confiabilidad de los reactivos. Observamos en la tabla que la varianza total explicada por los 13 componentes o factores es un poco menos del 50 por ciento en la mayoría de los análisis.

Rotación de factores

Se realizaron tres rotaciones para la muestra de tercer grado. En la primera se rotaron 6 factores sugeridos por el "scree test", en el segundo se rotaron 13 factores que representan las 13 escalas del inventario y en el tercer se rotaron 31 factores que resultaron con un *eigen value* de por lo menos 1.00 para evaluar cuál de ellas produce los resultados más consistentes a través de los grados. Estas mismas rotaciones se repitieron en cada uno de los grados subsiguientes. En todos los casos se utilizó la solución Varimax.

Se encontró que surgieron factores complejos con los tres métodos. Con la rotación de 6 factores los factores complejos estuvieron presentes en casi todos los análisis. Con la rotación de 13 factores, los factores complejos estuvieron presentes en los análisis de los grados 3, y 4 solamente, con la rotación de 31 factores los factores complejos estuvieron presentes en los grados 3, 4 y 7. De los tres, el método que produjo el mayor número de factores fue rotar 13 factores, mientras que rotar 31 produjo el menor número de factores. Por consiguiente, a base de los criterios esbozados previamente se decidió que la rotación de 13 factores es la más consistente y la que más información provee.

Resultados de la rotación de 13 factores

En la Figura 3 se presentan los factores identificados en cada edad y cuantos, de los 10 reactivos incluidos en el inventario experimental, resultaron significativos. Dos de los 13 factores rotados, interacción social e intereses sedentarios, no surgieron en ninguno de los análisis por edad. Se observa que en el grupo de 9 años se obtienen 5 factores independientes y un factor complejo. El número de factores aumenta a 7, en el grupo de 10 años (y un factor complejo), a 9 en el grupo de 11 años, a 10 en el grupo de 12 años, a 11 en el grupo de 13 y a 10 en los el grupos de 14 y 15 años. Si eliminamos el factor verbal, que no evidencia ser consistente de una edad a otra, tendríamos 10 factores de los grupos de 12 a 15 Años.

Observamos que hay cinco factores que se obtienen en todos los grupos de edad desde los 9 años. Estos son: manuales, servicio social, comerciales, legales y aire libre. Llama la atención que en el factor manual todos los

Figura 3. Factores Identificados por Edad y Número de Reactivos significativos en Cada Factor

Factor / Edad	9	10	11	12	13	14	15
Artístico				6	5	6	6
De Oficina		8	8	8	9	7	9
Manuales	10	10	10	10	10	10	10
Servicio Social	5	10	10	10	10	10	10
Comerciales	7	9	8	9	9	9	9
Legales	3	7	6	5	5	5	7
Aire Libre	6	8	6	5	6	7	5
Servicios de Salud	6	10	10	8	10	9	10
Científicos	10	10	8	10	9	10	9
Musicales	10	8		5			
Verbales		5	6	8	5	7	9

Leyenda: ▓ **Factor Complejo**

☐ **Factor Independiente**

reactivos resultaron significativos en todos los niveles de edad. En el caso del factor de servicio social todos los reactivos resultaron significativos en 6 de los 7 niveles. Si el número de reactivos significativos es, de alguna manera, un indicador de la claridad o fortaleza del factor tendríamos que decir que los factores de intereses manuales y de servicio social son los más fuertes. La puntuación promedio de los varones tiende a ser más alta que el de las féminas en el factor manual o mecánico, mientras que la puntuación promedio de las féminas tiende a ser más alta que el de los varones en el factor de servicio social. Este dato es congruente con la observación hecha por Tyler (1955), de que ya a los 10 años de edad, los niños y las niñas tienen claros los roles apropiados a cada género.

No hay consenso general sobre la naturaleza de los factores complejos ni cómo tratarlos en los análisis factoriales. Sin embargo, en nuestro caso tenemos la ventaja de que partimos de la hipótesis de que surgirían factores correspondientes a cada escala del inventario y además, repetimos los análisis con 7 grupos de estudiantes distintos. Esto nos permite examinar el contenido del factor complejo en términos de los reactivos que incluye y además, evaluar qué ocurre con los reactivos de un factor complejo en subsiguientes análisis.

Encontramos primeramente que cada factor complejo está compuesto por suficientes reactivos significativos de más de una escala. Por ejemplo, el primer factor complejo incluye 6 reactivos de la escala de servicios de salud, 10 de la escala científica y 10 de la escala musical. Es como si se agruparan tres factores distintos en un factor grupal. Al examinar los análisis subsiguientes encontramos que estos mismos reactivos surgen como factores individuales. Por lo tanto, es razonable pensar que los factores complejos incluyen, en forma artificiosa, dos o más factores independientes. Por tal razón, decidimos tratar los factores dentro de un factor complejo, como factores independientes.

Luego de ese análisis encontramos que otros dos factores están presentes desde los 9 años de edad: estos son científicos y servicios de salud. El factor verbal y los intereses de oficina aparecen desde el grupo de 10 años de edad en adelante y el factor artístico desde los 12 años en adelante. Otro dato importante es que con raras excepciones, los reactivos que son significativos en un nivel también lo son en los demás niveles. El que los mismos reactivos se incluyan en el factor correspondiente en cada nivel contribuye a la estabilidad de los factores.

Ejemplos de reactivos incluidos en los factores

Con el propósito de que el lector tenga una mejor idea de la naturaleza de cada factor se incluyen dos ejemplos de sus reactivos.

Servicio social-Visitar enfermos en un hospital; Cuidar ancianos

Manuales-Aprender a usar una máquina de cortar madera; Reparar un juego electrónico

Comerciales-Vender juguetes; Vender chocolates de casa en casa

Científicos-Estudiar los planetas y las estrellas; Aprender a usar fórmulas matemáticas

Aire libre-Ir de paseo al campo; Subir una montaña

Servicios de salud-Ver cómo se examina un paciente; Ver la sangre de una persona en un microscopio

De oficina-Trabajar en una oficina; Trabajar en un escritorio

Verbales-Hablar frente a la clase; Escribir un cuento

Legales-Hablar de política con tus amigos; Ir a una campaña de tu partido político

Artísticos-Pintar con crayolas; Moldear plasticina

Por el otro lado, los siguientes son ejemplos de preguntas de escalas que no surgieron como factores.

Interacción social-Hacer una lista de invitados a una boda; Hacer reír a las personas

Sedentarios-Empacar regalos de navidad; Coleccionar sellos

Musicales-Tomar clases de guitarra; Escuchar música clásica

En resumen, se administró un mismo inventario de actividades ocupacionales a muestras de estudiantes de 9 a 15 años de edad. Se crearon escalas agrupando reactivos a base del contenido similar de las actividades y las mismas resultaron confiables. Se consideraron solamente las respuestas de estudiantes de edad típica en cada grado para realizar los análisis factoriales con el fin de mantener constantes las variables de edad y grado en cada análisis. Los resultados tienden a apoyar a la Hipótesis 4, y sus las tres partes. Los factores que se obtuvieron en varios niveles coinciden, en buena parte, con el concepto clasificatorio utilizado al redactar el inventario de intereses. Esto se toma como evidencia de que los conceptos clasificatorios que tienen las personas y los factores de intereses son similares. También se encontró que: 1) a medida que aumenta la edad, aumenta el número factores; 2) a medida que aumenta la edad, aumenta también el número de actividades que se incluyen en los factores y 3) los factores que surgen en una edad, surgen también en edades superiores. Se sugiere que los resultados también proveen apoyo indirecto a las hipótesis 1 y 2 partiendo de que los datos sugieren que son conceptos clasificatorios y que estos aumentan con la edad.

Limitaciones del estudio

Una de las limitaciones es que se trata de un estudio transversal para responder a preguntas de desarrollo humano. Esto es, se tomaron muestras simultáneas de distintas edades. Lo ideal hubiera sido tomar un solo grupo de estudiantes y examinarlo cada año. Esto último requiere un estudio de seguimiento por 7 años que sugerimos se debe realizar para confirmar los hallazgos de este estudio. Tampoco se tomaron muestras de estudiantes de 5 a 8 años de edad. Para hacerlo, hubiera sido necesario administrar el inventario oralmente a estas muestras, lo que no se hizo. No sabemos por lo tanto, a qué edad surgen los factores presentes en la muestra de 9 años de edad. Se sugiere realizar otro estudio con estudiantes en estas edades. Otra limitación es que no se pudo controlar por género de los participantes porque hacerlo, hubiera reducido la muestra demasiado. Esto requiere administrar el cuestionario a muestras entre 1,500 a 2,000 estudiantes. Por último, se incluyeron solamente estudiantes de las escuelas públicas, por lo que no sabemos que efecto tendría en los resultados incluir niños y niñas de escuelas privadas, que estudian en sus hogares o que no estudian.

Resultados de los análisis factoriales por género

Como mencionamos anteriormente, realizamos análisis exploratorios por género, donde se analizaron los intereses de niños y niñas en un mismo grado. En este caso no fue posible controlar por edad. Un resumen de los resultados generales es el siguiente:

1. El primer factor fue siempre complejo en todos los análisis, esto es, incluyó por lo menos 5 reactivos de dos o tres escalas que luego surgieron como factores independientes;

2. El número de factores aumentó con el grado de los y las participantes. En el caso de los varones aumentó de 4 factores en grado 3 a 9 factores en grado 9 y en el caso de las féminas, de 5 a 9 factores respectivamente;

3. Hubo factores que aparecieron en las primeras muestras de grado, pero no en los grados más altos (interacción social, aire libre, sedentarios, verbales, musicales);

4. Varios factores surgieron por primera vez en el mismo grado para niños y niñas y también en todos los análisis en grados más altos. Estas son: servicio social, y de oficina (grado 3), manuales (grado 4), artísticos y comerciales (grado 6), científicos y servicios de salud (grado 10);

5. Los intereses musicales surgieron como parte de un factor complejo (por ejemplo: verbal, interacción social y musical) y simultáneamente como un factor individual. El factor complejo

incluyó actividades de canto o escuchar música mientras que el factor individual incluyó el tocar un instrumento musical o aprender música.

Presumimos que el no controlar por edad, a pesar de que se controló por grado, contribuyó a que el primer factor de todos los análisis resultara ser un factor complejo. La edad de los participantes parece ser una variable tan importante como el grado en el desarrollo de los factores de intereses.

Segundo Estudio: Análisis Confirmatorio de Factores

Los análisis exploratorios reseñados anteriormente tienen carácter confirmatorio en el sentido que se examina cada análisis para ver si vuelven a surgir los factores que se encontraron en el análisis anterior. Sin embargo, es conveniente realizar análisis confirmatorios con otras muestras de estudiantes (Schumacker & Lomax, 1996). El modelo confirmatorio de análisis de factores permite utilizar ecuaciones estructurales para evaluar si las variables latentes de los factores que se presentan mediante un modelo, se ajusta a los datos obtenidos (Scott Long, 1983; Schumaker & Lomax, 1996). Este análisis no prueba necesariamente que el número de factores modelo propuesto son los existentes ya que los datos pueden ser compatibles con más de un modelo (Bollen, 2000). Una ventaja importante de este método es que permite al investigador realizar modificaciones al modelo a base de los datos que genera el programa y evaluar varios modelos para seleccionar aquél que se ajusta mejor a los datos. A continuación se reseña dicho estudio.

Participantes en Segundo Estudio

Los participantes en las muestras confirmatorias se obtuvieron solamente del área metropolitana de San Juan, por lo que no son necesariamente representativas de todos los estudiantes de escuela pública. El procedimiento de selección de estudiantes fue similar al utilizado con las muestras experimentales excepto que se limitó a las escuelas en el área metropolitana de San Juan. Las muestras variaron en tamaño desde 352 en grado tres a 256 estudiantes en grado nueve. Del total de 2,200 hojas de contestaciones usables, 51% fueron féminas y 49% fueron varones.

Instrumento

El inventario administrado a los participantes en el estudio factoriales exploratorios, fue también utilizado para el estudio confirmatorio. Se eliminaron del mismo los reactivos de las siguientes escalas de intereses: *interacción social, sedentarios y musicales*, toda vez que no surgieron factores con las mismas. Desafortunadamente, se eliminaron por error los reactivos de la escala de *aire libre*. Se eliminó la alternativa *No sé de que trata*, toda vez que previamente se eliminaron los reactivos donde 10% o más de los participantes seleccionó esa alternativa.

Procedimiento muestras confirmatorias

Se solicitó la autorización de los padres para la participación de los y las estudiantes en el estudio. Los maestros entregaron a cada posible participante una carta de consentimiento que incluyó información sobre la naturaleza del estudio, su propósito, uso de la información y el derecho de no participar y de retirarse del estudio en cualquier momento. La carta incluyó el teléfono del investigador. El inventario fue administrado por asistentes de investigación adiestrados por el autor utilizando procedimientos similares al estudio anterior.

Una vez se recibieron y leyeron las hojas de contestaciones de los participantes, el primer paso fue realizar análisis de los reactivos y evaluar nuevamente la confiabilidad de las escalas con esta muestra de participantes. Se encontró que la confiabilidad de las escalas y las puntuaciones promedio en las mismas son comparables con las obtenidas en el estudio anterior. Los análisis confirmatorios se realizaron por edad típica en cada grado utilizando el programa M Plus, versión 2.02 (Muthen and Muthen, 1998). Para construir el modelo que se probó en cada nivel de edad se incluyeron los factores que se encontraron en ese nivel mediante los análisis exploratorios a base de cargas de .40 en por lo menos 5 reactivos. Los valores se estimaron utilizando el método de verisimilitud máxima ("maximum likelihood"). Se limitó cada reactivo a cargar en un solo factor y se dejó libre a los factores para que correlacionaran entre sí.

Índices de ajuste del modelo factorial

El análisis de factores confirmatorio requiere que se estipule un modelo estructural de los factores que se presumen y un modelo de medición que indica qué reactivos miden o cargan en cada factor. Luego es necesario determinar si los modelos propuestos se ajustan al patrón de relaciones entre las variables que se observa en un conjunto de datos.

Figura 4. Modelo Estructural y de Medición para el Análisis Factorial Confirmatorio en Tercer Grado

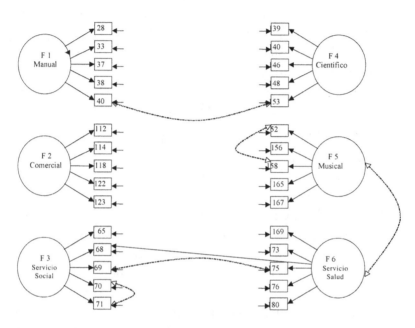

Nota: Números se refieren a los reactivos en el inventario de intereses experimental.➡

En tercer grado propuso un modelo de seis factores con cinco reactivos cargando en cada factor. Este modelo con los factores y reactivos correspondientes se presenta en la Figura 4. Las flechas sólidas indican el modelo inicial y las entrecortadas las modificaciones hechas a base de las indicaciones del programa para mejorar el ajuste del modelo a los datos. Sin embargo, debemos recordar que no existe un indicador de ajuste que sea aceptable en todas las circunstancias, sino que se han propuesto varios indicadores, cada uno con sus ventajas y limitaciones.

Algunos de estos indicadores de ajuste están basados en la chi cuadrada y por lo tanto comparten las limitaciones que tiene esta estadística. Por ejemplo, son muy sensitivos al tamaño de la muestra y al grado en que las distribuciones de los datos se desvían de la curva normal (Schumaker y Lomax, 1996). Estos investigadores indican que cuando el tamaño de la muestra es mayor de 200, la chi cuadrada tiende a resultar significativa y cuando la muestra es menor de 100 tiende a resultar no significativa.

Hu and Bentler (1998) examinaron el funcionamiento de varios indicadores de ajuste cuando se varían las condiciones como el tamaño de la muestra y otras y recomendaron que los investigadores adopten la estrategia de utilizar los siguientes dos indicadores: *the standardized-root-mean residual* (SMSR) y el *root-mean-square error of approximation* (RMSEA). Sin embargo advirtió que con muestras pequeñas, 250 participantes o menos, el RMSEA tiende a rechazar demasiados modelos que se sabe son válidos. Sun (2005) propuso un sistema jerárquico de clasificación de los índices de ajuste basado en las características de éstos. Recomendó SMR y RMSEA entre los índices que toman en consideración la sensibilidad al tamaño de la muestra y la especificación incorrecta del modelo. Por tal razón, decidimos utilizar estos índices para evaluar el grado de ajuste de nuestro modelo de factores. Tomamos en consideración las guías establecidas por Browne y Cudeck (1993) de que los valores de RMSEA menores de .05 indican un ajuste excelente del modelo a los datos, mientras que valores entre .06 y .08 indican un buen ajuste a los datos. Respecto al SMSR utilizamos las guías de Quintana y Maxwell (1999) que establecen que los valores menores a .10 indican un buen ajuste del modelo a los datos.

Tabla 5

Índices de Ajuste para el Modelo Propuesto

Índices de Ajustes	MUESTRA						
	9	10	11	12	13	14	15
RMSEA	.064	.074	.065	.059	.062	.062	.072
SRMR	.077	.079	.077	.075	.078	.078	.092

Resultados

Luego de realizar los análisis factoriales confirmatorios para cada una de las muestras se obtuvieron los índices de ajuste para el modelo propuesto. En la Tabla 5 se presentan los resultados de los dos índices recomendados por Sun (2005). Podemos observar que luego de varias modificaciones hechas a base de lo que sugiere el programa, los indicadores confirman que el modelo de factores presentado en cada caso se ajusta bien a los datos (RMSEA están entre .06 y .08 y los SMSR son menores de .10. Las modificaciones que realizamos para mejorar el ajuste de los modelos a los datos se realizaron porque son congruentes con la teoría y la realidad del análisis factorial. Éstas fueron en términos de la relación de los reactivos con los factores.

La mitad de estas modificaciones son para indicar que varios reactivos contribuyen a más de un factor. Por ejemplo, Investigar *cómo funciona un juego electrónico,* que carga en el *factor científico,* también se podía hacer que cargara en el *factor mecánico,* para mejorar el ajuste del modelo. El reactivo Atender a los enfermos *en un hospital,* que carga en el *factor servicios de salud,* se podía hacer que cargara también en *factor de servicio social.* La otra mitad de las modificaciones fueron para indicar que existe una correlación entre dos reactivos del mimo factor. Por ejemplo, dos reactivos que cargan en el factor manual, *Aprender a usar una máquina de cortar madera* y *Trabajar con madera,* se podían hacer que correlacionaran entre sí. Esto indica que estos dos reactivos comparten varianza adicional a la que comparten del interés mecánico. Probablemente es indicativo de la existencia de un factor más específico de carpintería o trabajo en madera.

En resumen, muchos investigadores consideran que los intereses surgen mientras los estudiantes cursan la escuela intermedia y que las expresiones de interés de los niños de escuela elemental en actividades u ocupaciones carecen de validez. Se piensa que éstos carecen del conocimiento sobre las ocupaciones necesario, no han tenido suficiente experiencia con las actividades de carácter ocupacional, su desarrollo intelectual es limitado, por lo que sus respuestas son caprichosas. Esto ha resultado en que se ha desatendido la investigación de los intereses en niños y niñas pequeños. Las pocas investigaciones realizadas con inventarios apropiados a niños y niñas de escuela elemental (específicamente las de Tyler, 1955 y Zbaracki, 1983) incluyeron mayormente actividades de estudio y juego, por lo que los análisis factoriales realizados produjeron resultados inconclusos en términos de su pertinencia al campo vocacional y que difieren de los encontrados con adultos Tracey y Ward (1998).

Estos mismos investigadores (Tracey y Ward, 1998) desarrollaron un inventario para niños y niñas de escuela elemental basado en actividades que ellos realizan.

El propósito del estudio fue evaluar la estructura de los intereses en varias edades, específicamente, si en escuelas elemental, intermedia y en universidad se confirma la organización circular de las seis escalas de Holland. El inventario incluyó 30 actividades, 5 por cada escala tipo Holland y encontraron que la organización de las escalas no es circular en la escuela elemental. Realizaron entonces un análisis factorial exploratorio de las escalas resultando en la identificación de tres factores que interpretaron en términos de los tipos Holland. En el primer estudio descartaron el primer factor por considerar que su interpretación es ambigua. En un segundo estudio incluyeron el reactivo *Cosas difíciles de realizar* que correlacionó alto con el primer factor, por lo que consideran que éste es un factor de dificultad. Estos resultados no se pueden comparar con los encontrados por Tyler y Zbaracki. Dado lo anterior, persistía la duda sobre si los niños y niñas de escuela elemental desarrollan factores, similares a los encontrados en adultos. Los resultados del primer estudio presentan evidencia de que estos niños y niñas desarrollan intereses similares a los de los adultos. El segundo estudio con análisis factoriales confirmatorios, tienden a confirmar, los factores que surgieron en el primer estudio.

Tercer estudio: Creación de Categorías de Actividades

La Hipótesis Número 1 sugiere que durante el desarrollo humano creamos conceptos clasificatorios de las actividades que percibimos. Por otro lado, la Hipótesis 4 plantea que los factores de intereses identificados mediante análisis estadísticos, como el análisis factorial y otros, corresponden en buena medida a esos conceptos clasificatorios o categorías de actividades que se aprenden implícitamente. Para obtener datos que nos permitan evaluar estas hipótesis se puede realizar un estudio experimental de formación de conceptos partiendo de los resultados de los análisis factoriales presentados previamente.

Una de las formas en que los psicólogos y psicólogas del desarrollo estudian la formación de conceptos clasificatorios es utilizando representaciones de objetos. En el caso de infantes o niños y niñas muy pequeños utilizan miniaturas, fotografías y dibujos (Bidell & Fisher, 1992, Mandler, 2000, Namy, y Gentner, 2002), Cuando los participantes saben leer utilizan tarjetas donde se escribe el nombre de los objetos (Spalding y Murphy, 1996). En nuestro caso en vez de objetos debemos representar actividades, por lo que es necesario escribir cada actividad en una tarjeta de 2 x 5 pulgadas. Se entiende que cuando una persona organiza un grupo de actividades que comparten una característica común (por ejemplo, las actividades son de naturaleza artística), esto es evidencia de que la persona ha aprendido el concepto. El estudio parte de las siguientes premisas:

1. Cuando una persona posee un concepto clasificatorio puede agrupar actividades que se ajusten a ese concepto y explicar en qué consiste dicho concepto.

2. Los conceptos que utilizan los investigadores para asignarle nombre a los factores de intereses son los conceptos que aprendieron en forma tácita o explícita en algún momento en sus vidas.

Participantes del tercer estudio

Los participantes fueron 10 estudiantes seleccionados al azar de tres salones de clases de tercer grado de una escuela pública del área metropolitana de San Juan. La mitad de los estudiantes fueron niños y la otra mitad niñas, todos tenían 9 años de edad y no participaron en los estudios anteriores.

Instrumentos

El primer instrumento consiste de un conjunto de 30 tarjetas de 3 x 5 pulgadas con actividades tomadas para representar los factores identificados en los estudios factoriales reseñados anteriormente. Se seleccionaron 5 actividades de 6 factores de intereses de tercer grado para un total de 30 actividades. En cada tarjeta se incluyó una actividad y éstas se ordenaron al azar mediante una tabla de números aleatorios. El Apéndice B incluye las actividades seleccionadas. A continuación se presentan ejemplos de las actividades seleccionadas, indicando el factor al que pertenece (no indicado en la tarjeta).

1. Cobrar el periódico (comercial)
2. Ver cómo se examina a un paciente (servicios de salud)
3. Investigar cómo eran los dinosaurios (científico)
4. Ayudar a los ancianos a cruzar la calle (servicio social)
5. Enseñarle a caminar a niños impedidos (servicio social).
6. Participar en un grupo musical (musical).

7. Ver la sangre de una persona en un microscopio (servicios de salud).

8. Vender películas de video (comercial).

9. Viajar al espacio (científico).

10. Mezclar cemento para hacer una verja (manual).

11. Cantar en un salón lleno de gente (musical)

12. Trabajar con madera (manual).

El segundo instrumento es un Formulario de Registro de Resultados que consiste de un cuestionario donde, además de recoger datos básicos del o la participante (nombre, grado, edad y género), hay espacio para indicar las actividades que se incluyen en un mismo grupo y otra sección para escribir lo que tienen en común las actividades incluidas en cada grupo. Copia del Formulario de Registro de Resultados se presenta en el Apéndice C. Los consejeros profesionales que participaron en este estudio utilizaron este formulario para recoger los resultados de las agrupaciones de actividades hechas por los participantes. Esto es, una vez un participante agrupó todas las actividades en categorías, el consejero o la consejera marcó en el Formulario de Resultados las actividades incluidas en cada grupo. Además, escribió la respuesta que ofreció el o la participante a la pregunta de ¿qué tienen en común estas actividades?

Procedimiento e instrucciones

Los participantes fueron entrevistados individualmente por dos consejeros profesionales que poseen una maestría en consejería. A cada participante se le presentó el conjunto de tarjetas en el mismo orden. Se solicitó la autorización de los padres siguiendo los procedimientos establecidos por el Departamento de Educación de Puerto Rico. Las instrucciones fueron las siguientes:

"Hola. Estoy haciendo una investigación sobre cómo los niños y las niñas agrupan las actividades. Quiero que agrupes las actividades de estas tarjetas a base de lo que tienen en común. Puedes hacer los grupos que quieras. ¿Alguna pregunta? ¿Entendiste?"

Si dice que no entendió se le repiten las instrucciones. Si todavía no entiende, se le dice:

"Por ejemplo: las cosas se pueden agrupar por color, tamaño, peso, etc. Las actividades se agrupan basándose en las que parecen iguales. Puedes hacer cuantos grupos necesites. Cuando termines me dejas saber. Puedes comenzar."

Luego de que el o la estudiante terminó, la investigadora tomó cada grupo de tarjetas y anotó mediante una marca de cotejo en el Formulario de Resultados, las actividades que el estudiante colocó en ese grupo. Entonces, tomando un grupo de tarjetas a la vez, le dijo:

"Ahora me puede decir qué cosas tienen en común para agruparlas de esta manera. Bien, te agradecemos tu cooperación."

Las respuestas de cada participante se anotaron en los espacios correspondientes.

Análisis y resultados

Uno de nuestros supuestos fue que si los participantes podían agrupar las actividades e indicar su lógica para agrupar las actividades es porque están utilizando un concepto clasificatorio. Se encontró que este fue el caso para todos los participantes.

La Hipótesis 4 plantea que los factores de intereses identificados mediante análisis estadísticos, como el análisis factorial y otros, corresponden en buena medida a esos conceptos clasificatorios o categorías de actividades que se aprenden implícitamente. Para evaluar esta hipótesis se observó cuántos grupos de actividades fueron creados por cada estudiante. Se encontró que los estudiantes crearon de 4 a 8 grupos con las actividades correspondientes a los seis factores. Luego se examinó el contenido de cada grupo para ver si las actividades en los mismos, corresponden a los seis factores representados. Se encontró que en 4 de los grupos, por lo menos 4 de las 5 actividades correspondieron a un mismo factor. Estos fueron: *manuales, servicio social, servicios de salud y musicales*. También se encontró que los reactivos del *factor comercial* fueron divididos en dos grupos por algunos participantes: el primer grupo podría llamarse *actividades de ventas* y el segundo grupo, *actividades de compra*. Igualmente los reactivos del *factor científico* fueron divididos en dos grupos por algunos participantes: *actividades científicas y actividades de investigación*. Estos resultados proveen apoyo parcial a la Hipótesis 4. Cuatro de los conceptos clasificatorios creados por los participantes correspondieron a los factores de intereses encontrados previamente. Los otros dos factores fueron subdivididos en conceptos clasificatorios más específicos por los participantes.

En segundo lugar se examinaron las respuestas de los participantes a la pregunta: ¿que tienen en común?, que se hizo sobre cada grupo de actividades representativas de los factores. Algunos ejemplos son los siguientes:

Factor manual: "construcción", "trabajo en construcción", "relacionadas con trabajo", "herramientas".

Factor de servicio social: "ayudar a la gente", "personas necesitadas", "ayudar a otros".

Factor comercial: "vender", "comprar", "dinero".

Factor musical: "música", "teatro", "bailar", "cantar".

Factor científico: "ciencia", "investigación", "el cuerpo humano".

Factor de servicios de salud: "médicos", "sangre", "hospitales", "el cuerpo humano", "salud", "científicos".

Es evidente que los participantes tienden a nombrar sus conceptos clasificatorios con términos o frases que son congruentes con los nombres asignados a los factores.

Resumen y conclusiones

La Hipótesis 1 propone que durante el desarrollo humano creamos categorías de actividades. Por otro lado, la Hipótesis 4 propone que los intereses identificados mediante análisis factoriales corresponden, en buena medida, a estas categorías de actividades. El propósito de este estudio fue evaluar si a los nueve años de edad, los niños y niñas han logrado desarrollar conceptos clasificatorios de actividades y si éstos corresponden a los factores de intereses que se identificaron en el análisis factorial exploratorio realizado anteriormente.

Para determinar si esto ocurre, a los participantes de este estudio se les presentaron 5 reactivos representativos de cada uno de seis factores. Ellos tuvieron libertad de crear un solo grupo o 30 grupos, que hubiera significado que no han desarrollado ningún concepto clasificatorio de actividades. Tampoco clasificaron en un mismo grupo actividades representativas de varios factores. Se entiende que se activa un concepto clasificatorio cuando la persona agrupa actividades a base de una característica común entre ellas.

Todos los niños y niñas que participaron en el estudio clasificaron correctamente, por lo menos 4 de 5 de los reactivos representativos de los siguientes factores: *manual, servicio social, servicios de salud y musical.* Los reactivos representativos del factor *comercial* fueron agrupados en dos conceptos clasificatorios, *vender* y *comprar* y del factor *científico* en los conceptos *ciencias* e *investigación.* Es evidente que la clasificación de los reactivos representativos de los factores *comercial* y *científico* fueron también clasificados correctamente, aunque en categorías más específicas. Estos resultados proveen apoyo a la Hipótesis 1 de que las personas crean conceptos clasificatorios. También, proveen apoyo parcial a la Hipótesis 4 de que estos conceptos clasificatorios corresponden, en buena medida, a los conceptos aprendidos implícitamente.

Se les preguntó a los participantes qué tienen en común las actividades de cada grupo. Las respuestas que ofrecieron son compatibles con el concepto del factor que representan dichas actividades. Esto es evidencia adicional de que los niños y niñas de 9 años han desarrollado conceptos clasificatorios de actividades, cuya naturaleza es similar a la de los factores de intereses.

CAPÍTULO 7

INVESTIGACIONES BASADAS EN LA TEORÍA: EL DESARROLLO DEL ASPECTO AFECTIVO DE LOS INTERESES

En el capítulo 3 propusimos una nueva teoría sobre el origen, desarrollo y naturaleza de los intereses, esto es, cómo surgen y se desarrollan las categorías de actividades y cómo surgen y se desarrollan los sentimientos de agrado, desagrado e indiferencia hacia dichas categorías. Además, cómo estos sentimientos se convierten en necesidades aprendidas. Como parte de la teoría propusimos un Modelo General del Desarrollo de los Intereses que relaciona un conjunto de seis variables teóricas con los intereses. El modelo incluye nueve hipótesis sobre efectos directos e indirectos de las variables entre sí y sobre los intereses. Se predijo además, que los efectos de las variables sobre los intereses en una muestra de niños y niñas pequeños (por ejemplo, de 8 años de edad) serán diferentes a los efectos de esas mismas variables en una muestra de niños y niñas de escuela superior (por ejemplo, de 16 años de edad). Esta predicción se basa en los cambios esperados en las variables de estudio y en las características psicológicas de los participantes a medida que éstos crecen. La necesidad de incluir la expectativa de autonomía como parte del modelo fue evidente luego de realizado el estudio que se presenta a continuación. El propósito de esta investigación inicial es poner a prueba dichas hipótesis utilizando para ello el análisis de rutas basado en ecuaciones estructurales. El estudio óptimo del desarrollo de los intereses requiere que se estudie un mismo grupo durante 7 a 10 años. En lo que este tipo de estudio longitudinal puede ser realizado por algún investigador, optamos por un estudio transversal.

Cuarto estudio: Desarrollo de un instrumento para medir las variables

No se encontró ningún instrumento en español que fuera adecuado para medir necesidades psicológicas para estas poblaciones de edad. Tampoco se encontró un inventario de intereses en español para estudiantes de escuela elemental e intermedia que se ajuste a las necesidades del estudio. La mayoría de los inventarios existentes son muy limitados en términos de las actividades que incluyen (Tracey & Ward, 1998). Para el estudio se necesitaba que cada actividad incluida en el inventario requiera un atributo distinto. Con esto se buscaba comprobar la presunción de que los niños y niñas pueden distinguir entre habilidad, característica física y atributo psicológico. Por lo tanto fue necesario desarrollar tres instrumentos: escalas para medir necesidades psicológicas, un inventario de intereses y un cuestionario para medir las creencias y expectativas del modelo teórico propuesto. Todos estos instrumentos se desarrollaron y se incluyeron en el Cuestionario de Actividades experimental preparado específicamente para esta investigación. Véase el Cuestionario de Actividades en Apéndice D.

Procedimiento cuestionario experimental

Participantes

El cuestionario experimental se le administró a un grupo de 102 estudiantes de tercer grado de ambos géneros en tres salones de tercer grado de dos escuelas públicas. También se les pidió a los estudiantes que indicaran partes que no estaban claras y sus sugerencias para mejorar el instrumento. El cuestionario resultó muy extenso y solamente el 69 de los participantes respondió a las preguntas de las escalas de necesidades incluidas al final del cuestionario. Por tal razón, se utilizó toda la muestra para el análisis de las primeras preguntas y se eliminaron 33 estudiantes del análisis de las escalas de necesidades.

Instrumento

Una vez redactado, el cuestionario experimental fue discutido con estudiantes y varias maestras de tercer grado para evaluar el vocabulario, las instrucciones y otros aspectos. De particular interés era verificar que los niños y las niñas conocieran las actividades que se incluyeron en el cuestionario aunque no las hubieran realizado. Luego de la discusión se incorporaron varios cambios al mismo siguiendo las sugerencias de las maestras. Por ejemplo, muchos de los participantes no sabían lo que significa el término *habilidad*, por lo que a sugerencia de las maestras se cambió por *conocimiento*.

El Cuestionario de Actividades experimental incluyó 12 actividades balanceadas a base del tipo de característica requerida. Se incluyó igual número de actividades tradicionalmente masculinas y femeninas. Las necesidades psicológicas se midieron con escalas de 12 reactivos cada una. Las variables de estudio se midieron a través de las siguientes preguntas sobre las 12 actividades.

1. Intereses

    ¿Cuánto te gusta la actividad?

2. Expectativa de desempeño

    ¿Cuán bien puedes hacerla?

3. Expectativa de aceptación

    ¿Cuánto le agradaría a tu familia el que hagas la actividad?

4. Sentido de adecuación

    ¿Piensas que tienes el aspecto físico, los conocimientos o la forma de ser que se necesita?

Además, para saber si los participantes pueden identificar la característica más importante que requiere cada actividad se les solicitó que indicaran.

5. Para hacer esta actividad lo más importante es: tu aspecto físico, tus conocimientos, tu manera de ser.

Resumen de Resultados cuestionario experimental

Se realizaron análisis con el propósito de verificar el funcionamiento del instrumento. Se encontró que en la mayoría de los casos, los participantes pudieron identificar correctamente el tipo de característica requerida para realizar cada actividad. Las confiabilidades de las escalas fluctuaron entre .78 y .93, lo cual es sorprendentemente alto para estudiantes de tercer grado, algunos de los cuales aún no dominan la lectura de su grado. A base del análisis de reactivos se redujo de 20 a 12 el número de actividades en el inventario de intereses y también se redujo a 12 preguntas cada una de las escalas de necesidades psicológicas.

Quinto Estudio: Efecto de las variables de estudio sobre los intereses de los participantes en dos grupos de edades

Una vez desarrollado el Cuestionario de Actividades, fue impreso utilizando el programa TeleForm, lo que permitió a los participantes responder directamente en el mismo. Se administró el cuestionario en dos escuelas públicas del área metropolitana de San Juan siguiendo los procedimientos establecidos por el Departamento de Educación. El cuestionario fue administrado por una consejera profesional con muchos años de experiencia. Los cuestionarios fueron revisados y leídos, lo que permitió procesar los datos en el programa MPlus.

Participantes

Participaron dos grupos de estudiantes de escuelas públicas del área metropolitana de San Juan para un total de 166 participantes. Ninguno de los participantes del estudio anterior fue incluido. El primer grupo estuvo formado por 75 estudiantes de grado 3, del los cuales el

51% fueron niñas y el 49% niños. En términos de edad, 15% tenían 7 años, 66% 8 años y 19% eran mayores de 8 años. De ahora en adelante nos referiremos a estos participantes como el grupo de 8 años de edad. El segundo grupo estuvo formado por 91 estudiantes de grado 11, de los cuales el 78% fueron niñas y el 22% niños. En términos de edad, 32% tenían 15 años, 58% 16 años y 10% eran mayores de 16 años. De ahora en adelante nos referiremos a estos participantes como el grupo de 16 años de edad.

Datos del cuestionario final

La Tabla 6 (página 254) recoge los datos básicos de las variables utilizadas en el Cuestionario Sobre Actividades para el grupo de 8 años, y la Tabla 7 (página 255) recoge los mismos datos para el grupo de 16 años, luego de que se realizara otro análisis de reactivos y se eliminaran preguntas para mejorar las confiabilidades. Se observa que en los participantes de grupo de 16 años las confiabilidades de las escalas son similares que con los participantes de 8 años. La única que se mantiene relativamente baja es la de intereses, como ya señalamos, probablemente se debe a la diversidad de reactivos que se incluyeron para que fueran culturalmente apropiados a los géneros.

Tracey (2001) señaló que los niños y niñas pequeños no entienden el concepto de habilidad, por lo que tienen muy poco conocimiento sobre sus habilidades. Este dato es congruente con lo que nos informaron las maestras de grado 3 de que los niños y niñas de ese grado aún no han desarrollado un concepto claro de lo que son las habilidades. Por tal razón, en nuestras hipótesis proponemos que la variable *sentido de adecuación,* que se basa en parte en la auto-evaluación de habilidades, tiene menos influencia sobre los intereses en el grupo de 8 años que en el grupo de 16 años.

Para corroborar si los estudiantes participantes reconocen los requisitos de las actividades en términos de tipos de características, se le pidió a los participantes que indicaran, para cada actividad, si lo más importante para ellos realizarla es su aspecto físico, conocimiento o manera de ser. Para evaluar las respuestas de los participantes del estudio era necesario identificar una respuesta correcta para cada pregunta. Esto se hizo tomando como respuesta correcta la opinión de un grupo de cinco psicólogos que evaluó el tipo de característica que es más importante para realizar bien cada actividad. Hubo un alto grado de acuerdo entre los psicólogos. El por ciento de acuerdo fue 100% en 8 de las 12 actividades, 80% en 3 actividades y 60% en una actividad (Organizar una reunión). Cuando el grupo no estuvo de acuerdo se tomó la opinión de la mayoría como la contestación correcta. La Tabla 8 (página 256) presenta el por ciento de contestaciones correctas para los participantes de cada grado al evaluar la característica más importante para realizar bien las actividades.

El dato más importante que revela la tabla es que aún los participantes más pequeños, los de 8 años, reconocen que las actividades requieren distintos tipos de características personales para poder realizarlas bien. De los tres tipos de características requeridas, fue más fácil para ambos grupos identificar el conocimiento y la personalidad (modo de ser) que una característica física (fuerza, belleza). Como se esperaba, los participantes de 8 años tuvieron mucha más dificultad en identificar los tipos de características que los del grupo de 16 años. Los primeros señalaron de 7 a 12 actividades que requieren mayormente conocimientos, cuando solamente 4 de ellas lo requieren. Igualmente,

Tabla 6

Datos Básicos de las Variables Utilizadas en el Cuestionario sobre Actividades para el Grupo de 8 Años

Escala	Número reactivos	Confiabilidad	Media aritmética	Desviación estándar	Error de medición
1. Intereses Generales	12	.68	26.6	4.8	2.7
2. Expectativa de Desempeño	12	.61	25.8	4.4	2.7
3. Expectativa de Aprobación	12	.77	27.0	5.2	2.5
4. Sentido de Adecuacidad	12	.69	26.0	4.7	2.6
5. Fantasías	12	.84	23.3	6.3	2.5
6. Necesidades de Competencia	8	.71	26.2	7.6	4.1
7. Necesidades de Aprobación	7	.74	25.2	6.8	3.4
8. Necesidad de Autonomía	7	.67	22.4	6.6	3.8

Tabla 7

Datos básicos de las Variables Utilizadas en el Cuestionario Sobre Actividades para el Grupo de 16 años.

Escala	Número reactivos	Confiabilidad	Media aritmética	Desviación estándar	Error de medición
1. Intereses Generales	12	.64	26.7	3.9	2.3
2. Expectativas de Desempeño	12	.80	27.2	4.5	2.0
3. Expectativas de Aprobación	12	.83	29.2	4.6	1.9
4. Sentido de Adecuacidad	12	.75	29.1	4.4	2.2
5. Fantasías	12	.77	25.1	4.6	2.2
6. Necesidad de Competencia	8	.76	28.8	4.7	2.3
7. Necesidad de Aprobación	7	.66	27.8	5.4	3.2
8. Necesidad de Autonomía	7	.58	31.1	4.9	3.2

Tabla 8

Por ciento de Contestaciones Correctas para los Participantes de Cada Grado al Evaluar la Característica más Importante para Realizar Bien las Actividades.

Tipo de características	8 años	16 años	Promedio
Aspecto físico	36	55	45.5
Conocimiento	45	82	63.5
Manera de ser	31	73	52.0
Totales	**37**	**70**	**53.5**

Tabla 9

Correlaciones Obtenidas Entre Todas las Variables del Estudio para el Grupo de 8 años.

Escala	2	3	4	5	6	7
1. Intereses	.68	.63	.16	.16	.13	-.06
2. Expectativa de Desempeño		.63	.43	.15	.27	.09
3. Expectativa de Aprobación			.08	.04	.09	.04
4. Sentido de adecuación				.24	.34	.24
5. Necesidad de Competencia					.12	.19
6. Necesidad de Aprobación						.28
7. Necesidad de Autonomía						

de las 4 actividades donde un aspecto físico es lo más importante, solamente pudieron identificar correctamente 2 de ellas. De las 5 actividades donde la manera de ser es lo más importante solamente identificaron 1.

Todas las variables de estudio se miden mediante escalas en el Cuestionario Sobre Actividades. Esto podría resultar en que haya un factor común entre las variables de predicción y el criterio debido a que se utiliza un mismo método de medición, lo que aumenta artificialmente las correlaciones con el criterio. Para evaluar si ocurre esta varianza de método, se obtuvo una matriz de correlaciones entre todas las variables para cada grado. En la Tabla 9 se incluyen las correlaciones obtenidas entre todas las variables del estudio para el grupo de 8 años, mientras que en la Tabla 10 se incluyen las correlaciones para el grupo de 16 años.

Tabla 10

Correlaciones Obtenidas Entre Todas las Variables del Estudio para el Grupo de 16 años

Escala	2	3	4	5	6	7
1. Intereses	.66	.38	.52	.23	.06	-.02
2. Expectativa de desempeño		.61	.71	.43	.04	-.05
3. Expectativa de Aprobación			.70	.20	.26	.09
4. Sentido de adecuación				.38	.20	.24
5. Necesidad Competencia					.12	.19
6. Necesidad Aprobación						28
7. Necesidad Autonomía						

Los resultados en ambos casos indicaron que las correlaciones son moderadas. Incluso el 57% (12 de las 21) de las correlaciones obtenidas con la muestra de 8 años son .20 o menos. Igualmente, el 43% (9 de 21) de las correlaciones obtenidas en grupo de 16 años son .20 o menos. Estos datos evidencian que con toda probabilidad no hay un factor de método entre las variables.

Resultados

El modelo teórico general presentado anteriormente establece una relación causal entre las variables de predicción (necesidades psicológicas, las tres expectativas, el sentido de adecuación) y los intereses. También relaciones específicas entre las variables de predicción. Esta relación entre las variables puede evaluarse mediante un análisis de rutas ("path analysis"). Para este análisis se utilizó el programa MPlus (Muthén and Muthén, 1998) que utiliza ecuaciones estructurales (Structural Equations Modeling-SEM), lo que permite evaluar cuan bien el modelo se ajusta ("fit") a los datos. Como se mencionara anteriormente, se utilizan varios indicadores para evaluar el grado en que los datos son compatibles con el modelo propuesto. Una ventaja de este método es que cuando al ajuste del modelo no es enteramente satisfactorio, pero se acerca a serlo, el programa sugiere una serie de posibles cambios al modelo. El investigador en este caso evalúa aquellos cambios que son compatibles con su teoría y realiza aquellos que mejoran el ajuste a los datos y la teoría. Por tal razón muchos investigadores ven en el SEM un instrumento que contribuye al desarrollo de teorías.

Los resultados del análisis inicial para cada grado revelaron la necesidad de añadir rutas al modelo para hacerlo más compatible con los datos. Las rutas originales y las añadidas para cada grupo de edad se presentan en la Figura 5. En esta figura presentamos el Modelo General de Desarrollo de Intereses original en líneas sólidas y las rutas que añadimos en líneas entrecortadas. Los coeficientes correspondientes al grupo de 8 años de edad se presentan a la izquierda de la línea divisoria mientras que los correspondientes al grupo de 16 años de edad se presentan a la derecha de dicha línea. Los coeficientes que son estadísticamente significativos a un nivel de .05 o menos se indican con un asterisco. Los índices de ajuste para el modelo modificado se presentan en la Tabla 11 (página 261).

Luego de las modificaciones, los índices de ajuste para el 8 grupo de años de edad son los siguientes: comparative fit index (CFI) = .998. Tucker Lewis Index (TLI) = .986, standardized root, mean square residual (SRMR) = .003 and root mean square error of approximation (RMSEA) = .055. Para el grupo de 16 años, estos índices son: CFI= .995, TLI= .984, SRMR= .046, and RMSEA= .052. Valores de .95 o más en los primeros dos índices son indicativos de un buen ajuste. Para los otros tres índices, un buen ajuste resulta de valores de .05 o menos. A base de estos criterios encontramos que el modelo revisado se ajusta bien a los datos del grupo de 8 años de edad y también a los del grupo de 16 años de edad.

Los resultados indican que los coeficientes de rutas son diferentes para cada grado. Por ejemplo, el coeficiente de la ruta desde el sentido de adecuación hacia los intereses es cero (-.082) en el grupo de 8 años, lo que tiende a indicar que el sentido de adecuación no tiene ningún efecto sobre los intereses en ese grupo. Sin embargo, el coeficiente de esa misma ruta es .375 (estadísticamente

Figura 5. Rutas Originales y las Añadidas para Cada Grupo de Edad

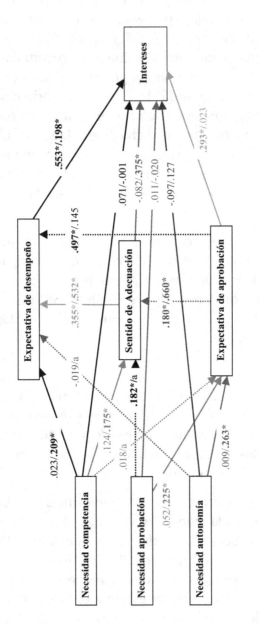

Leyenda:

* p< .05
Rutas en modelo propuesto ——————
Rutas añadidas ················
a = no incluida en grado 11

significativo) para el grupo de 16 años, lo que indica un efecto moderado del sentido de adecuación sobre los intereses en este otro grupo. (Kline, 2005, sugiere que el tamaño de los efectos de las variables se evalúen de la siguiente manera: alrededor de .10 es pequeño, alrededor de .30 es mediano y alrededor de .50 es grande). Veamos los resultados por grado.

Resultados del grupo de 8 años
Tabla 11

Índices de Ajuste para el Modelo Modificado

Estadísticas	8 años	16 años
X^2 Modelo	3.274	6.229
P	.350	.284
X^2 Base	135.643	288.978
P	.000	.000
CFI	.998	.995
TLI	.986	.984
SRMR		
P	.033	.046
RMSEA	.055	.052

Expectativas

En este grupo, la *expectativa de desempeño* (.553) tiene un gran efecto y la *expectativa de aprobación* (.293) tiene un efecto mediano al influenciar directamente el desarrollo de los *intereses* de los niños y las niñas. Por otro lado, expectativa de aprobación, además de su efecto directo sobre los *intereses*, también tiene un efecto directo sobre el *sentido de adecuación* (.180) y tiene una gran influencia sobre la *expectativa de desempeño* (.497). Estos dos efectos no se incluyeron modelo general original y se añadieron para mejorar el ajuste del modelo a los datos. Al influenciar directamente la *expectativa de desempeño*, tiene también una influencia indirecta (.136) sobre los *intereses*.

Sentido de adecuación

El *sentido de adecuación*, según se había pronosticado, no parece tener ninguna influencia directa sobre los *intereses*. Sin embargo, el *sentido de adecuación* tiene un efecto directo sobre la *expectativa de desempeño* (.355) y por lo tanto, un efecto indirecto (.196) sobre los *intereses*, a través de la *expectativa de desempeño*. La relación del sentido de adecuación con la expectativa de desempeño no se incluyó en el modelo original y fue añadido para mejorar el ajuste del modelo a los datos.

Necesidades psicológicas

En este grupo, las tres *necesidades psicológicas* aparentemente no tienen efectos directos sobre los *intereses*, ni sobre las expectativas. La *necesidad de aprobación* es la única que aparenta tener algún efecto directo (.182) y es sobre el *sentido de adecuación*; también tiene un efecto indirecto (.065) sobre la *expectativa de desempeño*.

Resultados para el grupo de 16 años

La *expectativa de desempeño* (.198) y el *sentido de adecuación* (.375) influencian directamente el desarrollo de los *intereses* en este grupo.

Expectativas

Aparentemente la *expectativa de aprobación* no influencia directamente los *intereses* en este grupo, ni tampoco a la *expectativa de desempeño*. Sin embargo, sorprende la fuerte influencia (.660) de la expectativa de aprobación sobre el *sentido de adecuación,* la cual es tres veces mayor que la encontrada con el grupo de ocho años. Esta relación no se incluyó en el modelo original y se añadió para mejorar el ajuste del modelo a los datos.

Sentido de adecuación

Además de su influencia directa sobre los *intereses*, el *sentido de adecuación* influencia directamente (.532) a la *expectativa de desempeño*. Esta relación se añadió para mejorar el ajuste del modelo a los datos.

Necesidades psicológicas

En este grupo las *necesidades psicológicas* tampoco aparentan influenciar directamente el desarrollo de los *intereses*. Sin embargo, distinto al grupo de 8 años, en este grupo la necesidad de competencia afecta directamente la *expectativa de desempeño* (.209) y al *sentido de adecuación* (.175). La *necesidad de aprobación* tiene el efecto esperado (.225) sobre la *expectativa de aprobación*.

Por otro lado, la *necesidad de autonomía* tiene el efecto esperado (.263) sobre la *expectativa de aprobación*.

Resumen y conclusiones

Aplicamos el modelo general de desarrollo de los intereses a los datos de estudiantes del grupo de 8 años de edad y al grupo de 16 años de edad entendiendo que las variables de predicción tienen una relación distinta con los intereses para cada grupo de estudiantes y entre sí. Esta predicción se confirmó ampliamente y encontramos que las algunas de las variables que afectan a los intereses son distintas en cada grupo. En el grupo de 8 años las expectativas de desempeño y aprobación se relacionan directamente con el desarrollo de los intereses. En el grupo de 16 años la expectativa de desempeño y el sentido de adecuación se relacionan directamente con el desarrollo de los intereses.

Un hallazgo similar resulta al examinar las relaciones entre las variables. En el grupo de 8 años las tres necesidades psicológicas no se relacionan directamente con las expectativas, sin embargo, en el grupo de 16 años se observan las relaciones directas esperadas según la teoría. En este grado la necesidad de competencia afecta directamente la expectativa de desempeño y al sentido de adecuación. La necesidad de aprobación y la necesidad de autonomía afectan directamente la expectativa de aprobación. En el grupo de 8 años la necesidad de aprobación afecta directamente al sentido de adecuación, pero no en el grupo de 16 años.

De las cinco rutas que no están incluidas en el modelo general y que fueron añadidas para mejorar el ajuste del modelo a los datos, tres resultaron con efectos significativos. La necesidad de aprobación tiene un efecto directo sobre el sentido de adecuación en el grupo de 8 años pero no en el grupo de 16 años. La expectativa de aprobación tiene un efecto directo sobre la expectativa de desempeño en el grupo de 8 años, pero no en el grupo de 16 años. Por último, la expectativa de aprobación también tiene un efecto directo sobre el sentido de adecuación tanto en el grupo de 8 años como en grupo de 16 años. Estas rutas adicionales indican que subestimamos la influencia que tiene la necesidad y expectativa de aprobación en el desarrollo de los intereses.

La teoría que proponemos establece que una actividad es interesante cuando la persona percibe que podría satisfacer sus tres necesidades psicológicas al realizar dicha actividad. Por tal razón, el modelo general predice una relación directa entre las tres necesidades y los intereses. Esta relación directa no se observa en el grupo de grupo de 8 años ni en el grupo de grupo de 16 años. Sin embargo, se observa relaciones indirectas entre las tres necesidades y los intereses, lo que confirma la importancia de incluir las tres necesidades en el modelo general. La falta de relaciones directas de las necesidades con los intereses amerita que busquemos posibles explicaciones a estos datos. Las siguientes son tres posibles explicaciones:

1. Deben esperarse relaciones directas entre las necesidades psicológicas y los intereses en la adultez temprana.

   El modelo presentado intenta abarcar las posibles relaciones entre variables durante el desarrollo de los intereses. Se sabe que el patrón de intereses se estabiliza en la adultez temprana (Campbell, 1971; Hansen, 1984; Swanson, 1999; Rottinghaus, Coon,

Gaffey & Zytowski, 2007). No todas las variables del modelo general están activas en cada nivel de desarrollo. En el grupo de 8 años ninguna de las necesidades psicológicas tiene efecto directo significativo sobre las expectativas ni los intereses; hay solamente un efecto directo significativo y éste es de la necesidad se aprobación sobre el sentido de adecuación.

Sin embargo, en el grupo de grupo de 16 años en vez de uno, hay 4 efectos directos significativos, tres de éstos sobre las expectativas y uno sobre sentido de adecuación. Si el número de efectos directos depende del nivel de desarrollo de los participantes, podemos esperar efectos directos significativos de las necesidades sobre los intereses con grupos de mayor edad, como por ejemplo, jóvenes adultos,

2. Los efectos directos de las necesidades sobre los intereses dependen del nivel en que los participantes están conscientes de sus características personales.

Aunque el desarrollo de intereses es un proceso mayormente implícito, por lo tanto inconsciente, hay componentes del modelo que están más accesibles a la conciencia que otros. Por ejemplo, las expectativas son elementos cognitivos y como tales son productos del pensamiento, por su naturaleza deben estar más accesibles a la conciencia. Por otro lado, las necesidades son esencialmente disposiciones o atributos personales por lo que se requiere un proceso de auto evaluación para tomar conciencia de ellas.

Una indicación de que esto ocurre es que en el grupo de 8 años no hubo efecto directo del sentido de adecuación (el cual incluye atributos psicológicos y características físicas y sociales) sobre los intereses, pero sí lo hubo en grupo de 16 años.

3. Otra posibilidad es que las necesidades psicológicas toman tiempo en desarrollarse. Hemos propuesto que los seres humanos nacemos con ciertas necesidades psicológicas y que hay diferencias individuales en la intensidad de éstas. Suponemos que una actividad resulta interesante cuando la persona percibe que al realizar dicha actividad podría satisfacer dichas necesidades. Sin embargo, cabe la posibilidad de que inicialmente las necesidades son relativamente débiles y solamente logran que la persona preste atención a la actividad. El interés en dicha actividad resultaría entonces de satisfacer las expectativas de desempeño y aprobación y más tarde, en lograr un alto sentido de adecuación entre las características de la persona y la actividad.

Limitaciones del Estudio

Como señalamos anteriormente, la limitación mayor del estudio es que es de naturaleza transversal donde estudiantes de distintas edades se examinan simultáneamente. No se puede concluir definitivamente que las variables del estudio causan los intereses a base de correlaciones únicamente. Un argumento más fuerte de causalidad se puede hacer con estudio longitudinal donde los participantes se evalúen periódicamente durante varios años.

Una segunda limitación es el tamaño de las muestras. En las aplicaciones de ecuaciones estructurales es recomendable utilizar muestras de sobre 200 personas. Sin embargo, el que el modelo se ajuste a los datos, aún con muestras pequeñas es muy alentador. Otra limitación es que los análisis de reactivos utilizados para depurar las escalas del Cuestionario Sobre Actividades se realizaron con las mismas muestras del estudio principal. Esto podría crear una dependencia de los resultados entre ambos estudios.

CAPÍTULO 8

CONSIDERACIONES FINALES

H ay un consenso entre los investigadores sobre algunas de las características de una buena teoría (Osipow, 1983). La función principal de una teoría es ayudar a conceptuar un campo del saber y relacionar de forma coherente una serie de observaciones que de otra manera parecerían datos inconexos. La teoría debe servir para explicar muchos de los datos existentes y para crear nuevos conocimientos. Idealmente, una sola teoría debe servir de base para conceptuar todas estas observaciones, pero esto rara vez sucede. Entre las características de una buena teoría están las siguientes: a) debe incluir una serie de hipótesis que estén sujetas a corroboración mediante la investigación científica; b) debe contribuir a: un mejor entendimiento del campo al explicar las observaciones existentes; y debe permitir que se genere nuevo conocimiento. En este capítulo discutiremos en qué medida la teoría propuesta reúne estos criterios.

Entre los propósitos de formular una teoría están el crear nuevos conocimientos en un área particular de investigación, proveer explicaciones razonables a datos observados y proponer hipótesis que puedan verificarse científicamente y finalmente, que tenga implicaciones importantes para la práctica profesional. Es conveniente entonces, examinar cómo la teoría que hemos propuesto cumple con estos propósitos. Primeramente, hemos presentado la teoría acompañada de una serie de investigaciones realizadas previamente por otros investigadores las cuales tienden a apoyar la solidez de la misma. Todos los hallazgos investigativos que hemos encontrado son, hasta ahora, conforme a las hipótesis planteadas. Osipow (1983) sugiere las siguientes preguntas para evaluar una teoría: ¿Cuán amplia es la teoría?; ¿Son lógicamente consistentes los componentes de la teoría?; ¿Con qué claridad se presentan los supuestos?; ¿Se pueden medir los conceptos propuestos?; ¿Incluye hipótesis que puedan someterse a verificación científica?; ¿Cuán bien explica los hechos que se conocen?; ¿Permite obtener nuevos conocimientos? En este capítulo examinaremos en qué medida entendemos que la teoría propuesta responde afirmativamente estas interrogantes.

¿Cuán amplia es la teoría?

La investigación sobre los intereses se ha realizado en dos líneas paralelas: sobre la estructura de los intereses y sobre el desarrollo de los mismos. En la teoría que hemos presentado se sugiere que estas investigaciones se refieren a dos aspectos de los intereses: cognitivo y afectivo. Sugerimos que las teorías e investigaciones sobre estructura de los intereses se refieren a conceptos clasificatorios de actividades, y que las teorías e investigaciones sobre el desarrollo de intereses se refieren al desarrollo de sentimientos hacia dichas categorías. De esta manera se integran aspectos que hasta el momento se han mantenido separados. Por otro lado, las teorías actuales no explican cómo surgen los intereses en la niñez, cómo cambian durante su desarrollo, ni cómo se convierten en rasgos o disposiciones personales. La teoría que hemos propuesto sí lo hace, y además sugiere que los intereses son necesidades aprendidas, son formas particulares de satisfacer las necesidades de competencia, autonomía y aceptación.

¿Son lógicamente consistentes los componentes de la teoría?

Entendemos que sí. Hemos propuesto que se pueden integrar aspectos de la perspectiva de rasgos con aspectos de la perspectiva social cognitiva para explicar mejor los intereses. A nuestro entender, ambas perspectivas describen al ser humano parcialmente. Proponemos una visión más integral que acepta que las personas poseen rasgos relativamente permanentes y que además desarrollan creencias, expectativas y planes, por lo que estas variables internas contribuyen a determinar la conducta. También que la conducta, las cogniciones (incluyendo cogniciones sobre rasgos) se relacionan recíprocamente como surge de la perspectiva social cognitiva. La evidencia de las investigaciones informadas aquí tienden a apoyar el modelo general de desarrollo de intereses propuesto e indirectamente tienden a apoyar la integración de variables típicas de ambas perspectivas.

¿Con qué claridad se presentan los supuestos?

La mayoría de los supuestos planteados no son nuevos. Hemos realizado un esfuerzo en presentarlos con claridad;

con el tiempo sabremos en qué medida lo hemos logrado. Algunos de estos son que los siguientes:

1) Los intereses surgen en la niñez como parte del esfuerzo del ser humano por organizar el mundo a base de conceptos clasificatorios. Los conceptos clasificatorios de actividades corresponden a las áreas de intereses y a las ocupaciones. Simultáneamente surgen sentimientos de agrado, desagrado o indiferencia hacia dichas áreas de intereses. En el caso de las ocupaciones que incluyen actividades heterogéneas, el desarrollo de afecto hacia las mismas se centra en dos o más áreas de intereses de cada ocupación.

2) Inicialmente surge un número reducido de categorías amplias, a medida que los niños y niñas se desarrollan cognitivamente surgen categorías más específicas y complejas. Las categorías amplias y las más específicas coexisten y pudieran considerarse como niveles de especificidad de los conceptos.

3) Las necesidades psicológicas se satisfacen al realizar actividades apropiadas a cada necesidad. La satisfacción de dicha necesidad resulta en un sentimiento de placer ligado a la necesidad. Por ejemplo:

   • La necesidad de competencia se satisface cuando la persona realiza una actividad que le permite obtener información, aprender, demostrar sus capacidades o desarrollar sus capacidades. El sentirse competente produce sentimientos de satisfacción y placer.

- La necesidad de autonomía se satisface cuando la persona realiza una actividad que le permite tomar control de una situación, tomar decisiones y reafirmar que es una persona única, distinta a las demás. El sentirse autónoma produce sentimientos de satisfacción y placer.

- La necesidad de aprobación se satisface cuando la persona realiza una actividad que resulta en reacciones de aprobación por parte de las personas significativas. El sentir que la actividad realizada es aprobada por el grupo y que su desempeño en la misma también es aprobado, produce sentimientos de satisfacción y placer.

4) Las personas buscan en el medio ambiente actividades que le permitan satisfacer sus necesidades psicológicas. El interés en una actividad particular surge, cuando la persona percibe que realizando dicha actividad (en la realidad o fantasía), puede satisfacer una o más de sus necesidades psicológicas. Esa percepción le lleva a anticipar la satisfacción que podría recibir al realizar la actividad.

5) Los niños pequeños no pueden o no se les permite realizar la mayoría de las actividades que le interesan por lo que, para satisfacer sus necesidades psicológicas, recurren a los juegos, la observación de modelos que le permiten realizar las actividades vicariamente al identificarse con dichos modelos, y a la fantasía.

ORIGEN, DESARROLLO Y NATURALEZA DE LOS INTERESES

¿Se pueden medir los conceptos propuestos?

Todos los conceptos que se incluyen en el modelo teórico fueron medidos mediante instrumentos desarrollados y utilizados en las investigaciones informadas.

¿Incluye hipótesis que puedan someterse a verificación científica?

Para cada aspecto de la teoría se formularon hipótesis específicas. Muchas de estas fueron evaluadas mediante las investigaciones informadas.

¿Cuán bien explica los hechos que se conocen?

Incluimos algunos hechos importantes que están en controversia y que pueden ser contestados a base de la teoría.

Diferencia entre intereses expresados e inventariados

Según Savickas (1999a, página 4), una de las preguntas perennes en la consejería vocacional es, ¿cómo se deben interpretar las diferencias de resultados entre los intereses medidos y los expresados?

Las diferencias en los resultados que se han informado en la literatura se deben en buena parte, a una confusión en el uso de los términos y a que se utilizan definiciones distintas para los intereses expresados y los inventariados (Sivia, 2001). Por ejemplo, algunos llaman *intereses medidos* o *measured interests* (Savickas, 1999b; Spokane & Decker, 1999) a lo que Super (1957, página 219) denominó *intereses inventariados*. Para Super, los *intereses medidos* o *tested interests* se refieren a las puntuaciones en pruebas de información. Por otro lado, Savickas (1999b); Spokane & Decker (1999) consideran que los intereses inventariados (que ellos llaman intereses medidos) se refieren solamente a las puntuaciones de un inventario con escalas empíricas, como son las escalas ocupacionales del Strong. Llaman entonces *intereses expresados* a las puntuaciones en inventarios con escalas homogéneas o teóricas. También consideran *intereses expresados* la ocupación que una persona *tiene* o desea (Spokane & Decker, 1999, página 214).

Para examinar las diferencias entre intereses inventariados e intereses expresados se debe primero, llegar a un acuerdo sobre la definición de los términos. Nosotros sugerimos que se utilicen las definiciones presentadas por Super (1957, página 219):

> "Intereses inventariados son estimados de intereses basados en las respuestas a un número grande de preguntas sobre gustos o disgustos, o relacionadas al orden o preferencia por grupos de actividades. Estas respuestas se resumen mediante métodos estadísticos que resultan en una puntuación para cada una de un número de ocupaciones o tipos de actividades ocupacionales."

> "Intereses expresados son expresiones o profesiones de intereses específicos; son preferencias. Entonces un niño (o una niña) puede decir que está interesado (o interesada) en coleccionar sellos o en ingeniería."

> "Intereses medidos (Tested Interests) son intereses manifiestos, pero intereses manifiestos en condiciones controladas en vez de en situaciones

de vida. Por lo tanto, una prueba sobre la cantidad de información retenida sobre diferentes ocupaciones luego de observar una variedad de láminas ocupacionales, o el tiempo dedicado a examinar cada uno de una serie de folletos sobre dichas ocupaciones, sería una prueba de intereses".

"Intereses manifiestos se expresan, no en palabras, sino en acción, mediante la participación en actividades. Por tanto, una muchacha expresa interés en la música al ingresar a un club de bailes (glee club), al cantar en el coro de la iglesia y al coleccionar discos clásicos."

Las definiciones de *intereses manifiestos* o *intereses medidos* que sugirió Super (1957) han perdido vigencia en la actualidad, tal vez porque se reconoce que éstos se reflejan en la conducta de los individuos y la conducta está determinada por múltiples variables. Por ejemplo, una persona que ingresa a un club de bailes pudiera hacerlo porque le interesa compartir con cierta persona en particular y no porque le interese mucho la música. De igual manera, un estudiante pudiera conocer sobre deportes porque su única oportunidad de trabajo en el verano fue en una tienda de equipo deportivo y no porque le interesen los deportes.

En varias investigaciones los intereses expresados utilizados resultan de las respuestas a preguntas sobre preferencias, aspiraciones, planes o decisiones ocupacionales o de estudio. Debe ser evidente que se miden cosas distintas cuando se pregunta: ¿Qué te gustaría ser en el futuro?, Si pudieras lograr lo que quisieras, ¿a qué ocupación aspirarías?, ¿Por qué programa de estudios te has decidido?

Las preferencias, aspiraciones y decisiones ocupacionales representan distintas consideraciones de variables que no son parte de los intereses. El que a una persona tenga interés en una ocupación o actividad, por ejemplo la música, no significa necesariamente que aspira, planifica o se haya decidido por ese campo de interés. Los intereses se definen en términos de sentimientos de agrado, desagrado o indiferencia y nada más. El uso de definiciones distintas para las variables de estudio implica que se evalúan dimensiones teóricas distintas (Sivia, 2001). Además, los intereses inventariados son medidas complejas que incluyen muchos reactivos y sus puntuaciones son normalizadas, mientras que las preguntas que se utilizan en la evaluación de los intereses expresados usualmente se refieren a una sola ocupación. Esto resulta en que se compararan medidas muy disimilares en cuanto a su contenido y que tienen métricas y confiabilidades distintas.

Efecto de las instrucciones

Strong (1943) trató, a través de un conjunto de instrucciones, que las personas hicieran un esfuerzo de responder a su inventario a base de sus intereses exclusivamente, sin tomar en consideración sus habilidades u otros aspectos personales. Sin embargo, algunos investigadores contemporáneos no ven la necesidad de incluir este tipo de advertencia en sus inventarios de intereses. Para complicar la situación, muchas personas asumen que las puntuaciones obtenidas en la Búsqueda Auto Dirigida de Holland (Self-Directed Search) miden intereses y no personalidad, a pesar de que en dicho instrumento se suman las puntuaciones de las actividades, ocupaciones y fantasías, con las evaluaciones de habilidades. Como se sabe, las evaluaciones de habilidades representan un concepto muy distinto al de los intereses. Las instrucciones de que incluye el Strong y algunos otros inventarios tienen el propósito de que la persona, al responder al inventario, exprese sus intereses separándolos de las habilidades y consideraciones económicas, sociales y físicas, pero sabemos muy poco de en qué medida esto se logra. La verdad es que no hay muchos estudios sobre qué ocurre en la mente de las personas cuando responden a un inventario de intereses (Spokane, 1999), esto es de la *validez sustantiva* de los inventarios de intereses. En su revisión de la literatura sobre la evidencia acumulada sobre la validez de los inventarios de intereses Fouad (1999) no pudo citar un solo estudio que produjera evidencia empírica sobre los procesos mentales al responder a un inventario de intereses corresponden a los procesos esperados.

En uno de los pocos estudios sobre el tema, Ortíz Labiosa, L., River, O. y Gago, M. (2005) estudiaron la validez sustantiva del Inventario Cirino de Intereses (Forma E), que incluye instrucciones similares a las del Strong. Administraron el ICI a un grupo de 10 estudiantes en forma individual y los participantes expresaron sus pensamientos en voz alta al responder a los reactivos. Al terminar, los investigadores preguntaron sobre las razones para las respuestas a una muestra de reactivos de todas las escalas. Todo el proceso fue grabado para su análisis posterior. Entre las conclusiones del estudio se destaca que alrededor de una tercera parte de los participantes respondieron a los reactivos tomando en consideración sus habilidades y dos terceras parte no tomaron sus habilidades en consideración al responder.

En la teoría presentada aquí, los intereses se refieren a sentimientos de agrado, desagrado o indiferencia hacia tipos de actividades. Cuando una persona toma un inventario de intereses sus respuestas representan el grado en que le gusta cada una de los tipos de actividades representados por las escalas del inventario. De igual manera, se presume que cuando se le pregunta sobre una actividad u ocupación específica (ser músico), la persona incluye dicha actividad u ocupación dentro de una categoría de actividades (actividades musicales). En otras palabras, la persona percibe la actividad u ocupación como un ejemplo de un tipo de actividades. Los intereses inventariados miden variables latentes que corresponden a categorías de actividades (musicales, científicas). Las actividades u ocupaciones que se incluyen en cada escala de un inventario son indicadores de la variable latente que mide la escala. Desde esa perspectiva, los intereses expresados o específicos, son también indicadores de esa variable latente. Por otro lado, partiendo de las definiciones de Super (1957), todos los reactivos de un inventario son intereses expresados.

En algunos inventarios de intereses de tiempo libre, se instruye a los clientes a responder solamente sobre aquellas actividades que han realizado o conocen bien. Es de esperarse que los resultados de estos inventarios sean marcadamente diferentes de otros inventarios de intereses. Esto, porque se combinan intereses con oportunidades y otras variables.

Diferencias de intereses entre los géneros

Durante el desarrollo, los niños y niñas aprenden a diferenciar las actividades que son propias de cada sexo.

Se recordará que Tyler (1955) encontró que ya a los 10 años los niños y las niñas pueden diferenciar las actividades que socialmente se consideran apropiadas para cada sexo. Las dos escalas en las que las diferencias son mayores parecen ser la de intereses manuales o mecánicos, donde el promedio de los varones suele ser hasta tres veces mayor que el de las féminas, y la escala social o de servicio social donde el promedio de las féminas suele ser hasta dos veces mayor que el de los varones.

Desde los años 70 se han establecido guías con el propósito de minimizar el prejuicio por sexo en los inventarios de intereses y que éstos sean más imparciales (Diamond, 1975). Cole y Hansen (1975) sugieren que una de las metas de los inventarios de intereses debe ser promover que las féminas consideren las mismas ocupaciones que los varones y darles así la oportunidad de decidir si desean ingresar a ocupaciones distintas a las que fueron socializadas en su niñez. Esto se logra en las escalas homogéneas, que ellos llamaron de "actividades similares", con la utilización de normas por sexo. En el caso de las escalas empíricas, que ellos llamaron "de personas similares", la situación es más difícil porque se desarrollan escalas a base de las personas empleadas en cada ocupación y hay ocupaciones donde se emplean muy pocas mujeres.

La teoría propuesta identifica las variables importante en el desarrollo de los intereses en la niñez. Entre éstos están la necesidad de aprobación, la expectativa de aprobación y el aprendizaje mediante observación. Esta identificación de variables permite, por lo menos en teoría, realizar intervenciones tempranas para lograr que los niños y las niñas desarrollen intereses en actividades y ocupaciones no tradicionales para su género.

¿Permite obtener nuevos conocimientos?

En términos de adelantar el conocimiento que se tiene encontramos que al comparar el resumen de lo que se conoce hasta ahora, con las explicaciones y los hallazgos de las investigaciones iniciales presentadas, encontramos respuestas a las persistentes interrogantes sobre los intereses:

a) ¿Qué son los intereses, cuál es su naturaleza?

Hemos propuesto que los intereses tienen tres componentes principales. Desde el punto de vista cognitivo son conceptos clasificatorios de actividades, los cuales surgen en la niñez como parte del esfuerzo de ordenar, entender y controlar el medio ambiente. Hemos presentado resultados de investigaciones que tienden a apoyar la hipótesis de que los niños y niñas crean conceptos clasificatorios para agrupar actividades. También, que estas agrupaciones de actividades coinciden sustancialmente con los resultados de análisis factoriales.

Desde el punto de vista afectivo los intereses son sentimientos de agrado, desagrado o indiferencia hacia esos conceptos. Estos sentimientos se desarrollan cuando coinciden dos circunstancias: 1) la persona percibe que un tipo particular de actividad tiene el potencial de satisfacer sus necesidades psicológicas de competencia, autonomía y aprobación, y 2) la persona considera que hay un alto grado de adecuación entre los atributos que ella cree tener y los requeridos para realizar la actividad exitosamente, lo que la lleva también a identificarse con el tipo de actividad en cuestión. Desde el punto de vista conductual, intereses son los sentimientos de agrado, desagrado o indiferencia que desarrolla una persona desde su infancia hacia tipos de actividades (homogéneas, como en el caso de los intereses sociales o heterogéneas, como en el caso de las ocupaciones) que le impelen a querer realizar los tipos de actividades que le agradan, rechazar las que le desagradan y realizar las indiferentes cuando hay otras consideraciones. Estos sentimientos hacia tipos de actividades son maneras particulares de satisfacer las necesidades psicológicas de competencia, autonomía y aprobación.

Sobre la naturaleza de los intereses se señala que *son necesidades aprendidas* que deben ser satisfechas independientemente de otras necesidades psicológicas. Los sentimientos de agrado, desagrado o indiferencia hacia un tipo de actividades se convierten en necesidades (un tipo de disposiciones personales o rasgos) cuando durante muchos años ocurren dos conjuntos de circunstancias. En primer lugar: 1) la persona realiza o rechaza realizar (en la realidad o en sus fantasías) por su *propia voluntad* ciertas actividades, por lo que satisface su necesidad de autonomía, 2) su desempeño es *exitoso* (cumple con estándares establecidos), por lo que satisface su necesidad de competencia, y 3) recibe la *aprobación* de sus pares, por lo que satisface su necesidad de aprobación. En segundo lugar, cuando por muchos años se satisfacen consistentemente las tres necesidades psicológicas, llega el momento que el realizar la actividad resulta en satisfacción. Desde ese momento se realiza la actividad por la satisfacción que se deriva de ella.

b) ¿Hay intereses que surgen primeros que otros? ¿Cuáles? ¿A qué edad?

Las respuestas a estas preguntas son de naturaleza empírica, pero no se puede contestar con una sola investigación como la que hemos realizado. El conjunto de factores que surgen en un análisis factorial particular depende de los reactivos que se hayan incluido en el inventario que se analiza y en la muestra de personas que lo tomó (Nunnally & Berstein, 1994). Por ejemplo, si en un análisis se incluyen suficientes reactivos relacionados con los cómputos matemáticos, es probable que surja un factor de matemáticas (Cronbach, 1970). Por lo tanto, la respuesta definitiva a esta pregunta debe esperar a que se realicen muchos estudios con distintos inventarios de intereses para niños y niñas y que en algunos de estos estudios sean longitudinales donde se examinen las mismas personas a través de varios años. Las respuestas que presentamos son por el momento tentativas en el sentido de que pueden existir otros factores adicionales a los factores encontrados en nuestra investigación.

Los resultados de los análisis factoriales por edad que realizamos indican que en efecto, hay unos intereses que surgen primero que otros. Encontramos 7 factores de intereses en los estudiantes de 9 años de edad que están en tercer grado. Esto nos lleva a concluir que la mayoría de los niños y niñas de esta edad han desarrollado al menos estos intereses.

Presentamos evidencia de que para los nueve años de edad, han surgido los intereses manuales, servicio social, científicos, comerciales, musicales y servicios de salud. Encontramos intereses de oficina en los participantes de

10 años, artísticos en los participantes de 12 años y legales en la muestra de 13 años.

c) ¿Cómo se convierten los intereses en disposiciones personales?

Hay evidencia abundante de que los patrones de intereses tienden a estabilizarse durante la adolescencia y la adultez temprana y que tienden a cambiar muy poco en la adultez. Esto ha llevado a un consenso entre los investigadores de que los intereses son disposiciones personales relativamente permanentes, pero se sabe muy poco porqué o cómo ocurre esta estabilización. Hemos sugerido que los intereses son necesidades aprendidas, son formas particulares de satisfacer las necesidades psicológicas de competencia, autonomía y afiliación que deben ser satisfechas independientemente de estas necesidades. Sugerimos que los intereses son "apetitos psicológicos" porque en situaciones normales se utilizan para satisfacer las demás necesidades psicológicas. Propusimos que la independencia de los intereses de las otras necesidades psicológicas ocurre como consecuencia de la internalización de estándares de desempeño.

¿Promueve la teoría más investigación?

Investigaciones futuras

Las investigaciones sobre los intereses se han realizado mayormente en el campo vocacional y educativo. El considerar que los intereses tienen un aspecto cognitivo y otro afectivo pudiera abrir las puertas a investigaciones en otros campos, como el de la psicología cognitiva y la medición. Algunas posibilidades son las siguientes:

En la psicología cognitiva hay mucha investigación sobre la predicción de las respuestas a los reactivos partiendo de componentes cognitivos como son codificación de estímulos, comparación de características de éstos, deducción de reglas, aplicación de reglas y justificación de respuestas (Show & Lohman, 1993). En las pruebas de aprovechamiento se examinan componentes tales como procesos cognitivos, estrategias de respuestas y estructuras de conocimiento (Embretson, 1995). De la misma manera que se investigan los componentes cognitivos de los reactivos de las pruebas, se podría identificar los componentes cognitivos de las actividades que se utilizan como reactivos en los inventarios de intereses. Dicha identificación permitiría investigar cómo estos componentes cognitivos se relacionan con la agrupación de dichas actividades en factores de intereses. Esto podría dar base a teorías substantivas y de procesos de los intereses las cuales se investigarían como parte del estudio del aspecto de la validez substantiva de los inventarios de intereses (Messick, 1995). Como primer paso en esa dirección sugerimos los siguientes cuatro componentes de cualquier actividad: 1) qué se hace, 2) a quién o a qué se dirige la acción, 3) para qué se realiza y 4) en qué tipo de ambiente.

Por ejemplo, cuando una persona responde al reactivo *nadar*, reacciona al verbo (primer componente), pero debe presumir que la acción se dirige a la propia persona, que el propósito es probablemente para divertirse y que el ambiente es presumiblemente al aire libre. Algunos de los factores de intereses que conocemos parecen basarse en combinaciones de dos o más de estos componentes de las actividades. Por ejemplo, la esencia del *factor de servicio social* parece ser *ayudar* (verbo) *a otras personas* (a quién). Por otro lado, la esencia del *factor de servicios de salud,* que correlaciona bastante con el de servicio social, parece ser *ayudar a otras personas en un ambiente médico*. Si esta concepción de estos dos factores es correcta, entonces se podrían manipular los componentes de las actividades para predecir los factores de intereses que deben surgir. Se podrían incluir en un inventario varias actividades que conlleven ayudar a otras personas y también varias actividades que conlleven ayudar a otras personas en un ambiente médico. Se realizaría entonces un análisis factorial para corroborar si surgen dos factores grupales que incluyan estos dos grupos de actividades.

¿Qué implicaciones prácticas tiene?

Hemos planteado que existen por lo menos tres necesidades psicológicas (competencia, autonomía y aprobación) que son innatas y que hay diferencias individuales en la intensidad de éstas. Esto es, cada persona difiere de otras en cuanto a la intensidad de sus necesidades psicológicas, por lo que cada persona tiene un patrón característico de sus necesidades. Aunque que no se esté consciente de ellas, particularmente durante la niñez, las necesidades energizan, integran y dirigen buena parte de la conducta. Estas características de las necesidades psicológicas implican que conocer el patrón característico de necesidades de cada persona es de gran importancia. Para los maestros es esencial conocer las necesidades psicológicas de los estudiantes, mientras que el profesional de orientación y consejería podría añadir escalas de necesidades a su conjunto de pruebas.

En las investigaciones presentadas aquí se ha demostrado que es posible medir las necesidades psicológicas, aún en niños y niñas pequeños de tercer grado, mediante escalas diseñadas para niños. Por lo tanto, las necesidades psicológicas se puedan medir en niños y niñas de edad escolar con el propósito de ayudar a los maestros y maestras a diseñar experiencias académicas apropiadas a cada uno. También hemos argumentado que los intereses son necesidades derivadas, que surgen en la niñez y aumentan en complejidad y número con la edad. Esto abre la posibilidad de que también los intereses se midan en niños y niñas de edad escolar con el mismo propósito de adecuar la enseñanza a sus necesidades. Estas evaluaciones podrían resultar en que el maestro y la maestra dispongan de un cuadro bastante completo de las diferentes necesidades que motivan a sus discípulos.

En la actualidad se identifican lecturas que sean de interés general a la mayoría de los estudiantes en cada nivel de edad para lograr motivar a los y las estudiantes a leer. El medir los intereses particulares de cada niño y niña permitiría identificar lecturas con un grado máximo de interés para cada estudiante. Esto permitiría un mayor grado de individualización de la enseñanza y de atención personalizada que la lograda con lecturas de interés general. Por otro lado, debemos presumir que los niños y las niñas conocen más de los temas que le interesan que de los temas de interés general o que no le interesan. Este conocimiento inicial sobre un tema debe tener un efecto positivo sobre el desarrollo de las destrezas de lectura.

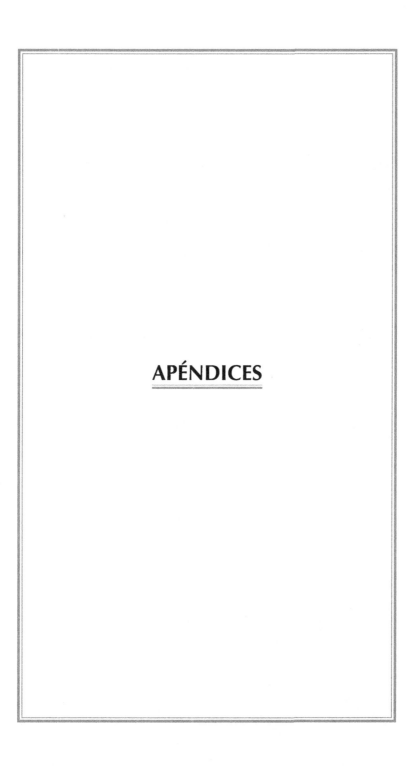

APÉNDICES

APÉNDICE A

Inventario Experimental de Intereses
para Escuela Elemental

Instrucciones Generales

Este es un inventario de intereses, **NO** es un examen. Por lo tanto, **NO** hay contestaciones correctas e incorrectas, pues lo que le gusta a una persona puede ser diferente a lo que le gusta a otra. Queremos conocer si te gustan las actividades que se te presentarán en la siguiente lista. Para cada una de las actividades te damos cinco alternativas de respuestas: **Gusta mucho (GM)**, **Gusta un poco (G)**, **Indiferente (I)**, **Disgusta un poco (D)**, **Disgusta mucho (DM)**.

Para indicar su contestación a una actividad, llene completamente el círculo correspondiente de la hoja de contestaciones.

Por ejemplo: Si la actividad es:

	GM	G	I	D	DM
1. Volar chiringas	●	O	O	O	O
2. Conversar con un grupo de amigos	O	●	O	O	O
3. Bañar a tu mascota	O	O	●	O	O
4. Sembrar árboles	O	O	O	●	O
5. Sentarse a ver pasar la gente	O	O	O	O	●

Trata de repartir tus contestaciones entre todas las posibles respuestas. Aunque no hay límite de tiempo, debes contestar lo más rápido que puedas. Es muy importante que respondas a todas las actividades.

1. Estudiar cómo hacer dibujos

2. Hacer títeres o marionetas

3. Hacer castillos o muñecos con arena en la playa

4. Pintar con crayolas

5. Estudiar cómo hacer fotografías

6. Adornar el salón de clases

7. Trabajar con papel de construcción

8. Combinar colores

9. Escribir una canción

10. Armar modelos de aviones de juguetes

11. Decorar un árbol de Navidad

12. Pintar con las manos

13. Moldear plasticina

14. Practicar para una obra de teatro en el salón de clases

15. Trabajar en una oficina

16. Usar una computadora en la oficina

17. Repartir el correo

18. Escribir en la maquinilla

19. Organizar materiales de la oficina en un armario

20. Contestar el teléfono en una oficina

21. Corregir exámenes

22. Sacar fotocopias

23. Trabajar en la biblioteca de una escuela

24. Sumar y restar números

25. Trabajar en un escritorio

26. Enviar cartas por correo

27. Guiar un carro de bomberos

28. Aprender a utilizar la máquina de cortar madera

29. Arreglar cosas que están dañadas

30. Hacer una casa de madera para un perro

31. Armar rompecabezas

32. Arreglar una lámpara de mesa

33. Trabajar con madera

34. Destapar un fregadero

35. Guiar una guagua

36. Ayudar a pintar tu casa

37. Mezclar cemento para hacer una verja

38. Hacer un hoyo profundo con pico y pala

39. Reparar un juego electrónico

40. Construir una acera

41. Desarmar una bicicleta

42. Organizar un cumpleaños

43. Hablar por la radio

44. Contar cómo sucedió un accidente

45. Enseñar a bailar

46. Hacer reír a las personas

47. Tener muchos amigos

48. Hacer la lista de invitados a una boda

49. Hablar frente a la clase

50. Dar órdenes a un grupo de personas

51. Enseñar en una escuela

52. Cantar frente a un grupo de personas

53. Hacer una fiesta en tu casa

54. Cantar en un coro

55. Ser bien conocido en la escuela

56. Entrevistar personas para el periódico de la escuela

57. Ayudar a la gente

58. Visitar enfermos en un hospital

59. Darle medicinas a un enfermo

60. Cuidar ancianos

61. Cuidar niños pequeños

62. Llevarle regalos a los presos

63. Ver un programa de televisión sobre rescate de personas

64. Ayudar a un herido

65. Dar dinero a los pobres

66. Ayudar a familias con problemas

67. Ayudar a personas impedidas

68. Enseñarle a caminar a niños impedidos

69. Ayudar a los ancianos a cruzar la calle

70. Llevarle ropas a las personas necesitadas

71. Llevarle comida a una persona necesitada

72. Ver una película de detectives

73. Ver las noticias por televisión

74. Decirle a la policía cómo ocurrió un robo

75. Entrevistar a una abogada famosa

76. Ver películas sobre juicios en corte

77. Discutir

78. Hablar de política con tus amigos

79. Participar en unas elecciones en la escuela

80. Defender tus derechos

81. Ser candidato para presidente de tu clase

82. Escuchar discursos políticos

83. Estudiar sobre leyes

84. Ir a una campaña de tu partido político

85. Conocer a un candidato a gobernador

86. Vender juguetes

87. Tener un negocio que sea tuyo

88. Vender refrescos en la escuela

89. Prestar dinero y cobrar intereses

90. Cobrar el periódico

91. Cambiar un juguete tuyo por otro de un amigo

92. Vender ropa en una tienda

93. Vender chocolates de casa en casa

94. Vender películas de video

95. Rifar un juego electrónico

96. Preparar refrescos para vender

97. Guardar dinero

98. Tener un carrito de "hot dogs"

99. Comprar cosas para venderlas

100. Buscar en el diccionario

101. Escribir un cuento

102. Estudiar en la universidad

103. Escribir en la pizarra

104. Contar historias

105. Hablar en un programa de televisión

106. Dar información a la gente

107. Hablar otros idiomas

108. Dar una orientación a los estudiantes

109. Hablar frente a la clase

110. Discutir sobre noticias

111. Escribir una historia

112. Leer sobre la vida de los escritores

113. Viajar al espacio

114. Hacer experimentos científicos

115. Estudiar los planetas y las estrellas

116. Hacer experimentos con animales

117. Aprender matemáticas

118. Inventar una nueva medicina

119. Estudiar las rocas

120. Investigar cómo funciona un juego electrónico

121. Estudiar el mar

122. Construir el avión más rápido del mundo

123. Investigar cómo funciona el cuerpo humano

124. Aprender a usar fórmulas matemáticas

125. Coleccionar mariposas

126. Vivir en otros planetas

127. Investigar cómo eran los dinosaurios

128. Tocar el piano

129. Tomar clases de guitarra

130. Bailar en un grupo de ballet

131. Tener siempre la radio en una estación musical

132. Cantar en un salón lleno de gente

133. Escuchar música clásica

134. Cantar en el coro de una iglesia

135. Ir a escuchar un grupo de música "rock"

136. Ver un programa de música por televisión

137. Aprender a tocar el piano

138. Escuchar música salsa y merengue

139. Participar en una obra musical

140. Practicar con un instrumento musical

141. Participar en un grupo musical

142. Aprender a leer música

143. Ver cómo se examina un paciente

144. Atender a los enfermos en un hospital

145. Visitar hospitales

146. Ver una película sobre lo que hace un dentista

147. Poner inyecciones

148. Trabajar en una farmacia

149. Leer sobre dietas para personas que quieren rebajar

150. Ver la sangre de una persona en un microscopio

151. Ayudar a un técnico de rayos X

152. Usar una bata blanca

153. Ver láminas de enfermedades de los ojos

154. Ver operaciones de corazón abierto por televisión

155. Tomarle la temperatura a una persona

156. Ayudar a un dentista en su oficina

157. Aprender sobre distintas medicinas

APÉNDICE B

Actividades Presentadas para Clasificación

Aprender a usar una máquina de cortar madera.

Trabajar con madera.

Mezclar cemento para hacer una verja.

Hacer un hoyo profundo con pico y pala.

Construir una acera.

Dar dinero a los pobres.

Enseñarle a caminar a niños impedidos.

Ayudar a los ancianos a cruzar la calle.

Llevar ropa a las personas necesitadas.

Llevarle comida a una persona necesitada.

Vender juguetes.

Vender refrescos en la escuela.

Vender ropa en una tienda.

Vender películas de video.

Preparar refrescos para vender

Viajar al espacio.

Hacer experimentos científicos.

Investigar cómo funciona un juego electrónico.

Construir el avión más rápido del mundo.

Investigar cómo eran los dinosaurios.

Cantar frente a un grupo de personas.

Bailar en un grupo de ballet.

Cantar en un salón lleno de gente.

Participar en una obra musical.

Participar en un grupo musical.

Ver cómo se examina un paciente.

Poner inyecciones.

Leer sobre dietas para personas que quieren rebajar.

Ver la sangre de una persona en un microscopio.

Ver operaciones de corazón abierto por televisión.

APÉNDICE C

Formulario de Registro de Resultados

Estudio sobre Intereses como Conceptos

Nombre:_____ Fecha: _____

Grado: | | | Edad: | | | Sexo: | |

ACTIVIDADES	ÁREAS						
	Man.	S. Soc.	Com.	Cien.	Mus.	S. Sal.	otro
32. Aprender a usar una máquina de cortar madera	O	O	O	O	O	O	O
37. Trabajar con madera	O	O	O	O	O	O	O
41. Mezclar cemento para hacer una verja	O	O	O	O	O	O	O
42. Hacer un hoyo profundo con pico y pala	O	O	O	O	O	O	O
44. Construir una acera	O	O	O	O	O	O	O
69. Dar dinero a los pobres	O	O	O	O	O	O	O
72. Enseñarle a caminar a niños impedidos	O	O	O	O	O	O	O
73. Ayudar a los ancianos a cruzar la calle	O	O	O	O	O	O	O
74. Llevarle ropa a las personas necesitadas	O	O	O	O	O	O	O
75. Llevarle comida a una persona necesitada	O	O	O	O	O	O	O
121. Vender juguetes	O	O	O	O	O	O	O
123. Vender refrescos en la escuela	O	O	O	O	O	O	O
125. Cobrar el periódico	O	O	O	O	O	O	O
130. Vender películas de vídeo	O	O	O	O	O	O	O

ACTIVIDADES	ÁREAS						
	Man.	S. Soc.	Com.	Cien.	Mus.	S. Sal.	otro
132. Preparar refrescos para vender	O	O	O	O	O	O	O
151. Viajar al espacio	O	O	O	O	O	O	O
152. Hacer experimentos científicos	O	O	O	O	O	O	O
158. Investigar cómo funciona un juego electrónico	O	O	O	O	O	O	O
160. Construir el avión más rápido del mundo	O	O	O	O	O	O	O
165. Investigar cómo eran los dinosaurios	O	O	O	O	O	O	O
56. Cantar frente a un grupo de personas	O	O	O	O	O	O	O
168. Bailar en un grupo de ballet	O	O	O	O	O	O	O
170. Cantar en un salón lleno de gente	O	O	O	O	O	O	O
177. Participar en una obra musical	O	O	O	O	O	O	O
179. Participar en un grupo musical	O	O	O	O	O	O	O
181. Ver cómo se examina un paciente	O	O	O	O	O	O	O
185. Poner inyecciones	O	O	O	O	O	O	O
187. Leer sobre dietas para personas que quieren trabajar	O	O	O	O	O	O	O
188. Ver la sangre de una persona en un microscopio	O	O	O	O	O	O	O
192. Ver operaciones de corazón abierto por televisión	O	O	O	O	O	O	O

Razones para agrupar actividades

1. Manuales
_____

2. S. Soc.
_____

3. Com.
_____

4. Cient.
_____

5. Mus.
_____

6. S. Salud
_____

7. Otro
_____

APÉNDICE D

Cuestionario sobre Actividades

Parte A

Instrucciones

A continuación se presenta una lista de actividades. Para cada una conteste las siguientes preguntas:

¿Cuánto te gusta la actividad?

G = Me gusta   I = Me da lo mismo   D = Me disgusta

¿Cuán bien la puedes realizar?

Bien   Reg. = Regular   Mal

¿Cuánto le agradaría a tu familia y amigos el que realices la actividad?

Mucho   Reg. = Regular   No Agr. = No les agradaría

Marca tu respuesta rellenando la burbuja correspondiente ●

ACTIVIDADES	¿Cuánto te gusta la actividad?			¿Cuán bien la puedes realizar?			Agrado a tu familia y amigos		
	G	I	D	Bien	Reg.	Mal	Mucho	Reg.	No Agr.
1. Usar herramientas	O	O	O	O	O	O	O	O	O
2. Cotejar con cuidado una lista de nombres	O	O	O	O	O	O	O	O	O
3. Reparar cosas eléctricas en la casa	O	O	O	O	O	O	O	O	O
4. Custodiar (velar) la entrada a un edificio de gobierno	O	O	O	O	O	O	O	O	O
5. Hacer arreglos para una reunión	O	O	O	O	O	O	O	O	O
6. Cambiar la goma (rueda) de un camión (truck)	O	O	O	O	O	O	O	O	O
7. Organizar un tarjetero en orden alfabético	O	O	O	O	O	O	O	O	O
8. Escuchar las quejas de una persona que está molesta	O	O	O	O	O	O	O	O	O
9. Lavar ventanas en un edificio de 20 pisos	O	O	O	O	O	O	O	O	O

Marca tu respuesta rellenando la burbuja correspondiente ●

ACTIVIDADES	¿Cuánto te gusta la actividad?			¿Cuán bien la puedes realizar?			Agrado a tu familia y amigos		
	G	I	D	Bien	Reg.	Mal	Mucho	Reg.	No Agr.
10. Averiguar cómo funciona un juguete	O	O	O	O	O	O	O	O	O
11. Participar en un concurso para ser el rey o la reina de la clase	O	O	O	O	O	O	O	O	O
12. Participar en un encuentro de lucha libre	O	O	O	O	O	O	O	O	O
13. Posar para fotografías	O	O	O	O	O	O	O	O	O
14. Escuchar los problemas de otra persona	O	O	O	O	O	O	O	O	O
15. Poner disciplina en un grupo de niños pequeños	O	O	O	O	O	O	O	O	O
16. Cruzar a nado un lago	O	O	O	O	O	O	O	O	O
17. Cuidar un bebé por varias horas	O	O	O	O	O	O	O	O	O
18. Ayudar a un anciano a cruzar la calle	O	O	O	O	O	O	O	O	O
19. Vestir (ponerle la sábana) una cama	O	O	O	O	O	O	O	O	O
20. Levantar pesas como ejercicios	O	O	O	O	O	O	O	O	O

Parte B

Instrucciones

A continuación se presentan las mismas actividades anteriores. Para cada una de ellas indica la característica personal **más importante** para realizarla bien. Mira la siguiente lista de características personales:

Hab. Con. =   **habilidad** (mental, física, manual) o conocimientos

Ser   =   manera de uno **ser** (ejemplos: paciente, dinámico (a), responsable)

Físico   =   aspectos **físicos** (ejemplos: alto, atractivo, fuerte)

Indica, también, el grado en que la tienes.

Mucho   Reg - Regular

Poco   No - No la tengo

Indica cuán satisfecho (a) te sentirías de realizar la actividad.

MS = Muy satisfecho

PS = Un poco satisfecho

I S = Insatisfecho

ACTIVIDADES	CARACTERÍSTICAS (Marca una sola)			GRADO EN QUE LA TIENES				SATISFACCIÓN		
	Hab. Con.	Ser	Físico	Mucho	Poco	Reg.	No	MS	PS	IS
9. Lavar ventanas en un edificio de 20 pisos	O	O	O	O	O	O	O	O	O	O
10. Averiguar cómo funciona un juguete	O	O	O	O	O	O	O	O	O	O
11. Participar en un concurso para ser el rey o la reina de la clase	O	O	O	O	O	O	O	O	O	O
12. Participar en un encuentro de lucha libre	O	O	O	O	O	O	O	O	O	O
13. Posar para fotografías	O	O	O	O	O	O	O	O	O	O
14. Escuchar los problemas de otra persona	O	O	O	O	O	O	O	O	O	O
15. Poner disciplina en un grupo de niños pequeños	O	O	O	O	O	O	O	O	O	O
16. Cruzar a nado un lago	O	O	O	O	O	O	O	O	O	O

ACTIVIDADES	CARACTERÍSTICAS (Marca una sola)			GRADO EN QUE LA TIENES				SATISFAC-CIÓN		
	Hab. Con.	Ser	Físico	Mucho	Poco	Reg.	No	MS	PS	IS
17. Cuidar un bebé por varias horas	O	O	O	O	O	O	O	O	O	O
18. Ayudar a un anciano a cruzar la calle	O	O	O	O	O	O	O	O	O	O
19. Vestir (ponerle la sábana) una cama	O	O	O	O	O	O	O	O	O	O
20. Levantar pesas como ejercicios	O	O	O	O	O	O	O	O	O	O

NECESIDADES PSICOLÓGICAS

Identifica del 1 al 5 cuán de acuerdo estás con las siguientes afirmaciones, siendo el 1 el menor y el 5 el mayor:

AFIRMACIONES	1	2	3	4	5
1. Me gusta hacer las cosas que son difíciles.					
2. Me gusta demostrar que puedo hacer las cosas bien.					
3. Haciendo cosas difíciles es que uno aprende.					
4. Si algo me da mucho trabajo, prefiero no hacerlo.					
5. Me gusta arriesgarme cuando hago cosas difíciles.					
6. Me gusta cuando puedo hacer algo que nadie pudo hacer antes.					
7. Si algo no me sale bien la primera vez, se me quita el deseo de hacerlo.					
8. Solamente hago las cosas que me salen bien.					
9. Cuando encuentro situaciones difíciles se me ocurren diferentes ideas.					
10. Creo que tengo muchas habilidades.					

AFIRMACIONES	1	2	3	4	5
11. Me gusta hacer cosas en las que pueda aprender algo.					
12. Prefiero hacer cosas que sean fáciles.					
13. Mis padres aprueban lo que yo hago.					
14. Para mí es importante sentir la aprobación de mis amigos.					
15. Antes de hacer una tarea, me pregunto si será del agrado de mis padres.					
16. Si al hacer algo voy a recibir el rechazo de mis padres, prefiero no hacerlo.					
17. Cuando voy a decidir algo, consulto con mis amigos.					
18. Cuando voy a hacer algo, no pienso en lo que van a decir mis padres.					
19. Hago cosas que a mis padres no les agradan que yo haga.					
20. Hago cosas que para mí son importantes aunque mis padres no lo aprueben					
21. La aprobación de los padres es lo más importante para mí.					
22. De vez en cuando hago cosas que no le gustan a mis padres.					

AFIRMACIONES	1	2	3	4	5
23. En el pasado he hecho cosas que a mis padres no le han agradado.					
24. La aprobación de mis amigos es muy importante para mí.					
25. Me gusta hacer las cosas a mi manera.					
26. Muchas veces hay que aceptar que otros pongan las reglas.					
27. Prefiero hacer actividades en las que yo pueda escoger que hacer.					
28. Antes de tomar una decisión me gusta saber lo que va a pasar.					
29. En ocasiones prefiero que otra persona decida por mí.					
30. Es trabajoso el estar tomando decisiones todo el tiempo.					
31. Prefiero hacer mis propias decisiones aunque me equivoque.					
32. Dejo que otro decida por mí cuando no sé lo que voy hacer					
33. El que impongan reglas y responsabilidades es parte de la vida.					
34. Cuando me piden que haga algo, necesito saber las razones para hacerlo.					
35. Dejo que otros decidan por mí cuando la decisión es poco importante.					
36. Entre más alternativas haya, mejor.					

GLOSARIO

Actitud - Disposición favorable o desfavorable hacia personas, organizaciones, sucesos y cosas. Incluye componentes cognitivos, afectivos y conductuales.

Análisis de conjuntos (cluster analysis) - Un método de análisis estadístico en el que se crean conjuntos de variables que correlacionan mucho entre sí y poco con otros conjuntos.

Análisis factorial - Un método de análisis estadístico en el que se identifica un conjunto de factores, que son variables o dimensiones teóricas, partiendo de las correlaciones entre las variables observadas en un estudio. Cada variable observada se explica en términos de su composición o carga en las variables teóricas. Por ejemplo, el reactivo "Reparar un automóvil" es una variable observada que usualmente correlaciona con los factores "Interés científico" e "Interés manual"..

Aptitud - Potencial de aprendizaje y de desarrollo de una destreza como por ejemplo, la capacidad para aprender matemáticas o música.

Atributo personal - Una característica relativamente permanente de una persona. Puede ser un atributo físico, psicológico o social.

Auto concepto - Se refiere a la evaluación que hace una persona sobre sí misma.

Auto eficacia, creencias de auto eficacia - La confianza que tiene una persona de que posee todo lo necesario para realizar una tarea específica, como por ejemplo, aprender matemática.

Carga factorial - Se refiere a la correlación que tiene una variable observada con un factor teórico.

Categoría - Conjunto en el que se agrupan las cosas, personas, eventos o actividades.

Cogniciones - Elementos de los procesos de pensamiento. En la perspectiva social cognitiva incluye, entre otros, las creencias de auto eficacia, expectativas, intenciones, objetivos y metas.

Concepto clasificatorio - Criterio que se utiliza para agrupar cosas, personas, eventos o actividades.

Correlación, coeficiente de correlación - Un número entre cero y uno que indica el grado de relación entre dos variables. Coeficientes cerca de cero indican poca o ninguna relación, mientras que coeficientes cerca de uno indican mucha relación. Cuando la relación es inversa, por ejemplo a mayor edad, menos fuerza, el coeficiente es negativo (por ejemplo r = - 0.40).

Cuestionarios informales - Cuestionarios hechos sin seguir los métodos científicos requeridos. Usualmente se utilizan con propósitos de entretenimiento.

Definiciones operacionales - Son aquellas que describen cómo se mide o evalúa una variable que se quiere estudiar.

Definiciones teóricas - Están basadas en una teoría o hipótesis y describen una variable latente, esto es, una variable que no se puede observar, pero que se infiere de las conductas de la gente.

Desviación estándar o típica - Es una medida de la dispersión de una serie de valores alrededor de su promedio. Es la medida de dispersión más utilizada porque considera todos los valores algebraicamente.

Disposiciones personales - Tendencias relativamente permanentes a actuar de una manera determinada. Es el término moderno que se utiliza para rasgo.

Eigenvalue - La cantidad de varianza explicada por un factor.

Escalas homogéneas - Es un tipo de agrupación de reactivos para representar una dimensión de intereses a base de la naturaleza de los reactivos. Todos los reactivos incluidos comparten un mismo contenido. Un ejemplo de este tipo de escala son las de intereses científicos.

Escalas por ocupaciones - Es un tipo de agrupación de reactivos heterogéneos que representan los intereses característicos en una ocupación particular. Un ejemplo de este tipo de escala es la escala Médicos.

Expectativa de aprobación - Se refiere a que la probabilidad subjetiva de que las personas y grupos que son importantes para uno, aprobarán el que uno realice una actividad particular.

Expectativa de autonomía - Se refiere a la probabilidad subjetiva de que las personas en puestos de poder le permitirán decidir si uno realiza o no cierta actividad.

Expectativa de desempeño - Es la probabilidad subjetiva de realizar con éxito una actividad específica.

Factor artificioso - Es un factor o variable teórica que surge en un análisis factorial, pero que no correlaciona significativamente con ninguna variable observada.

Factor complejo - Usualmente es el primer factor que surge en un análisis factorial y correlaciona con muchas de las variables observadas. Pudiera estar compuesto de factores específicos surgidos en otros análisis factoriales.

Factor general - Usualmente es el primer factor que surge en un análisis factorial y correlaciona con muchas de las variables observadas. Pudiera representar un aspecto común a todas las variables observadas. Por ejemplo, al factorizar pruebas de aptitud o habilidad, usualmente surge el Factor G de razonamiento general.

Factor general de inteligencia, Factor G - Se refiere a lo que tienen en común las pruebas de inteligencia y las aptitudes mentales. Se presume que es un factor de razonamiento general, pero hay controversia sobre cuál es su naturaleza específica.

Habilidades - Capacidad para aprender con facilidad o para desarrollar destrezas al realizar una actividad.

Identificación - Es un proceso mediante el cual la persona incorpora como parte suya aspectos del ambiente. Puede identificarse con personas, cosas, ideas u objetos.

Intereses - Se define operacionalmente como las reacciones de agrado, indiferencia o desagrado a una categoría de actividades y ocupaciones. Teóricamente los definimos como la necesidad aprendida de realizar diferentes tipos de actividades, por ejemplo, actividades artísticas o manuales.

Intereses examinados - Son aquéllos que se miden mediante una prueba de conocimientos o vocabulario en diferentes materias.

Intereses expresados - Son aquéllos que la persona expresa oralmente cuando se le pregunta sobre sus intereses.

Intereses Inventariados - Son aquéllos que se miden mediante un cuestionario o inventario de intereses desarrollado científicamente.

Intereses Manifiestos - Son aquéllos que se infieren de la conducta de la persona. Por ejemplo, si una persona frecuenta el teatro se presume que tiene interés en las artes.

Media aritmética - Es el valor medio de la distribución cuando se consideran algebraicamente todos los valores. Con frecuencia se le llama promedio. Por ejemplo, la media aritmética de los valores 3, 9, 5, 9 y 7 es: $x = \dfrac{3 + 9 + 5 + 9 + 7}{5} = 33/5 = 6.6$

Mediana - Es el valor que divide la distribución de puntuaciones en dos partes iguales. Por ejemplo, para obtener la mediana de los valores 3, 9, 5, 9 y 7 necesario que los valores se ordenen

322 ORIGEN, DESARROLLO Y NATURALEZA DE LOS INTERESES

por tamaño, antes de identificar la mediana: 3,5,7,9,9, la mediana es 7.

Medidas de dispersión - Son medidas de cuánto se dispersa un grupo de valores. Las dos medidas de dispersión más utilizadas son la desviación estándar y el rango.

Medidas de tendencia central - Son estadísticas que se utilizan para describir un conjunto de valores. Se les llama medidas de tendencia central porque se ubican cerca del centro de la distribución de valores. Las tres que se utilizan con más frecuencia son la media aritmética, la mediana y la moda.

Método de componentes principales - Uno de varios métodos de análisis factorial. En este caso se incluyen valores de 1.00 en la diagonal de la matriz de correlaciones con el fin de "explicar" la totalidad de la varianza.

Método de contraste de grupos - Consiste en comparar las puntuaciones en una escala o prueba, de dos grupos que se presumen distintos en el atributo que mide la escala. Por ejemplo, para validar una escala de intereses artísticos, se pueden comparar las puntuaciones de un grupo de artistas con la de un grupo de no artistas en dicha escala.

Moda - Es el valor más frecuente en una distribución de valores. Por ejemplo, la moda de los siguientes valores: 3, 9, 5, 9 y 7 es 9.

Modelo Hexagonal - Se refiere a los siguientes seis tipos de personalidad y de ambiente de la Teoría de Holland: Realista, Investigativo, Artístico, Social, Empresarial y Convencional. Se presume que cada tipo de personalidad representa un conjunto de características típicas que usualmente corresponden a los estereotipos que se tienen sobre las personas en ocupaciones clasificadas en estas categorías.

Motivación - Generalmente se considera que energiza, dirige y mantiene la conducta. La motivación es un concepto no observable, por lo que se infiere de la conducta del individuo.

Necesidad de aprobación - Es una de las necesidades específicas de la necesidad de pertenencia o afiliación. Implica el deseo de que el grupo al cual se desea pertenecer endose y acepte las acciones que uno realiza.

Necesidad de autonomía - Es la necesidad que tiene el ser humano de afirmar su identidad personal, de desarrollarse como un ser único, particular, con características individuales que le distinguen de los demás; de tener control sobre sus actuaciones.

Necesidad de competencia - Se define como la inclinación a controlar, modificar y dominar el medio ambiente y superar los retos y obstáculos que éste supone (White, 1959). Incluye otras necesidades más específicas como son la curiosidad, necesidad de conocer y de encontrar sentido de las cosas, de explorar.

Necesidad de pertenencia o afiliación - De acuerdo a Baumeister y Leary (1995), es el deseo de pertenecer y ser parte integrante de un grupo.

Necesidades autónomas - Son necesidades aprendidas que surgen de otras necesidades, pero que hay que satisfacer separadamente de las otras necesidades. Es un concepto propuesto por Allport.

Perspectiva de rasgo, o rasgo-factor - Es la perspectiva que presume que la conducta se explica, en parte, a base de los rasgos que posee una persona. Con frecuencia se identifican los rasgos mediante el método de análisis factorial, de ahí que algunos autores prefieran el término rasgo - factor.

Perspectiva psicoanalítica - Perspectiva teórica que surge de los escritos de Sigmund Freud.

Perspectiva social cognitiva - Perspectiva teórica propuesta por Albert Bandura que hace hincapié en los procesos volitivos y de pensamiento. Considera que la conducta, las cogniciones y el ambiente son causales recíprocas.

Puntuaciones convertidas - Para que las puntuaciones en una prueba resulten útiles, es necesario convertirlas a otro tipo de puntuaciones que permita interpretar los resultados. Algunas conversiones son por ciento de contestaciones correctas, rango percentil y puntuaciones tipificadas (basadas en la desviación típica).

Puntuaciones crudas - Las puntuaciones crudas se refieren al número de contestaciones correctas obtenidas. Estas puntuaciones no son muy útiles para la mayoría de los usos que se le da a una prueba por lo que usualmente son convertidas a otros tipos de puntuaciones más convenientes o apropiadas.

Puntuaciones tipificadas o estándar - Es un tipo de puntuación convertida basada en la desviación típica (estándar) que permite comparar los resultados de varias pruebas, porque parte de una puntuación media y desviación típica común. Un ejemplo es cuando se transforman las puntuaciones crudas de varias pruebas a una puntuación tipificada con promedio de 50 y desviación típica de 10.

Rango - Es una medida de dispersión que considera solamente los valores extremos, usualmente el más alto y el más bajo. Por ejemplo, el rango de los valores 3, 9, 9, y 6 es: (9 - 3 = 6).

Rasgo de personalidad - Cuando se utiliza en su acepción más amplia, se refiere a cualquier característica de la persona. En medición usualmente se refiere a estilos de comportamiento.

Reactivo - Es el estímulo que se presenta en una prueba psicológica para obtener una respuesta que representa una muestra de conducta. Se le llama también ítem o pregunta.

Rotación de factores - Al realizar un análisis factorial existen múltiples soluciones que son matemáticamente equivalentes, pero unas se pueden interpretar mejor, desde el punto de vista psicológico, que otras. La rotación de factores tiene como propósito encontrar la solución que se pueda interpretar mejor.

Satisfacción - Es un sentimiento de agrado o placer que resulta de haber llenado una necesidad.

Scree test - Al realizar un análisis factorial el número de factores puede llegar a ser igual al número de variables observadas. Sin embargo, luego de identificado el primer factor, los factores subsiguientes explican menos y menos varianza. El scree test es uno de varios métodos sugeridos para identificar cuántos de los primeros factores se deben retener en estudio.

Sentido de adecuación - Se refiere a la congruencia entre el conjunto de atributos psicológicos, físicos, sociales y espirituales que la persona cree tener y los atributos que se requieren para realizar una actividad específica.

Solución Varimax - Es un método de rotación de factores que tiende a identificar factores que son independientes los unos de los otros.

Variabilidad o dispersión - Véase medidas de dispersión.

Variable latente - Es un concepto teórico no observable, usualmente es un rasgo aunque puede ser una disposición relativamente temporera. Se presume que la variable latente se manifiesta a través de la conducta observable.

Variables - Usualmente se refieren a diferencias individuales entre las personas. Pueden ser rasgos físicos como la edad, la estatura y el peso. También rasgos psicológicos como la habilidad, el conocimiento, las actitudes y otras. Con frecuencia son características sociales como educación, nivel socio-económico y otras.

REFERENCIAS

Ackerman, P. L., Heggestad, E. D. (1997). Intelligence, personality, and interests: Evidence for overlapping traits. Psychological Bulletin, 121, 219-245.

Alvarado Cartagena, I. y Acevedo Márquez, R. (1999). *Desarrollo y Consejería Ocupacional.* San Juan, PR: Prime Printing.

Allport, G. W. (1937). *Personality: A psychological interpretation.* New York: Holt.

American College Testing Program (1995).Technical Manual: Revised Unisex Edition of the ACT Interest Inventory (UNIACT). Iowa City, IA: Author.

Anderson, V. & Hidi, S. (1992). Situational interest and its impact on reading and expository writing. In K. A. Renninger, S., Hidi, & A. Krapp, (Eds.). *The role of interest in learning and development.* Hillsdale, NJ: Lawrence Earlbaum.

Armstrong, P. I., Allison, W., & Rounds, J. (2008). Development and initial validation of brief public domain RIASEC marker scales. *Journal of Vocational Behavior, 73,* 287-299.

Axelrad, S., Ginsburg, S. W., Ginzberg, E., & Herma, J. T. (1951). *Occupational choice: An approach to a theory.* New York, N.Y.: University of Columbia Press.

Bandura, (Ed), *Self-efficacy in changing societies (pp. 69-113).* New York: Cambridge University Press.

Bandura, A., & Carroll, W. R. (1982). The role of visual monitoring in observational learning of action patterns: Making the

unobservable observable. *Journal of Motor Behavior,*
14, 153-167.

Bandura, A. (1977). *Social learning theory.* Englewood, NJ: Prentice-
Hall.

Bandura, A. (1978). The self-system in reciprocal determinism.
American Psychologist, 33, 344-358.

Bandura, A. (1982). Self-efficacy mechanism in human agency.
American Psychologist, 37, 122-147.

Bandura, A. (1986). *Social foundations of thought and action:*
A social cognitive theory. Englewood Cliffs, NJ:
Prentice Hall.

Bandura, A. (1989). Regulation of cognitive processes through
perceived self-efficacy *Developmental Psychology,*
25, 729-735.

Bandura, A. (1995). Exercise of personal and collective efficacy in
changing societies. In A. Bandura (Ed.) *Self –efficacy*
in changing societies. Cambridge, UK: Cambridge
University Press.

Barak, A. (1981). Vocational interests: A cognitive view. *Journal of*
Vocational Behavior, 19, 1-14.

Barak, A. (2001). A cognitive view of the nature of vocational
interests: implications for career assessment,
counseling, and research. In F. T. L. Leong & A.
Barak (Eds.), *Contemporary Models in Vocational*
Psychology – A volume in honor of Samuel Osipow
(Páginas 97-131). Mahwah, NJ: Lawrence Erlbaum
Associates.

Barak, A., Haushner, O., & Shiloh, S. (1992). Modification of
interests through cognitive restructuring: Test of a

theoretical model in preschool children. *Journal of Counseling Psychology, 39,* 490-497.

Barak, A.; Librowsky, I; & Shiloh, S. (1989). Cognitive determinants of interests: An extension of a theoretical model and initial empirical examinations. *Journal of Vocational Behavior, 34,* 318-334.

Bartram, D (2007). Increasing validity with forced-choice criterion measurement formats. *International Journal of Selection and Assessment, 5,* 263-272

Baumeister, R. F. & Leary, M. R. (1995). The need to belong: Desire for interpersonal attachments as a fundamental human motivation. *Psychological Bulletin,* 117, 497-529.

Berdie, R. F. (1944). Factors related to vocational interests. *Psychological Bulletin, 41,* 137-157.

Berne, E. (1964). *Games people's play.* NY: Grove Press.

Betsworth, D. G.; Bouchard, T. J.; Cooper, C. R.; Grotevant, H. D.; Hansen, J.; Scarr, S.; & Weinberg, R. A. (1994). Genetic and environment influences on vocational interests assessed using adoptive and biological families and twins reared apart and together. *Journal of Vocational Behavior, 44,* 263-278.

Betz, N. E. (1992). Career assessment: A review of critical issues. In S. D. Brown & R. W. Lent (Eds.), *Handbook of Counseling Psychology* (2nd Ed., páginas 453-484). New York: Wiley.

Betz, N. E. (2001). Career self-efficacy. In F. T. L. Leong & A. Barak (Eds.), *Contemporary Models in Vocational Psychology* – A volume in honor of Samuel Osipow (pages 55-77). Mahwah, NJ: Lawrence Erlbaum Associates.

Betz, N.; Casas, J. M.; Hacket, G.; & Rocha-Singh (1992). Gender, ethnicity, and social cognitive factors predicting academic achievement of students in engineering. *Journal of Counseling Psychology, 39*, 527-538.

Betz, N.E. & Hackett, G. (1981). The relationship of career-related self-efficacy expectations to perceived career options in college women and men. *Journal of Counseling Psychology, 28,*399-410

Betz, N.E., & Hackett, G. Harmon, L. (1996). *Skills Confidence Inventory Applications and Technical Guide.* CA, Palo Alto: Consulting Psychologists Press.

Bidell, T. R. & Fischer, K. W. (1992). Beyond the stage debate: Action, structure, and variability in Piagetian theory and research. In R. J. Sternberg & C. A. Berg (Eds.), *Intellectual Development.* Cambridge, UK: Cambridge University Press.

Bordin E. S. (1943) A theory of vocational interests as dynamic phenomena. *Educational and Psychological Measurement, 3,* 49-66.

Bording, E. S., Nachman, B. & Segal, S. J. (1963). An articulated framework for vocational development. *Journal of Counseling Psychology, 10,* 107-117.

Borgen, F. H. (1986). New approaches to the assessment of interests. In W. Bruce Walsh & Samuel Osipow (Eds.), *Advances in vocational psychology, Volume 1: The assessment of interests.* (Vol. 1, pp. 83-125). Hillsdale, NJ: Lawrence Erlbaum Associates.

Brewer, M. B. (2007). The importance of being we: Human nature and inter-group relations. *American Psychologist, 62,* 728-741.

Brown, R.; Garner, R.; Menke, D.; & Sanders, S. (1992). "Seductive details" and learning from text. In K. A. Renninger; S. Hidi, & A. Krapp (Eds.*), The role of interest in learning and development.* Hillsdale, NJ: Lawrence & Earlbaum.

Brown, S. D., Hackett, G., & Lent, R. W., (1994). Toward a unifying social cognitive theory of career and academic interest, choice, and performance. *Journal of Vocational Behavior, 450 (1),* 79-122.

Bruner, J. S. (1966). *Studies in cognitive growth.* New York: Wiley.

Busemeyer, J.R.; Ethan, W.; Barkan, R.; Xuyang, L.; & Zhengping, M. (2000). Dynamic and consequential consistency choices between paths of decision trees. *Journal of Experimental Psychology: General,* 129,*530-545.*

Campbell, C. A. (1991). Group guidance for academically undermotivated children. *Elementary School Guidance & Counseling, 25,* 302-307.

Campbell, D. P. (1971). *Handbook of the Strong Vocational Interest Blank.* Stanford, CA: Stanford University Press.

Carlson, S. M.; Cartwright, B. S.; & Taylor, M. (1993). A developmental investigation of children's imaginary companions. *Developmental Psychology, 29,* 276-285.

Carter, H. D. (1940). The development of vocational attitudes. *Journal of Consulting Psychology, 4,* 185-191.

Case, R. (1992). Neo-Piagetian theories of child development. In R. J. Sternberg & C. A. Berg (Eds.). *Intellectual development* (161-196). Cambridge, UK: Cambridge University Press.

Cattell, R. B. *The description and measurement of personality.* Yonkers, NY: World Book.

Cirino Gerena, G. (1978). Manual Técnico del Inventario Cirino de Intereses. San Juan, PR: Editorial Bohío.

Cirino Gerena, G. (1983). Manual Técnico del Sistema Cirino de Planificación Ocupacional. San Juan, PR: Editorial Bohío.

Cirino Gerena, G. (2004) Manual Técnico del Sistema Cirino de Planificación de Carreras –SCPC. San Juan, PR: Editorial Bohío.

Cirino Gerena, G. (2009) Manual Técnico del Sistema Cirino de Planificación de Carreras - SCPC. San Juan, PR: Editorial Bohío.

Cirino Gerena, G.; Pérez Chiesa, M.; Pizarro Medina, M.D. y Pérez Morales, L. (1991). Validez comparada del Sistema Cirino de Planificación de Carreras y el Sistema Para la Toma de Decisiones de Harrinton y O'Shea. *Revista Interamericana de Psicología, 25*, 93-102.

Chevreau, M. (1993). Guided fantasy: Unlocking the academic self-concept. *AEP (Association of Educational Psychologists) Journal, 8*, 215-225. PsyInfo citation abstract.

Clark, K. E. (1961). *Vocational Interests of Nonprofessional Men.* MN: University of Minessota Press.

Cole, N. S. (1972). *On measuring the vocational interests of women.* IOWA City, IO: American College Testing Program, ACT Research Report No. 49.

Cole, N. S., & Hanson, G. R. (1971). An analysis of the structure of vocational interests. *Journal of Counseling Psychology, 18*, 478-486.

Colón, L. H. (2003). El cerebro que aprende: La neuropsicología del aprendizaje. Autor, San Juan, Puerto Rico.

Comrey, A. L. (1978). Common methodological problems in factor analytic studies. *Journal of Consulting and Clinical Psychology, 46*, 648-659.

Costa, P. T y Mc Crae, R. R. (1992). *NEO PI-R: Profesional Manual.* Odessa, FL: Psychological Assessment Resources

Crandall, V.C., Crandall, V.T.&. Katkousky, W. (1965) A children's social desirability questionnaire. *Journal of Consulting Psychology, 29*, 27-36.

Crites, J. O. & Super, D. E. (1962). *Appraising vocational fitness by means of psychological tests.* New York: Harper.

Cronbach, L. J. (1970). Essentials of Psychological Testing. (3rd. ed) NY: Harper & Row

Csikszentmihalyi, M. (1975). *Beyond boredom and anxiety.* San Francisco, CA: Jossey Bass.

Cupani, M. y Pérez, E. R. (2006). Metas de elección de carreras: Contribución de los intereses vocacionales, la autoeficacia y los rasgos de personalidad. *Interdisciplinaria Revista de Psicología y Ciencias Afines, 23*, 81-100.

Darley, J. G. & Hagenah, T. (1955). *Vocational interest measurement.* Minneapolis, MN: University of Minnesota Press.

Dawis, R. V. (1995). For the love of working on play. *Journal of Counseling Psychology, 42*,136-137.

De Vries, R. & Kohlberg, L. (1987). *Constructivist early education: Overview and comparison with other programs.* Washington, D.C.: National Association for the Education of Young Children.

Deci, E .L. & Ryan, R. M. (2000a). The 'what' and 'why' of goal pursuits: Human needs and the self-determination of behavior. *Psychological Inquiry,* 11, 227-269.

Deci, E. L. & Ryan, R. M. (2000b). The darker and brighter sides of human existence: Basic psychological needs as a unifying concept. *Psychological Inquiry,* 11, 319-338.

Deci, E. L. & Ryan, R. M. (2000c). Self-determination theory and the facilitation of intrinsic motivation, social development, and well-being. *American Psychologist, 55,* 68-78.

Deci, E. L. (1992). The relation of interest to the motivation of behavior: A self-determination theory perspective. In K. A. Renninger, S. Hidi & A. Krapp, (Eds.). *The role of interest in learning and development,* (pp. 43-70). Hillsdale, New York: Lawrence Erlbaum and Associates.

De Vries, R. & Kohlberg, L. (1987). *Constructivist early education: Overview and comparison with other programs.* Washington, D.C.: National Association for the Education of Young Children.

Dewey, J. (1913). *Interest and effort in education.* Boston, Houghton Mifflin Company.

Dik, Bryan J. & Hansen, Jo-Ida C. (2004). Development and validation of discriminant functions for the Strong Interest Inventory.. *Journal of Vocational Behavior,*

64(1), 182-197. Abstract retrieved March 4, 2009, from PsycINFO database.

Donnay, D. A. C., Morris, M.L., Schaubhut, N. A., & Thompson, R.C. (2005). *Strong Interest Inventory Manual, Revised Edition-Research, development, and strategies for interpretation.* Mountain View, CAL: Consulting Psychology Press.

Donnay, D.A. C. & Borgen, F. H. (1996). Validity structure, and content of the 1994 Strong Interest Inventory. *Journal of Counseling Psychology, 43,* 275-291.

Edwards, A. L.(1954). *Manual for the Edwards Personal Preference Schedule.* NY: Psychological Corporation.

Edwards, A. & Walsh, J. (1964). Response sets in standard and experimental personality scales. *American Educational Research Journal, 1,* 52-62.

Embretson, S. E. (1995). *Developments Toward a Cognitive System of Psychological Tests.* In D. Lubinski & R. V. Dawis (Eds) *Assessing Individual Differences in Human Behavior* (pp. 17-48). Palo Alto, CAL: Davies-Black.

Endler, N. S., McV. Hunt, J.& Rosentein, A.J. . (1962). An S-R inventory of anxiousness. Psychological Monographs, 76

Feltz, D. L. & Landers, D. M. (1983). The effects of mental practice on motor skill learning and performance: A meta-analysis. *Journal of Sports Psychology, 5,* 25-57.

Flammer, A. (1995). Developmental analysis of control beliefs. In A. Bandura, (Ed), *Self-efficacy in changing societies (pp. 69-1130).* New York: Cambridge University Press.

Flores, L. Y. & O'Brien, K. M. (2002). The career development of Mexican American adolescent women: A test of social cognitive career theory. *Journal of Counseling Psychology, 49*, 14-27.

Fouad , N. A. (1999). Validity evidence for interest inventories. In M. L. Savickas & A. R. Spokane (Eds.), *Meaning, Measurement, and Counseling Use of Vocational Interests (pp.*193-207). Palo Alto, CA: Davies-Black Publishing.

Fouad, N. A. & Smith, P. L. (1996). A test of a social cognitive model for middle school students: Math and Science. *Journal of Counseling Psychology, 43*, 338-346.

Fouad, N. A., Smith, P. L., & Zao, K. E. (2002). Across academic domains: Extensions of the social-cognitive model. *Journal of Counseling Psychology, 49*, 164-171.

Fredricks, J. A. and Eccles, J. (2002). Children's competence and value beliefs from childhood through adolescence-Growth trajectories in two male-sex type domains. *Developmental Psychology, 38*, 519-533.

Freud, S. (1954). *Collected works, standard edition.* London: Hogarth Press

Fromm, E. (1941). *Escape from freedom.* NY: Farrar & Rinehart.

Fryer, D. (1931). The measurement of interests. NY: Henry Holt.

Gainor, K. A. & Lent, R. W. (1998). Social cognitive expectations and racial identity attitudes in predicting the math choice intentions of black college students. *Journal of Counseling Psychology, 45*, 403-413.

Gainor, K. A. (2006). Twenty-five years of self-efficacy in career assessment and practice. *Journal of Career Assessment, 14*(1), 161-178.

Gati, I. (1979). A hierarchical model for the structure of vocational interests. *Journal of Vocational Behavior, 15,* 90-106.

Gati, I. (1991). The structure of vocational interests. *Psychological Bulleting, 109,* 309-324.

Gelatt, H. B.; Krumboltz, J. D.; & Mitchell, A. M. (1976). A social learning theory of career selection. *The Counseling Psychologist, 6,* 71-81.

Ginzberg, E.; Ginsburg, S. W.; Axelrad, S., & Herma, J. L. (1951). *Occupational choice: An approach to theory.* NY: Columbia University Press.

Gottfredson, L. S. (1996). Gottfredson's theory of circunscription and compromise. In D. Brown & L. Brookes (Eds.), *Career Choice and* Development (3rd. ed., pp. 179-232). San Francisco, Cal.: Josey Bass.

Gottfredson, L. S. (1999). *The nature and nurture of vocational interests.* In M. L.

Savickas & A. R. Spokane (Eds.), *Meaning, measurement, and counseling use of vocational interests* (pp. 57-85). Palo Alto, CA: Davies-Black Publishing.

Grusec, J. E. (1992). Social learning theory and developmental psychology: The legacies of Robert Sears and Albert Bandura. *Development Psychology, 28,* 776-786.

Guilford, J. P., Christensen, P. R., Bond, N. A., & Sutton, M. A. (1954). A factor analysis study of human interests. *Psychological Monographs: General and Applied, 68,* 1-38.

Hackett, G. y Betz, N. (1981). A self-efficacy approach to career development of women. *Journal of Vocational Behavior, 18,* 326-336.

Hackett, G.; Betz, N; O'Halloran, M. S.; & Romac, D. S. (1990). Effects of verbal and mathematics task performance on task and career self-efficacy and interest. *Journal of Counseling Psychology, 37*, 169-177.

Hansen, J. C. & Swanson, J. L. (1988). Stability of vocational interests over four year, eight year, and twelve year intervals. *Journal of Vocational Behavior, 33*, 185-202.

Hansen, J. C. (1984). The measurement of vocational interests: Issues and future directions. In S. D. Brown & K. W. Lent. (Eds.), *Handbook of counseling psychology*, 99-136. New York, N.Y.: Wiley.

Hansen, J. C., Dik, B. J., & Zhou, S. (2008). An examination of the structure of leisure interests of college students, working-age adults, and retirees. *Journal of Counseling Psychology, 55*, 133-145.

Harmon, L. W. (1075). Technical aspects: Problems of scale development, norms, item differences by sex, and rate of change in occupational group characteristics - I. In E. E. Diamond (Ed.) Issues of sex bias and sex fairness in career interest measurement. Washington, DC: Department of Health, Education, and Welfare.

Harris, P. L. (2000). Understanding Children's Worlds. *The work of the imagination*. Malden, Mass: Blackwell Publishers, Inc.

Hartung, P. J. (2002). Cultural context in career theory and practice: role salience and values. *Career Development Quarterly, 51*, 12-25.

Hartung, P. J., Speight, J. D., & Lewis, D. M. (1996). Individualism-collectivism and the vocational behavior of majority culture college students. *Career Developmental Quarterly, 45*, 87-96.

Herrans Pérez, L. L. (2000). *Psicología y Medición: El Desarrollo de Pruebas Psicológicas en Puerto Rico.* México: Mc Graw-Hill.

Herzberg, F., Mausner, B., & Snyderman, B. B. (1967). *The Motivation to Work.* NY: Wiley.

Holland, J. L. (1958). A personality inventory employing vocational titles. *Journal of Applied Psychology, 42,* 336-342.

Holland, J. L. (1963). A theory of vocational choice-part IV: Vocational daydreams. *Vocational Guidance Quarterly, 12,* 93-97.

Holland, J. L. (1973, 1992). *Making vocational choices: A theory of vocational personalities and work environments* (2nd Ed.). Odessa, FL: Psychological Assessment Resources.

Holland, J. L. (1970, 1977, 1985, 1994). Self-Directed Search (SDS)-Form R. Odessa, FL: Psychological Assessment Resources.

Holland, J. L. (1999). Why interest inventories are also personality inventories. In M. L. Savickas & A. R. Spokane (Eds.), *Meaning, measurement, and counseling use of vocational interests* (pp. 87-101). Palo Alto, CA: Davies-Black Publishing.

House, R. J., Shane, S. A. & Herold, D. M. (1996). Rumors of the death of dispositional research are vastly exaggerated. *Academy of Management Review, 21*(1), Jan 1996, 203-224.

Howell, R. J. & Taylor, B. (1973). The ability of three-, four-, and five-year old children to distinguish fantasy from reality. *Journal of Genetic Psychology, 122,* 315-318.

Jepsen, D. (1990). *Developmental career counseling.* In Walsh, W. Bruce & Osipow, Samuel H. (Eds). Career counseling: Contemporary topics in vocational psychology. (pp. 117-157). Hillsdale, NJ: Lawrence Erlbaum Associates.

Johansson, C. B. (1975). Technical aspects: Problems of scale development, norms, item differences by sex, and rate of change in occupational group characteristics - II. In E. E. Diamond (Ed.) *Issues of sex bias and sex fairness in career interest measurement.* Washington, DC: Department of Health, Education, and Welfare.

Judge, T. A., Jackson, L. C., Shaw, J. C., Scott, B. A., & Rich, B. L. (2007). Self-efficacy and work- related performance: The integral role of individual differences. *Journal of Applied Psychology, 92*(1), 107-127.

Kline, P. (1975). *Psychology of vocational guidance.* NY: John Wiley.

Kline, P. (1984). *Personality measurement and theory.* NY: St. Martin's Press.

Kline, P. (1994). *An Easy Guide to Factor Analysis.* NY: Routledge.

Kline, R. B. (2005). *Principles and practice of structural equation modeling (Second edition).* NY: The Guilford Press.

Krapp, A. (2005). Basic needs and the development of interest and intrinsic motivational orientations. *Learning and Instruction, 15,* 381-395.

Krapp, Hidi, & Renninger, (1992). Interest, learning and development. In A. Krapp, S. Heidi, & K. A. Renninger, (Eds.). *The role of interest in learning and development* (pp. 3-25). Hillsdale, NJ: Lawrence Erlbaum Associates.

Krumboltz, J. D. & Worthington, R. L. (1999). The school-to-work transition from a learning theory perspective. *The Career Development Quarterly, 47*, 312-325.

Krumboltz, J. D. (1996). A Learning Theory of Career Counseling. In M. L. Savickas and B. Walsh (Ed.), *Handbook of Career Counseling and Practice* (pp. 55-80) Palo Alto, CAL: Davies-Black Publishing.

Krumboltz, J. D., Mitchell, A. M., & Jones, G. B. (1976). A social learning theory of career selection. *The Counseling Psychologist, 6*, 71-81.

Kuder, G. F. (1938) *Kuder Preference Record-Form A*. Chicago: University of Chicago Bookstore.

Kuder, G. F. (1938) *Kuder Preference Record, Vocational-Form C*. Chicago: Science Research Associates.

Kuder, G. F. (1966,1983) Kuder Occupational Interest Survey, Form DD. Chicago: Science Research Associates.

Kulik, C., Oldham, C., & Langner, P. (1988). Measurement of job characteristics: Comparison of the original and the revised Job Diagnostic Survey. *Journal of Applied Psychology, 73*, 462-466.

La Guardia, J. G., Ryan, R. M., Couchman, C. E. & Deci, E. L. (2000). Within-person variation in security attachment: A Self-Determination Theory perspective on attachment, need fulfillment, and well-being. *Journal of Personality and Social Psychology, 79*, 367-384.

Lapan, R. T., Mc Grath, E., & Kaplan, D. (1990). Factor structure of the basic interest scales by gender across time. *Journal of Counseling Psychology, 37*, 216-222.

Lent, R. W. (2003) *A social cognitive perspective on counseling for career choice*. Paper presented at the Fifth Symposium on Career Counseling: Self-efficacy in Career counseling (V Simposio de Consejería Ocupacional. La autoeficacia en la consejería ocupacional), Sponsored by Test Innovations and Interamerican University of Puerto Rico, Aguadilla Campus.

Lent, R. W., & Brown, S. D. (1996). Social cognitive approach to career development: An overview. *Career Development Quarterly*, 44, 310-321.

Lent, R. W., Brown, S. D., & Hackett, G. (1994). Toward a unifying social cognitive theory of career and academic interest, choice, and performance. *Journal of Vocational Behavior, 45*, 79-122.

Lent, R. W., Brown, S. D., & Hackett, G. (2002). Social cognitive career theory. In D. Brown and Associates, *Career choice and development* (4th ed.) (pp. 255-311). San Francisco: Jossey-Bass.

Lent, R. W., Brown, S. D., Sheu, H., J. Schmidt, Brenner, B. R., Gloster, C. S., Wilkings, G., L. Schmidt, Lyons, H., & Treistman, D. (2005). Social cognitive predictors of academic interests and goals in Engineering: Utility for women and students at historically black universities. *Journal of Counseling Psychology, 52*, 84-92.

Lent, R.W., Brown, S.D. & Larkin, K.C. (1986). Self-Efficacy in the prediction of academic success and perceived career options. *Journal of Counseling Psychology, 33*, 265-269.

Lent, R.W., Brown, S.D., Nota, L., & Soreci, S. (2002). Testing Social Cognitive interest and choice hypotheses across Holland types in Italian high school students. *Journal of Vocational Behavior, 62*, 101-118.

Leong, F. T. L. & Barak, A. (2001). Some introductory notes on innovations in career psychology inspired by the legacy of Samuel H. Osipow. In F. T. L. Leong & A. Barak (Eds.), *Contemporary Models in Vocational Psychology* – A volume in honor of Samuel Osipow (pp. 1-6). Mahwah, NJ: Lawrence Erlbaum Associates.

Leong, F. T. L. & Serafica, F. C. (2001). Cross-cultural perspective on Super's career development theory: Career maturity and cultural accommodation. In T. L. Leong & A. Barak. (Eds.), *Contemporary models in vocational psychology*. Mahwah, NJ: Lawrence Erlbaum and Associates.

Lobel, T.E., & Levanon, T. (1988). Self-esteem, need for approval, and cheating behavior in children. *Journal of Educational Psychology, 80*, 122 -123

Low, K. S. D., & Rounds, J. (2007). Interest change and continuity from early adolescence to middle adulthood. *International Journal for Education and Vocational Guidance, 7*(1), 23-36.

Low, K. S. D., Yoon, M., Roberts, B. W., & Rounds, J. (2005). The stability of vocational interests from early adolescence to middle adulthood: A quantitative review of longitudinal studies. *Psychological Bulleting, 131*, 713-737.

Maldonado, Feliciano, L. E. y Rivera, Alicea, B. E. (1993). *Los intereses vocacionales de los psicólogos licenciados en Puerto Rico y su satisfacción con la profesión.* San Juan, PR: Disertación no publicada, Universidad Interamericana de Puerto Rico, Recinto Metropolitano.

Mandler, J. M. & McDonough, L. (1998). On the development of a knowledge base in infancy. *Developmental Psychology, 34*, 1274-1278.

Mandler, J. M. (2007). On the origin of the conceptual system. *American psychologist, 62*, 741-751.

Martínez, M. E. (1992). Interest enhancement to science experiments: Interaction with student gender. *Journal of Research in Science Teaching, 29*, 167-177.

Maslow, A. H. (1954). *Motivation and personality.* New York: Harper & Row.

Matsui, T.; Matsui, K.; and Ohnishi, R.(1990). Mechanisms underlying math self-efficacy learning of college students. *Journal of Vocational Behavior, 37*, 225-238.

Mc Donald, R. P. (1999). *Test Theory: A unified Treatment.* Mahwah, NJ: Lawrence Erlbaum Associates.

Messick, S. (1995). Validity of psychological assessment: Validation of inferences from person's responses and performances as scientific inquiry into score meaning. *American Psychologist, 80*, 741-749.

Mischel, W. (1968). *Personality and assessment.* NY: Wiley.

Mischel, W., & Shoda, Y. (1995). A cognitive-affective system theory of personality: Reconceptualizing situations, dispositions, dynamics, and invariance in personality structure. *Psychological Review, 102*(2), 246-268.

Moloney, D. P., Bouchard, T. J.,& Segal, N. L. (1991). A genetic and environmental analysis ofthe vocational interests of monozygotic and dizygotic twins rearedpart. *Journal of Vocational Behavior,* 39, 76-109.

Morgan, J. I. (1977). Using inner experience: Fantasy and daydreams in carrer counseling. *Journal of Counseling Psychology,* 24, 391-397.

Muchinsky, P. M. (1990). *Psychology Applied to Work: An introduction to industrial and organizational psychology.* Pacific Grove, CAL: Brooks/Cole Publishing Company.

Murray, H. A. (1938). *Explorations in personality.* NY: Oxford University Press.

Muthén, L. K. and Muthén, B. O. (1998). *MPlus User's Guide.* Los Angeles, CA: Muthén & Muthén.

Nauta, M. M. (2010). The development, evolution, and status of Holland's theory of vocational personalities: Reflections and future directions for counseling psychology. *Journal of Counseling Psychology,* 57, 11-22.

Nauta, M. M., Kahm, J. H., Angell, J. W., & Cantarelli, E. A. (2002). Identifying the antecedent in the relation between career interests and self-efficacy: Is it one, the other, or both? *Journal of Counseling Psychology,* 49, 290-301.

Nany, L. L., and Gentner, D. (2002). Making a silk purse of two sow's ears- Young children's use of comparison in category learning. *Journal of Experimental Psychology: General,* 131, 5-15

Norman, W. T. (1963). Toward an adequate taxonomy of personality attributes: Replicated factor structures in peer nominations personality ratings. *Journal of Abnormal and Social Psychology,* 66, 574-583.

Oettingen, G. (1995). Cross-cultural perspectives on self-efficacy. In Bandura, A. (Ed.), *Self-efficacy in changing societies* (pp. 149-176). New York: Cambridge University Press.

Orlick, T. & Partington, J. T. (1986). *Psyched: Inner views of winning.* Ohawa, Ontario, Canada: Coaching Association of Canada.

Ortíz Labiosa, L., Rivera, O. y Gago, M. (2005). *La validez sustantiva del contenido de los inventarios de intereses.* San Juan, PR: Test Innovations.

Osipow, S. H. (1983). *Theories of Career Development (3rd. Ed).* Englewood Cliffs, NJ: Prentice Hall.

Pajares, F., Miller, M. D., & Johnson, M. J. (1999). Gender differences in writing self-beliefs of elementary school children. *Journal of Educational Psychology, 91,* 50-61.

Pastorelli, C. Caprara, G. V., Barbaranelli, C., Rola, J., Rozsa, S., and Bandura, A. (2001). The structure of children's perceived self-efficacy-A cross national study. *European Journal of Psychological Assessment, 17,* 87-97.

Pérez, E. y Cupani, M. (2006). Desarrollo y validación de un inventario de intereses vocacionales: el CIP-4. *Psicothema, 18,*238-242.

Piaget, J. (1981). *Intelligence and affectivity: Their relationship during child development.* Palo Alto, California: Annual Reviews.

Prediger, D. J. (1982). Dimensions underlying Holland's Hexagon: Missing link between interests and occupations? *Journal of Vocational Behavior, 21,* 259-287.

Proyer, R. T. (2006). The relationship between vocational interests and intelligence: Do findings generalize across different assessment methods? Psychology Science, 48, 463-476.

Proyer, R. T. & Häusler, J. (2007). Gender differencesin vocational interests and their stability across different assessment methods. *Swiss Journal of Psychology, 66,* 243-247.

Roe & Klos (1969). Occupational classification. *The Counseling Psychologist, 16,* 84-92.

Roe, A. & Siegelman, M. (1964). The origin of interests. APGA Inquiry Studies-Number One. Washington, DC: American Personnel and Guidance Association.

Roe, A. (1957). Early determinants of vocational choice. *Journal of Counseling Psychology, 4,* 212-217

Rottinghaus, P. J.; Coon, K. L.; Gaffey, A. R.& Zytowski, D. G. (2007). Thirty-year stability and predictive validity of vocational interests. *Journal of Career Assessent, 15,* 5-22.

Rounds, J. & Day, S. X. (1999). Describing, evaluating, and creating vocational interest structures. In M. L. Savickas & A. R. Spokane (Eds.), *Meaning, measurement, and counseling use of vocational interests.* Palo Alto, CA: Davies-Black Publishing.

Rounds, J. (1995). Vocational interests: Evaluating structural hypotheses. In D. Lubinski & L. G. Humphreys Eds.). *Assessing individual differences in human behavior.* Palo Alto, CA: Davies-Black publishing.

Rowland, L. A. & Shanks, D. R. (2006). Sequence learning and selection difficulty. *Journal of Experimental Psychology: Human Perception and Performance, 32,* 287-299.

Ryan, R.M., &. Deci, E.L. (2000). Self-determination theory and the facilitation of intrinsic motivation, social development, and well-being. *American Psychologist,* 55, 68-78.

Savickas, M. L. (1999a). Introduction: Reconsidering the nature, measurement, and uses of vocational interests. In M. L. Savickas & A. R. Spokane (Eds.), *Meaning, measurement, and counseling use of vocational interests* (pp. 19-56). Palo Alto, CA: Davies-Black Publishing.

Savickas, M. L. (1999b). The psychology of interests. In M. L. Savickas & A. R. Spokane (Eds.), *Meaning, Measurement, and Counseling Use of Vocational Interests (pp.19-56)*. Palo Alto, CA: Davies-Black Publishing.

Schneider, S. K. & Taylor, S. E. (1989). Coping and simulation of events. *Social Cognition, 7,* 174-194.

Schumacker, R. E. & Lomax, R. G. (1996). *A beginner's guide to structural equation modeling.* NJ: Mahwah, Lawrence Erlbaum.

Schunk, D. H. & Hanson, A. R. (1989). Self-modeling and children's cognitive skill learning. *Journal of Educational Psychology, 81,* 155-163.

Singer, V.L. (1974). Daydreaming and the stream of thought. *American Scientist,* 62, 417-425

Sivia, P. J. (2201). Expressed and measured vocational interests: distinctions and definitions. *Journal of Vocational Behavior, 59,*382-393.

Smith, D. B., & Ellingson, J.E. (2002). Substance versus Style: A new look at social desirability in motivating contest. *Journal of Applied Psychology, 87,* 211-219.

Snow, R. E. & Lohman, D. F. (1993). Cognitive psychology, new test design, and test theory: An introduction. In N. Frederiksen, R. J. Mislevy, & I. I. Bejar (Eds.), *Test theory for a new generation of tests.* (pp. 1-18), NJ: Hillsdale, Lawrence Erlbaum and Associates.

Spalding, T. L. & Murphy, G. L. (1997). Effects of background knowledge on category construction. *Journal of Experimental Psychology: Learning, Memory, and Cognition, 22,* 525-583.

Spearman, C. E. (1927). *The abilities of man.* NY: Mc Millan.

Spielberger, C. D. (19830. *Manual for the state-trait anxiety inventory (Self –evaluation questionnaire).* Palo Alto, Cal: Consulting Psychology Press.

Spokane, R. & Decker, A. R. (1999). Expressed and measured interests. In M. L. Savickas & A. R. Spokane (Eds.), *Meaning, Measurement, and Counseling Use of Vocational Interests (pp.211-233).* Palo Alto, CA: Davies-Black Publishing.

Strong, E. K. (1927). *Vocational Interest Blank.* Stanford, CAL: Stanford University Press.

Strong, E. K. (1943). *Vocational interest of men and women.* CA: Stanford University Press.

Strong, E. K. (1951). Performance of interest scores over 22 years. *Journal of Applied Psychology, 35,* 89-91.

Strong, S. R. (1995). Interpersonal Influence Theory: The situational and individual determinants of interpersonal behavior. In D. Lubinski & R.V. Dawis (Eds.). *Assessing individual differences in human behavior (pp.* 263-295). Palo Alto, CAL: Davies-Black Publishing.

Su, R., Rounds, J., & Armstrong, P. I. (2009). Men and things, women and people: A meta-analysis of sex differences in interests. Psychological Bulleting, 135, 859-884.

Super, D. E. & Crites, J. O. (1962) Appraising vocational fitness by means of psychological tests. N Y: Harper.

Super, D. E. (1953). A theory of vocational development, American Psychologist, 8, 185-190.

Super, D. E. (1957). *The psychology of careers.* NY: Harper and Brothers.

Super, D. E. (1963). Self-concepts in vocational development. In D. E. Super (Ed.) *Career development: Self-concept theory.* Princeton, NJ: College Entrance Examination Board.

Super, D. E. (1963). Toward making self-concept theory operational. In D. E. Super, R. Starishevsky, N. Matlin, & J.P. Jordan, (Eds.), *Career development: Self-concept theory.* New York: College Entrance Examination Board.

Super, D. E. (1990). A life-span, life-space approach to career development. In D. Brown & L. Brooks (Eds.), *Career choice and development*, 197-261. San Francisco, CA: Jossey-Bass.

Swann Jr., W. B., Chang-Sneider, C., & McClarty, K. L. (2007). Do people's self-views matter?. *American Psychologist, 62*(2), 84- 94.

Swanson, J. L. & Gore, P.A. Jr. (2000). Advances in vocational psychology theory and research. In Steven D. Brown & Robert, W. Lent (Eds.), *Handbook of Counseling Psychology* (3rd Ed.) NY: John Wiley.

Swanson, J. L. & Hansen, J. C. (1988). Stability of vocational interests over four year, eight year, and twelve year intervals. *Journal of Vocational Behavior, 33*, 185-202.

Swanson, J. L. (1999). Stability and change in vocational interests. In M. L. Savickas & A. R. Spokane. (Eds.), *Meaning, measurement, and counseling use of vocational interests*. Palo Alto, CA: Davies-Black Publishing.

Taylor, S. E., Pham, L. B., Rivkin, I. D., & Armor, D. A. (1998). Harnessing the imagination: Mental simulation, self-regulation, and coping. *American Psychologist, 53*, 429-439.

Tett, R. P. & Burnett, D. D. (2003). A personality based interactionist model of job performance. *Journal of Applied Psychology, 88*, 500-517.

Thurstone, L.L.& Thurstone, T. G. (1921). F*actorial Studies of Intelligence*. Chicago: University of Chicago Press.

Tilton, J. W. (1937). The measurement of overlapping. *Journal of Educational Psychology, 28*, 656-662.

Tinsley, H. E. A (1995). Psychological benefits of leisure participation – A taxonomy of leisure activities based on their need – gratifying properties. *Journal of Counseling Psychology, 42*, 123-132.

Tracey, T. J. G. (2001). The development of structure of interests in children: setting the stage. *Journal of Vocational Behavior, 59*, 89-104.

Tracey, T. J. G. (2002). Development of interest and competency beliefs: A 1-Year study of fifth- to eighth grade students using the ICA-R and structural equation modeling. *Journal*

Tracey, T. J. G.,& Robbins, S. B. (2005). Stability of interests across ethnicity and gender: A longitudinal examination of grades 8 through 12. *Journal of Vocational Behavior, 67,* 335-364.

Tracey, T. J. G. & Sodano, S. M. (2008). Issues of stability and change in interest development. *The Career Development Quarterly, 57,* 51-62.

Tracey, T. J. G.; Robbins, S. B., & Hofsess, C. D. (2005). Stability and change in interests: A longitudinal study of adolescents from grades 8 through 12. *Journal of Vocational Behavior. 66,* 1-25

Tracey, T.J.G., & Ward, C.C. (1998). The structure of children's interests and competence perceptions. *Journal of Counseling Psychology, 45* 290-303.

Trice, A. D. (1991). Stability of children's career aspirations. *Journal of Genetic Psychology, 152,* 137-139.

Tyler, L. E. (1951). The relationship of interest to abilities and reputation among first-grade children. *Educational and Psychological Measurement, 11,* 255-256.

Tyler, L. E. (1955). The development of vocational interests: The organization of likes and dislikes in ten-years-old children. *Journal of Genetic Psychology, 86,* 37-44.

VandenBos, G. R. (Ed.). (2007). *APA Dictionary of Psychology.* Washington, DC: American Psychological Association.

Vondracek, F. W., Lerner, R. M., & Schulenberg, J. E. (1986). *Career development: A Life-Span Developmental Approach.* Hillsdale, NJ: Erlbaum.

Vroom, V. H. (1964). *Work and motivation.* NY: Wiley.

Wade, S. E. (1992). How interest affects learning from text. In K. A. Renninger, S. Hidi, & A. Krapp (Eds.), *The role of interest in learning and development*. Hillsdale, NJ: Lawrence Earlbaum.

Waller, N. G., Lykken, D. T.,& Tellegen, A. (1995). Occupational interests, leisure time interests and personality: Three domains or one? Findings From the Minessota Twin Registry. In D. Lubinski & R. V. Dawis (Eds) *Assessing Individual Differences in Human Behavior* (pp. 233-260). Palo Alto, CAL: Davies-Black.

Walsh, W. B. (1999). What we know and need to know. In M. L. Savickas & A. R. Spokane. (Eds.), *Meaning, measurement, and counseling use of vocational interests*. (Páginas 371-382). Palo Alto, CA: Davies-Black Publishing.

White, R. W. (1959). Motivation reconsidered: The concept of competence. *Psychological Review, 66*(5), 297-333.

Wicker, A. W. (1969). Attitudes versus actions: the relation of verbal and overt behavioral responses to attitude objects. *Journal of Social Issues, 25,* 41-78.

Wolf, M. G. (1970). Need gratification theory: A theoretical reformulation of job satisfaction/dissatisfaction and job motivation, *Journal of Applied Psychology, 54,* 87-94.

Wood, R. & Bandura, A. (1989). Impact of conceptions of ability on self-regulatory mechanism and complex decision making. *Journal of Personality and Social Psychology, 56,* 407-415.

Zbaracki, J. V. (1983). *Children's interests in middle childhood*. Unpublished dissertation. Iowa: Iowa State University.

Zbaracki, J. V.; Clark, S. G. & Wolins, L. (1985). Children's interest inventory, grades 4-6. *Educational and Psychological Measurement, 45*, 517-521. Ackerman

Zimmerman, B.J. (1995) Self-efficacy and educational development. In A. Bandura (Ed.), *Self-efficacy in changing Societies* New York: Cambridge University Press.

Índice de conceptos

Índice de nombres

Gabriel Cirino Gerena obtuvo una maestría en consejería psicológica de Columbia University y un doctorado en psicología industrial organizacional y medición de Purdue University, en Estados Unidos. Trabajó por varios años en distintas áreas de recursos humanos y fue Sub Director de la Oficina Central de Administración de Personal del Gobierno de Puerto Rico. Por 22 años fue profesor de psicología en la Universidad de Puerto Rico, Recinto de Río Piedras. También, consultor en psicología industrial organizacional y medición psicológica por más de 40 años incluyendo proyectos auspiciados por las Naciones Unidas y la Agencia Para el Desarrollo Internacional (USAID) en Ecuador, Venezuela, Guatemala y Honduras. Presidió la Asociación de Psicología y la Junta Examinadora de Psicólogos de Puerto Rico. Desde el 2001 preside Test Innovations, Inc., una compañía dedicada a desarrollar pruebas educativas, de selección de carreras y de personal en español. Las pruebas se ofrecen a través del Internet. Ha publicado extensamente en revistas profesionales y escrito tres libros de psicología: Introducción al Desarrollo de Pruebas Escritas, La Evaluación Dinámica del Desempeño y Origen, Desarrollo y Naturaleza de los Intereses.